급등락장에도 흔들리지 않는
선진국형 주식 투자의 정석

선진국형 주식투자의 정석

최기운 지음

매일경제신문사

우리나라는 한때 세계에서 가장 못사는 나라로 분류되었다. 해외 원조로 주린 배를 움켜쥐고 하루하루를 힘들게 살아가던 때가 있었다. 그러다가 1960년대부터 본격적인 산업화가 시작되면서 조악하나마 우리 스스로 물건을 만들어 냈다. 메이드 인 코리아(Made in Korea)라는 이름을 붙여 수출하기 시작한 것이다. 그렇게 어려웠던 시절을 딛고서 이제 우리나라는 세계 12위의 경제대국으로 우뚝 섰다. 국민 소득도 2만 달러 시대를 눈앞에 두고 있다.

이러한 위상 변화에도 불구, 아직까지 후진국형 구조로 남아 있는 분야가 있다. 바로 금융 투자 분야 그중에서도 주식 투자 문화는 전형적인 후진국 모습에서 탈피하지 못하고 있다.

1956년 12개 종목으로 조촐하게 시작한 대한민국 증시는 산업화를 겪으면서 양적으로는 성장했지만 기반은 취약하기 이를 데 없었다. 주권을 위조한 사고가 잇따랐고 심지어는 증권사들이 투기에 연루되어 대금 결제를 하지 못해 증권 거래가 마비되는 어처구니없는 사태를 겪기도 했다. 1980년대 이후 공기업들이 국민주라는 이름으로 일반인들에게 기업 공개를 하면서 주식 투자의 저변이 확대되었으나 여전히 주식 투자는 대박으로 한몫 챙기는 공식적인 도박판일 뿐이었다.

기업들도 주주의 이익은 아랑곳하지 않고 기업주 마음대로 마치 개인 회사를 운영하듯이 전횡을 일삼으며 전근대적인 경영을 했다. 투자자들에게 조언해 주어야 하는 전문가 집단 역시 건전한 투자 문화의 정착에 도움이 되지 못했다. 오히려 단기적인 주가 움직임에 민감하게 반응하고 대세 상승과 대세 하락을 수시로 바꿔 가며 양치기 소년의 거짓말로 일관했다. 투자자야 수익이 나든 말든 거래 수수료로 연명하는 후진국형 영업 구조 때문에 투자자들에게 빈번한 거래를 권할 수밖에 없었다.

이러나 보니 대부분의 투자자들은 합리적인 투자 철학을 가지고 건전하게 주식 투자에 접근하기보다는 한탕 해 보려는 투기적인 목적으로 객장으로 달려갔다. 증시가 뜨겁게 달아오르고 난 뒤에야 뒤늦게 묻지마 투자에 나서고 증시가 폭락하면 큰 손해를 보며 퇴출되는 안타까운 일들이 반복될 수밖에 없었다.

아이러니하게도 전근대적인 우리나라 증시에 새로운 전기가 마련된 계기는 IMF 사태였다. 외환 위기 이후 본격적으로 외국 자본이 국내 금융 시장에 진출하면서 많은 변화가 생겼다. 세계적인 정보 네트워크와 선진적인 투자 기법, 그리고 막대한 자본력을 가진 외국인 투자자들이 우리 증시의 안방을 차지하게 된 것이다. 이러한 외국인들의 투자 문화는 후진국형 투자에 익숙하던 국내의 금융 시장에 신선한 충격을 주었다.

이러한 경제적인 변화의 와중에서 개인들은 언제 직장에서 퇴출될지 모르는 불안한 상황에서 치열하게 경쟁하며 하루하루를 살고 있다. 거기다 저금리 시대를 맞아 단순한 저축만으로는 미래를 설계하기가 힘들어지고 있다.

이제 투자는 돌이킬 수 없는 대세다. 하지만 후진국형 투자자들은 언론에서 연일 주가가 신기록을 갱신하고 수익률이 연간 수십 또는 수백%에 이른다는 자극적인 뉴스에 솔깃해 아무 준비도 없이 묻지마 투자를 한다. 그러고는 내일 당장 큰 수익이 눈앞에 펼쳐질 것 같은 착각에 젖는다.

이런 방법으로는 결코 투자에 성공할 수가 없다. 묻지마 투자와 구태의연한 단기적인 투기는 점점 설 자리가 좁아지고 있다. 반면에 건전한 투자 철학과 합리적인 투자 방법론으로 무장한 투자자들에게는 글로벌 시장에서 다양한 투자 상품으로 성과를 거둘 기회가 확대되고 있다.

우리는 '후진국형 투자자' 의 구태에서 벗어나 선진국형 경제와 증시에 걸맞은 '선진국형 투자자' 로 거듭나야 한다. 필자는 이 책에서 선진국형 투자자가 되기 위한 방법론을 제시하고자 한다. 국내외의 다양한 자료와 통계를 바탕으로 쉽고 단순하지만 신뢰할 수 있고 검증된 효과적인 선진국형 투자 문화를 11개 장으로 나누어서 소개한다.

1장에서는 물가 상승률에도 미치지 못하는 저금리 시대에 투자라는 재테크를 하지 않으며 미래를 걱정만 하고 있는 사람들의 문제점을 설명한다. 또한 우리와는 달리 여유 있는 인생을 즐기는 외국의 재테크 비결을 소개한다.

2장에서는 왜 우리나라의 증시가 묻지마 투자로 대표되는 후진국형 투자 문화가 난무했는지 증시 50년의 역사를 통해 설명한다. 묻지마 투자를 조장하던 과거 증시의 어두웠던 이면을 지적한다. 그리고 최근 들어 우리 경제와 증시가 선진국형으로 거듭나고 있는 정황을 미국 일본 등 우리보다 앞서 비슷한 길을 걸었던 국가들과 비교 분석했다. 이를 통해서 우리 증시의 미래를 가늠해 볼 수 있는 단초를 제시하고 있다.

3장에서는 건전치 못한 투자에 편승하는 개인 투자자들의 문제점을 짚어 본다. 4장과 5장은 선진국형 투자자가 되어 투자에 성공하기 위한 기본적인 투자 철학과 주가를 움직이는 이면에 숨어 있는 변수에 대해 설명한다. 6장에서 8장까지는 실전에서 적용할 수 있는 다양한 선진국형 투자 방법론을 제시하고 있다. 그리고 실제로 투자 수익률이라는 수치로서 이러한 방법의 성과를 비교 검증한 결과를 제시하고 있다.

9장에서는 고전적인 주식 투자 개념에서 벗어나 국경을 넘나들면서 전

세계를 대상으로 다양한 상품에 투자하는 새로운 패러다임을 소개한다. 10
장에서는 우리보다 앞서서 선진국형 투자 마인드로 성공한 세계적인 투자
대가들을 소개한다. 이들이 들려주는 생생한 투자 마인드와 인생철학을 통
해 우리도 그들처럼 성공할 수 있다는 희망의 메시지를 전달하고자 했다.

마지막으로 11장에서는 선진국형 투자자로 거듭나서 이룬 성공을 지
키고 대를 이어 후손에게 부를 물려주는 사람들의 사례와 방법에 대해 설
명한다.

위에서 설명한 과정을 통해서 주식 투자의 새로운 문화를 개척하는 '선
진국형 투자자'의 길에 첫발을 내딛는 여러분에게 힘찬 격려와 아낌없는
박수를 보낸다.

끝으로 필자를 세상에 낳아 주시고 이런 책을 쓸 수 있게 키워 주신 부
모님과 많은 도움을 주신 지인들께 감사를 드린다.

최 기 운

차   례

머리말 _ 4

1. 암울한 미래, 여유 있는 미래

세계 최고 속도로 늙어 가는 노인 공화국 _ 16
당장 생활하기도 벅찬데 늙고 병들면 어떡하나? _ 22
뻔한 재테크 정보는 이제 그만! _ 27
주식 투자를 당연시하는 사람들 _ 32
투자에 적극적인 외국의 가계 _ 37

2. 대한민국 주식 시장

증시 50년, 그동안 어떻게 흘러 왔나 _ 44
복마전이 난무하던 공식적인 도박판 _ 55
시대 상황과 각광받던 주식 종목들 _ 61
펀드의 활성화와 연기금의 주식 투자 비중 확대 _ 68
체질 개선을 통해 선진화되는 주식 시장 _ 73
국민소득 2만 달러 돌파는 증시 업그레이드의 신호탄 _ 80
한 · 미 · 일 증시 상승 시기의 공통점 _ 84

3. 개인 투자자가 실패할 수밖에 없는 이유

투자 철학 없이 대박을 바라는 조급증 _ 92
사고팔아서 수익을 내야 한다는 편견 _ 97
항상 반대로 몰려가는 청개구리 습관 _ 102

4. 믿을 건 나 자신뿐이다

전문가는 주식 투자로 수익을 내고 있을까? _ 110
미공개 자료, 시세 조종, 테마, 홍보성 언론 보도의 유혹 _ 116
차트 분석을 이용한 장밋빛 투자의 환상 _ 122
당장 월급 통장부터 CMA로 옮겨라 _ 129

5. 증시를 움직이는 요소

시장이 급등락하는 이유는 군중의 심리 _ 136
급등락의 원인을 알면 시장이 보인다 _ 142
같은 상황, 하지만 다른 움직임 _ 148

6. 효과적인 투자 및 종목 선정 원칙

추세 전략과 역추세 전략 _ 154

장기 투자와 분산 투자를 실천 못 하는 이유 _ 159

싸구려 주식과 저평가 주식은 다르다 _ 165

시가 총액 상위 종목 _ 171

외국인이 사는 종목은 분명한 이유가 있다 _ 177

펀드 투자는 주식 투자 종목을 고르는 것과 같다 _ 184

7. 주식이 아니라 기업에 투자하라

주가는 기업 실적의 정직한 거울 _ 192

업종 대표주의 우수성은 국내외적으로도 검증된다 _ 197

배당주, 두 마리 토끼 잡기 _ 204

자사주 매입 종목은 주가 상승의 이유가 있다 _ 212

주식 프리미엄을 얻을 수 있는 공모주 청약 _ 217

8. 기업의 향기를 느낄 수 있는 기업 분석 지표

PER, 저평가된 기업의 체취를 느낀다 _ 224

ROE, 알짜 기업의 향기를 알려 준다 _ 230

PBR, 담보 가치와 청산 가치를 나타낸다 _ 235

9. 세상은 넓고 투자 대상은 많다

선물 | 주가가 오르거나 내리거나 수익의 기회가 있다 _ 242

옵션 | 하루에도 수십 수백 배의 가격 변화 _ 248

상장지수펀드 | 시장 수익률만큼의 안정적인 수익 _ 254

주가연계증권 | 원금 보장+α로 유혹한다 _ 260

주식워런트증권 | 원하는 예상 가격에 사고판다 _ 264

헤지 펀드 | 금융 시장의 하이에나 _ 269

실물 펀드 | 물·고철·부동산·유전 개발 등에 투자한다 _ 275

해외 금융 시장으로 달려가는 자본 _ 280

새롭게 떠오르는 투자 시장 _ 286

글로벌 기업의 주식을 직접 매매한다 _ 292

10. 투자 고수가 들려주는 투자와 인생

워런 버핏 | 복리를 이용한 장기 투자로 세계 2위의 갑부가 된 가치 투자의 달인 _ 298

벤저민 그레이엄 | 워런 버핏의 스승이자 현대적인 투자 이론의 창시자 _ 306

조지 소로스 | 세계 금융 시장을 쥐락펴락하는 헤지 펀드의 대부 _ 311

앙드레 코스탈로니 | 70년이 넘는 세월 동안 낭만적인 투자를 즐긴 투자의 예술가 _ 316

알렉산더 엘더 | 흔들리지 않는 심리 투자 법칙을 제시한 정신과 의사 출신 _ 322

피터 린치 | 수많은 투자자를 백만장자로 만들어준 전설적인 펀드매니저 _ 328

존 템플턴 | 글로벌 투자라는 신천지를 개척한 소외된 주식 애호가 _ 334

11. 경제적인 독립으로 여유 있는 인생 즐기기

경기 순환을 고려하여 투자 자산을 분산한다 _342
투자에 대한 조기 교육을 시켜야 한다 _347
온 가족이 참여하는 주주총회 _353

1

암울한 미래, 여유 있는 미래

배고픈 두 사람에게 과일이 10개씩 주어졌다. 한 사람은 주린 배를 채우기 위해 10개를 모두 먹어 치웠다. 반면에 다른 한 사람은 5개만 먹고 나머지를 땅에 심었다. 나중에 누가 살아남을까? 초등학생들도 답을 안다. 그럼에도 우리는 과일 10개를 다 먹어 버리고 미래에 다가올 굶주림을 걱정한다.

급속도로 진행되는 고령화와 저출산, 빠듯한 살림살이에 지친 우리는 특별한 재테크 정보가 있는지 기웃거리지만 전문가의 앵무새 같은 소리만 들을 뿐이다. 우리보다 오랜 자본주의 역사를 가진 선진국에서는 투자를 통해 자산을 불려 나가는 것에 익숙하다. 반면에 우리는 돈을 장롱 속에 처박아 두고는 어느 날 황금알로 바뀌기만을 고대한다.

세계 최고 속도로
늙어 가는 노인 공화국

전쟁의 상흔을 딛고 빠른 시간에 경제 발전을 일구어 전 세계를 깜짝 놀라게 한 대한민국. 이런 긍정적인 평가의 이면에는 무엇이든지 빨리 해치워 버려야 한다는 강박 관념이 뿌리박혀 있다. 뭐가 그리 급한지 기다리지를 못하고, 무엇을 하든지 빨리빨리 끝내 버려야 직성이 풀린다.

식당에서는 음식이 조금만 늦게 나와도 빨리 달라고 성화다. 공항에서는 비행기가 착륙하기가 무섭게 짐을 들고 문 쪽으로 몰려간다. 자동판매기 앞에서 커피가 다 채워지기도 전에 벌써 컵을 잡고서 꺼낼 준비를 한다. 어디 그뿐인가? 규정 속도를 지키는 자동차 뒤에서 경적을 울려 대고 신호가 바뀌자마자 경주를 하듯 달려 나간다. 외국인에게 가장 많이 알려져 있는 한국말은 '빨리빨리' 다.

이처럼 뭐든지 빨리 해치우는 습성이 몸에 배서인지 우리나라는 고령화 사회에 진입하는 속도에서도 타의 추종을 불허하는 신기록을 세우면서 엄청난 속도로 늙어 가고 있다.

유엔의 기준에 따르면, 국민 중 65세 이상의 인구가 7%를 넘는 경우

고령화 사회(Aging Society), 14%를 넘으면 고령 사회(Aged Society), 그리고 20%를 넘는 경우는 초고령 사회(Super Aged Society)로 분류된다.

우리나라는 이미 2000년에 고령화 사회에 도달했다. 그리고 주요 국가들이 고령화 사회에서 고령 사회로 진행하는 데 수십 년에서 최고 100년이 넘게 걸린 데 비해 우리는 불과 18년 만인 2018년에 고령 사회로 진입하고, 다시 8년 만인 2026년에는 초고령 사회에 접어들 것으로 예상되고 있다.

모든 면에서 빠른 우리는 남들보다 일찍

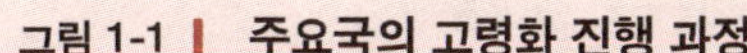

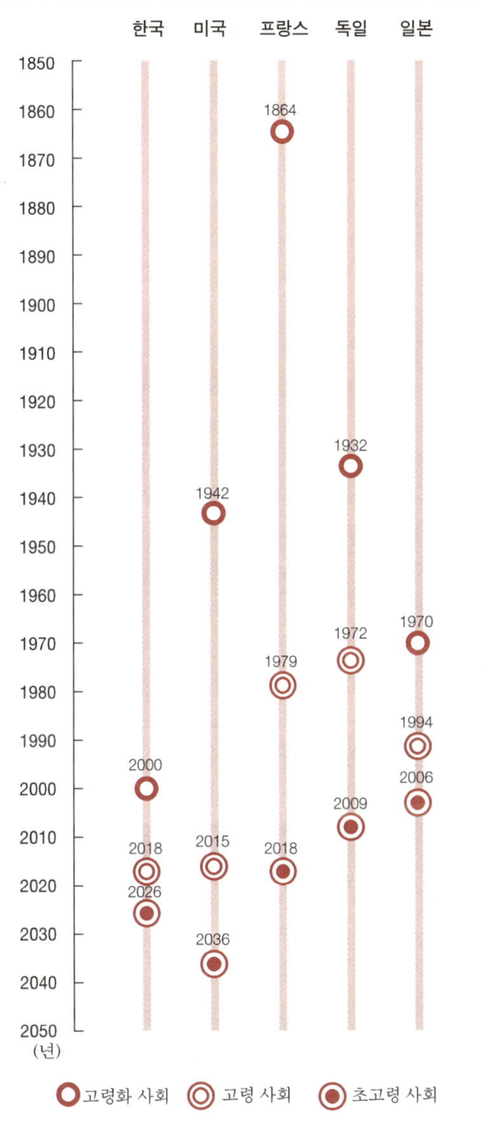

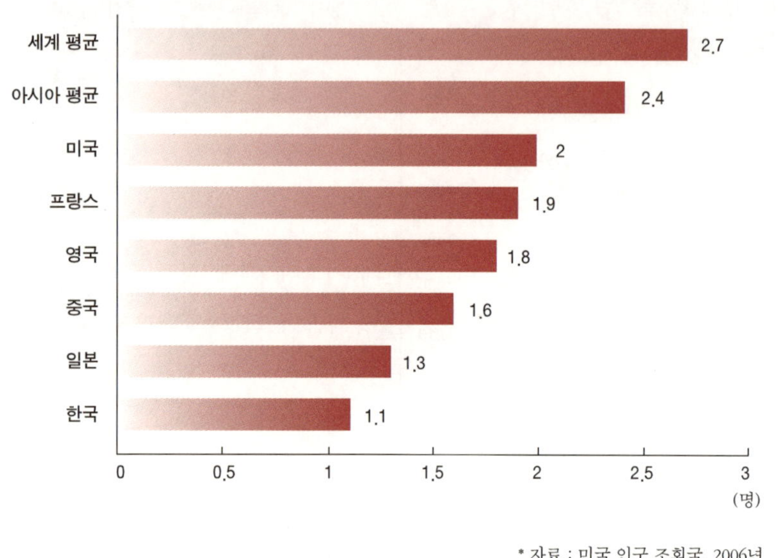

* 자료 : 미국 인구 조회국, 2006년.

늙어 가는 조로 현상에서도 놀라운 속도로 다른 나라들을 제치며 앞서나가고 있다.

세계 최저의 출산율

신기록을 세우면서 늙어 가고 있는 우리의 이면에는 또 다른 세계 기록이 있다. 바로 세계 최저 수준의 출산율이다. 미국 인구 조사국이 작성한 2006년 세계 인구 통계표에 의하면, 우리나라의 출산율은 1.1명으로 세계 최저 수준을 기록하고 있다. 강력한 산아 제한을 실시하고 있는 중국도 출산율이 1.6명이고 영국, 프랑스, 미국 등 선진국도 1.8~2.0명이다. 아시아 평균이 2.4명, 세계 평균이 2.7명인 것을 감안하면 우리나라의 출산율은 가히 세계 최저 수준이라고 할 수 있다.

과거 우리나라는 먹고살기가 어렵고 부양해야 하는 인구가 많아서 "아들딸 구별 말고 둘만 낳아 잘 기르자!", "둘도 많다 하나만 낳자!"고 외치면서 산아 제한 정책을 시행했다. 그런데 어느새 세계 최저 수준의 출산율로 인한 인구 감소의 위기 속에서 출산 장려금과 각종 혜택을 주는 분위기로 돌아섰다. 다른 나라들에서는 몇 세대에 걸쳐 일어난 고령화와 출산율 감소를 불과 한 세대가 지나기도 전에 한꺼번에 겪고 있는 것이다.

현재 우리나라의 기대 수명은 평균 79세이고, 2045~2050년이 되면 85.7세에 이르러 선진국 평균인 82.1세보다 높아질 전망이다. 그렇지만 이러한 통계 자료를 보면서 즐거워만 하기에는 우리의 현실이 그다지 우호적이지 않다.

왜냐하면 빠른 속도로 진행되는 노령화와 저출산은 장기적으로는 생산 인구의 감소로 인한 경제 규모의 축소, 그리고 더 많은 노령 인구를 부양해야 하는 부담을 의미한다. 한창 일할 나이인 40대에 명퇴를 걱정해야 하는 것이 현실인데, 평균 연령이 80세가 넘으면 뭐 하나? 도대체 무엇을 어떻게 해야 그렇게 긴 노년을 제대로 살아갈 수 있을까?

쏟아지는 베이비붐 세대의 은퇴

우리 사회는 조만간 베이비붐 세대의 은퇴로 사회적인 파장이 우려되고 있다. 베이비붐 세대는 일반적으로 미국에서는 1946~1964년생, 일본에서는 제2차 세계 대전 종전 직후인 1947~1949년생을 의미한다. 우리나라에서는 한국 전쟁 이후인 1955~1963년생을 뜻한다.

미국에서는 경제 호황과 안정적인 사회 보장 시스템에도 불구하고 베이비붐 세대의 대량 은퇴에 대해 우려의 목소리가 높다. 일본에서도 일명 단카이(團塊)라고 불리는 베이비붐 세대는 약 680만 명으로 전체 인구 중 5.4%에 이른다. 이들이 60세 정년이 시작되는 2007년부터 한꺼번에 퇴직하게 되어 사회 각 분야에서 파장이 클 것으로 예상되고 있다.

우리나라의 베이비붐 세대는 열심히 앞만 보고 달려 왔다. 가난하고 힘든 어린 시절를 보내고 정치적 격변의 시기를 겪었다. 사회의 든든한 버팀목으로서 한창 일할 나이인 30~40대에 IMF 사태로 큰 고통을 겪었으며 그 후 하루하루를 살얼음판 건너듯 생활하고 있다.

우리보다 경제력이 앞선 미국과 일본의 경우도 베이비붐 세대의 은퇴에 대해 걱정이 많은데 우리는 두말할 나위가 없다. 그러나 주변의 현실을 돌아보면 상황은 암담하기만 하다.

무엇보다 노후 생활을 위한 대표적인 안전장치인 국민연금의 재원 고갈이 우려되고 있다. 국가 · 사회적인 시스템이나 개인적인 준비도 턱없이 부족한 실정이다. 거기다 물가 상승률과 금리를 감안하면 실질 소득은 제자리걸음인 데 비해서 부동산과 교육비 등 생계비는 가파르게 상승하여 당장의 생활을 유지하기에도 벅차다.

　우리는 대책 없는 고령화와 저출산으로 인한 문제점을 고스란히 안은 채 젊은 나이에 퇴직자가 되어 긴 노년의 시간을 살아가야 하는 현실에 내동댕이쳐 있다. 이런 상황에서 은퇴 후 안정적인 미래를 위한 준비는 미약하기 짝이 없다. 그렇다면 우리는 과연 무엇을 어떻게 해야 당장 빠듯한 살림살이에서 여유를 찾고 또 한발한발 차갑게 다가오는 길고 긴 노년을 대비할 수 있을까?

당장 생활하기도 벅찬데
늙고 병들면 어떡하나?

인터넷 포털 네이버에서 네티즌을 상대로 퇴직 후 필요한 노후 자금의 규모가 어느 정도면 적당한지 설문 조사를 했다. 응답자 중 32.4%가 10억 원 이상, 15.4%가 7~10억 원이라고 답했다. 응답자의 과반수에 가까운 사람들이 노후 대비를 위해 최소한 7억 원 이상은 있어야 하는 것으로 생각하고 있었다. 반면에 1~3억 원이면 충분하다는 의견은 10.3%에 불과했다.

하지만 우리의 현실은 어떠한가? 대부분의 경우, 10억 원의 노후 자금은 고사하고 내 집 마련과 자녀 교육비 때문에 하루하루 생활하기에도 빠듯한 형편이다. 당장에 필요한 생활비 벌이에 급급하다가 어느 날 노년이 되면 건강 문제로 일하기도 힘들어 먹고살기도 힘들어진다. 이러한 현실은 안타깝게도 65세 이상 가구의 경제 상황에 대한 통계 자료를 통해서 얼마든지 확인할 수가 있다.

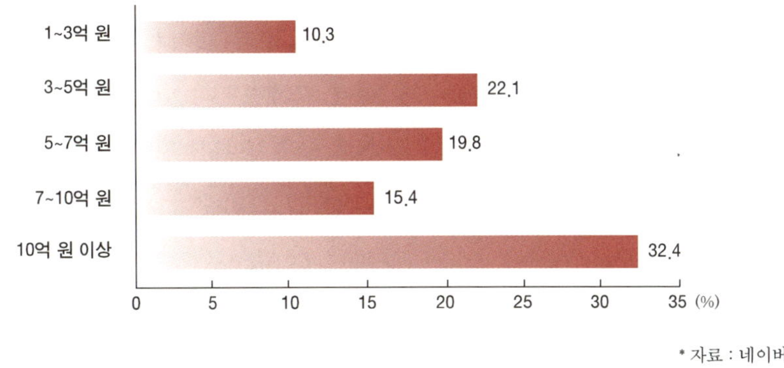

나이를 먹을수록 더욱 심해지는 빈부 격차

한국노동연구원의 자료에 의하면, 65세 이상 고령자 가구의 빈곤율은 2005년을 기준으로 38.3%에 달하는 것으로 나타났다. 이는 65세 미만 일반 가구의 빈곤율 10.6%의 3배를 훨씬 웃도는 수치이다. 또한 정부의 최저 생계비 기준에 미달하는 절대 빈곤 가구 가운데 65세 이상의 고령자 가구가 차지하는 비중은 2000년의 33.2%에서 2005년에는 45.6%로 크게 높아졌다.

이처럼 고령 가구의 빈부 격차는 일반 가구보다 훨씬 심해서, 젊어서 '부자 아빠, 가난한 아빠' 보다 노년이 될수록 '부자 노인, 가난한 노인' 의 불평등 구조가 심화되고 있다. 일부 준비된 노년층을 제외하고는 상당수가 나이를 먹어 가면서 상대적인 빈곤층으로 전락해 간다는 것을 알 수 있다.

핵가족화에 의해 자녀들이 부모를 봉양하는 비율이 낮아지고 있는 것도 노인 가구 빈곤화의 주요 원인 중 하나다. 한국노동연구원에 의하면, 60세 이상의 노령 인구가 자녀들의 경제적인 지원으로 생활하는 비율은 1980년에 72.4%이던 것이 1995년에는 56.3%로 낮아졌으며 2003년에는 31.1% 수준으로 급감했다. 이 수치는 해가 갈수록 더욱 떨어질 전망이다.

고령자 가구의 빈곤율이 상대적으로 높고 그 비중이 계속해서 증가하는 것은 젊어서 모은 자산을 자녀 양육과 결혼 등으로 지출했는데, 나이가 들어 수입이 줄어들기 때문이다. 결국 평균 수명이 증대한 덕분에 편안한 노후 생활이 아니라 가난한 상태로 오래 사는 노인들만 양산되고 있는 셈이다. 젊어서 열심히 돈을 벌어서 자녀에게 모두 쏟아 부어 봐야 나이 들어 스스로 책임지지 못하면 괴롭고 지루한 궁핍만이 기다린다는 것이다.

예전에는 노후 준비라는 개념이 무척 낯설었다. 젊어서 열심히 일하다가 정년이 되면 퇴직금을 받고 자녀들의 봉양을 받으면서 짧은 노후를 즐기다가 생을 마감하는 게 보통이었다. 그러나 이제는 정년 보장은커녕 자녀들을 교육시키고 시집장가 보내기도 벅찬 세상이 되었다. 그리고 자신의 모든 것을 다 바쳐서 어렵게 키워 놓았지만 핵가족화와 사회의식의 변화로 자식들에게 기대는 것도 여의치 않다. 결국 젊어서 미리미리 노후를 준비해야 한다는 것이다.

그렇지만 하루하루 생활하기도 빠듯한데 무슨 돈이 남아돌아 느긋하게 미래를 내다보며 노후를 설계할 수 있을까? 그래서 많은 사람들이 결국은 아무 대책 없이 지내다가 노년을 맞이해 불안하고 힘든 노후 생활을 하게 된다.

매월 100만 원씩 저축하면 78년 후에 여유가 생긴다?

안타까운 노후를 맞지 않으려면 젊어서 열심히 저축하면 되지 않을까? 노후 설계 자금 10억 원을 만들기 위해서 매달 100만 원을 저축해 놓는 것은 어떨까? 그렇지만 웬만한 가정에서 매월 100만 원을 별도의 노후 자금으로 저축하기란 매우 힘든 것이 현실이다.

그래도 미래를 위해서 어떻게든 무리해서라도 매월 100만 원을 저축한다고 가정할 경우, 얼마 만에 10억 원을 만들 수 있을까? 2007년을 기준으로 정기 적금 이자율 4.5%를 적용할 경우 매월 100만 원씩 78년 동안 모아야 10억 원을 만들 수 있다.

내 집 마련과 자녀 교육비 등을 감안할 경우 별도의 노후 자금을 위해 자금을 모으는 것도 여의치 않지만, 어떻게 해서든 매월 100만 원씩 꾸준히 저축한다고 해도 여유 있고 안정된 노후를 위한 10억 원을 모으기 위해서는 78년이라는 세월이 소요된다. 지금 40살인 사람이 118살이 되어야 10억 원을 모아 여유 있게 살 수 있다는 소리이다. 정말로 맥이 풀리는 노릇이 아닐 수 없다.

결국 여유 있는 미래를 위해서는 쥐꼬리만 한 이자를 믿고 아무리 열심히 저축해 봐야 답이 나오지 않는다는 이야기다. 그렇다면 미래를 위해서 자녀를 낳지 않거나 양육을 포기해야 할까? 아니면 미래고 뭐고 어차피 대책도 없으니까 대충대충 짧고 굵게 살다가 갈 것인가?

이러한 문제를 해결하기 위해 우리는 결국 투자라는 것에 눈을 뜰 수밖에 없다. 미래에 대한 설계는 저축이 아니라 투자로 가능하다. 하지만 투자는 위험하지 않은가? 이런 의문이 든다면 스스로 먼저 다음을 되새겨 보아

야 할 것이다. "투자가 아니라면 78년 동안 매월 100만 원씩 저축해서 100
살이 넘은 후에 여유 있는 생활을 시작할 수 있다."

뻔한 재테크 정보는
이제 그만!

주부들이 장을 보러 시장에 가기가 두렵다. 수입은 빠듯한데 물가는 꾸준히 상승해 갈수록 점점 장바구니가 가벼워지기 때문이다. 어디 그뿐인가? 자녀들에게 들어가는 교육비며 잡비는 왜 그렇게도 많은지? 집에서만 그런 것이 아니라 밖에서 손님을 만나서 식사하거나 술 한 잔 해도 몇만 원 정도가 소리 없이 사라지고 만다.

세계적인 컨설팅 회사인 머셔 휴먼 리소스 컨설팅이 전 세계 144개 도시를 대상으로 생활비 조사를 한 결과에 따르면, 2006년 서울은 세계에서 두 번째로 물가가 비싼 도시라는 불명예를 안았다. 서울은 2004년에 7위, 2005년 5위를 기록한 바 있다. 원화 강세와 달러 약세라는 요인도 작용했지만 뉴욕을 100으로 볼 경우 서울이 121.7로 우리나라의 물가는 가히 세계적이라고 하겠다.

우리가 피부로 느끼는 물가는 계속해서 상승하고 있는 데 반해서 금리가 그만큼 높아지지 않기 때문에 우리는 금리가 물가 상승률보다 낮은 마이너스 금리 시대에 살고 있다. 아무 생각 없이 은행에 돈을 맡기면 시간이 갈수록 원금이 늘어나기는커녕 오히려 손해를 보게 되는 것이 현실이다.

돼지 저금통은 돈을 불려 주지 못한다

수많은 저축성 금융 상품들이 0.1~0.2%의 금리 차이와 부가 서비스로 차별화를 꾀하면서 고객을 유혹하고 있다. 그러나 이미 목돈을 모아 놓은 부자들에게는 유용한 정보이지만 그렇지 못한 사람에게는 별 효용성이 없다. 10억 원을 가지고 있는 사람에게 금리 0.1%는 100만 원의 차이가 나지만 1,000만 원이라면 1만 원에 불과하다.

물론 1만 원도 없는 것보다는 낫겠지만, 여기에서 말하고자 하는 요지는 저금리 시대에 돈을 은행에 맡기는 것으로는 전혀 답이 안 나온다는 말이다. 일반인이 1,000만 원을 만들기 위해서는 얼마나 많은 시간과 노력을 들여야 하는가? 겨우 1만 원 차이의 이자를 가지고 꿈에 부풀 수 있을까?

어릴 때 누구나 한 번쯤은 돼지 저금통에 용돈을 한푼 두푼 모아 본 적이 있을 것이다. 나중에 돈이 필요해서 돼지 저금통을 깨뜨리면 요술 방망이를 두드리듯 넣은 것보다 많은 돈이 들어 있던 적이 있던가? 돼지 저금통은 돈을 불려 주는 수단이 아니다. 낭비를 막기 위해서 잠시 돈을 맡겨 두는 금고일 뿐 결코 황금 돼지는 될 수 없다.

현실이 이러한데도 아직도 많은 사람들은 별 생각 없이 돈을 불릴 수 있을 것이라고 착각하며 은행에 돈을 맡기고 있다. 마이너스 금리 시대에 은행 금리로 돈을 불려 재테크해 보겠다는 것은 금이 간 항아리에 물을 붓는 격이다.

부동산 투자는 사활이 걸린 진검 승부의 세계

중소기업을 다니다가 퇴직한 박 모 씨는 퇴직금으로 부동산 투자를 해서 안락한 노후를 보내겠다는 꿈을 안고서 조합 아파트에 투자했다. 그러나 조합원 잔여분을 헐값에 분양해 주겠다는 브로커의 말에 넘어가서 평생을 고생해 모은 피 같은 돈을 몽땅 날려 버리고 말았다. 알고 보니 그들은 실체도 없는 분양 사기단이었고 투자금을 챙겨서 잠적했다. 박 씨는 아무런 준비 없이 거액의 돈을 가지고 뛰어들었다가 한칼에 그만 치명적인 상처를 입고서 안락한 노후 생활의 꿈을 물거품처럼 날려 버리고 말았다.

최근에는 부동산 시장의 폭등으로 부동산 투자에 관심이 몰리고 있다. 하루가 다르게 치솟는 부동산 시세를 보고 있노라면 나도 남들처럼 떼돈을 벌 것 같은 환상이 우리를 유혹한다. 그렇지만 현실은 어떠한가? 생활비도 빠듯하고 대출금 갚기도 힘든데 무슨 돈으로 부동산 투자를 할 수 있을까?

부동산 투자는 목돈을 모아야 가능하다. 한두 푼 가지고 섣불리 덤빌 수 있는 것은 아니다. 또한 투자 금액이 크기 때문에 상당액을 담보로 해야 할 뿐만 아니라 주식처럼 모의 투자 게임을 해 볼 수도 없다. 더욱이 전 재산을 걸고 진검 승부를 해야 하는 살벌한 곳이다. 박 씨의 경우처럼 부동산 투자에 대한 경험이나 지식도 없이 덜컥 전 재산을 걸었다가 사기를 당하거나 거짓 과장 광고로 피해를 보는 일이 종종 발생하기도 한다.

초짜들의 돈은 선수들의 좋은 먹잇감이 되어 버린다. 어렵게 목돈을 마련하고 사기에 조심한다고 해도 모두가 좋은 수익을 기대할 수 있는 것도 아니다. 주식 투자의 종목 선정처럼 부동산 투자도 대상을 잘 골라야지 아무데나 사 놓고 가격이 오르기를 바라서는 좋은 결과를 기대할 수 없다.

고용 없는 성장에서 살아남기 위한 몸부림

IMF 사태를 통해 우리나라는 뼈아픈 경험을 통해 많은 변화를 겪었다. 이제 직장은 나와 내 가족을 먹여 살려 주는 보호막이 아니라 언제든 쫓겨날 수 있는 곳이 되었다. 또한 우리 경제는 이제 고용 없는 성장, 즉 경제가 성장해도 일자리는 오히려 줄어드는 상황이 벌어지고 있다. 정부나 언론에서 발표하는 거시 경제의 수치상으로는 꾸준히 성장하고 있지만 개인이 느끼기에는 갈수록 어려워지고 있다.

청년 실업자와 명퇴자가 넘쳐나고 신용 불량자와 파산자가 급증하는 상황에서 먹고사는 문제를 해결하고 미래의 안정을 이루기 위해 우리는 하루하루 총성 없는 전쟁터에서 살아남기 위한 몸부림을 치고 있다. 재테크만이 살길이라는 사회적 분위기가 팽배해지면서 온갖 재테크 정보에 귀를 기울이고 빠듯한 수입에 보탬이 되고자 부업 전선에 뛰어들고 있다.

은행에 돈을 맡겨 봐야 물가에도 못 미치는 금리로 오히려 손해를 보는 현실이 답답하기만 하다. 부동산 투자에 도전하려고 하면 턱없이 부족한 자금과 터무니없는 거래 액수에 기가 질려서 주눅 들고 만다. 암울한 마음에 재테크 정보를 찾아보면 "생활 습관을 바꾸고 종자돈을 만들어라. 마련한 종자돈으로 돈을 불려라."라는 똑같은 레퍼토리만 반복된다.

물론 이런 정보가 잘못된 것은 아니다. 그러나 이면을 들여다보면 결국 기적을 바라거나 원론적인 이야기의 반복인 경우가 많다. 수입을 모두 저축하고 무조건 허리띠를 졸라 매라는 전문가의 조언에 큰마음 먹고 도전하지만 현실적으로 불가능하기 때문에 작심삼일로 끝난다. 몰라서 못하는 것이 아니라 알면서도 할 수 없거나 실천이 너무 어려워서 실패하는 것이다.

현실적으로 가능한 재테크

돈을 모으려면 수입이 많든가, 지출을 줄이든가, 아니면 돈을 많이 불릴 수 있는 재테크 수단을 활용해야 한다. 갑자기 월급이 오르거나 장사가 잘되어서 수입이 몇 배로 늘거나, 아니면 안 먹고 안 입고 살아야 한다. 하지만 이런 것들은 현실적으로는 불가능한 도전일 뿐이다. 결국 남은 방법은 돈을 많이 불릴 수 있는 재테크뿐이다.

앞에서 설명한 바와 같이 은행 저축은 낮은 금리 때문에 좋은 대안이 되지 못한다. 부동산 투자는 처음부터 많은 자금이 필요하기 때문에 현실적인 대안이 되지 못한다. 그렇다면 소액으로 시작할 수 있으면서 높은 투자 수익을 기대할 수 있는 재테크 수단은 무엇일까?

바로 주식 투자이다. 주식 투자는 자신의 형편에 맞는 범위 내에서 소액으로 조금씩 투자를 시작할 수 있고, 또한 적은 액수를 나눠서 투자한다면 장기적으로 높은 수익을 올릴 수 있는 재테크 수단이다.

그런데 많은 사람들이 주식 투자는 너무 어렵고 위험할 뿐만 아니라 목돈이 있어야 한다는 편견을 가지고 있다. 심지어는 주식 투자를 단기간에 대박을 통해서 떼돈을 버는 투기라고 생각하기도 한다. 과거 우리나라 주식 투자의 역사가 건전하고 장기적인 투자보다는 단기적인 한탕 분위기로 점철되었기 때문에 이러한 잘못된 편견이 조성된 면이 없지 않다. 이제는 이러한 편견에서 벗어나 올바른 투자 마인드로 나와 가족의 행복한 미래를 설계해야 할 때이다.

주식 투자를
당연시하는 사람들

식품 회사에 다니는 빌은 회사에 출근하면 퇴직 연금의 운용 수익률을 보는 재미로 하루 일과를 시작한다. 401K에 가입한 그는 적립한 연금이 다양한 상품에 투자되어 운용되는 모습을 지켜보면서 하루하루 미래에 대한 꿈을 키워 가고 있다.

전자 부품 회사에 다니다가 퇴직한 데이비드는 요즘 집 근처의 대학에서 미술을 배우는 재미에 흠뻑 빠져 있다. 진작부터 미술에 관심이 있었지만 어려운 가정 형편 때문에 마음속에만 담아 두었다. 데이비드 씨가 미술을 배울 수 있는 것은 퇴직 연금 덕분이다. 그가 가입한 퇴직 연금의 주식 투자 운용 수익이 좋아서 기대 이상의 수익으로 여유가 생겼기 때문이다.

미국은 1875년부터 (연금 금액이 확정되어 있는) 확정 급여형 기업 퇴직 연금을 시행해 왔다. 그러나 개별 기업들의 재정 문제로 인해서 연금을 제대로 지급하지 못하는 사태가 발생하자, 이에 대한 해결책으로 (적립금 운용 실적에 따라 연금 지급액이 변동되는) 확정 기여형 연금 401K를 1982년부터 도입해 운용하고 있다.

401K라는 이름은 근로자 퇴직금 운용 자산에 대해 규정하고 있는 미국 내국세법 401조 K항에서 유래했다. 401K에 가입한 근로자는 소득세를 연기해 주는 혜택과 연간 1만 4,000달러까지 불입금에 대한 소득 공제를 받는다. 그리고 근로자가 불입하는 금액의 일부를 기업이 지원해 준다.

퇴직 연금제 401K와 개인의 투자 마인드 변화

미국의 다우 지수는 1960년대 이후 1970년대까지 여러 번 1,000포인트를 돌파하기도 했으나 이내 주저앉았다. 1980년대 초반까지 다람쥐 쳇바퀴 돌듯이 1,000포인트 전후에서 지루하게 박스권을 형성하면서 오르내렸다.

하지만 1980년대 초부터 미국 증시는 가계의 금융 자산 비율이 빠르게 증가하면서 변화의 조짐을 보이기 시작했다. 주식형 펀드 상품의 잔고가 1982년 412억 달러에서 1984년 말 800억 달러로 불과 2년 사이에 두 배로 늘어나더니 이러한 추세가 지속되기 시작했다. 직·간접 투자가 활성화되자 증시는 풍부한 자금 유동성으로 탄력을 받아 1,000포인트의 박스권을 돌파하고 지속적으로 상승하기 시작했고, 1990년대 후반부터 대망의 1만 포인트 시대를 열었다.

도대체 어떤 요인이 이와 같은 증시 성장의 견인차 역할을 했을까? 가장 주요한 이유 중의 하나는 증시의 기초 체력을 지탱해 주는 개인의 투자 마인드 변화였다. 덕분에 상당한 규모의 가계 자금이 증시로 유입되었기 때문이다.

그렇다면 무엇이 개인들의 투자 마인드를 변화시켰을까? 퇴직 연금제 401K의 시행이 가장 주요한 원인이라고 할 수 있다. 1982년부터 도입되기 시작한 401K 덕분에 엄청난 자금이 적립되기 시작했고 이 자금의 상당수가 고스란히 증시로 유입되었다. 그래서 미국의 다우 지수는 오랜 박스권에서 벗어나 고공 상승을 위한 기초를 다질 수 있었다.

401K는 태생적으로 세금 감면과 효율적인 자산 운용으로 근로자에게 지급되는 연금액을 늘려 보자는 취지로 시작되었기 때문에 자연스럽게 주식 편입 비중이 높을 수밖에 없었다. 저금리 시대, 평균 수명이 늘어나는 고령화 사회에서 은행 예금만으로는 노후 생활에 대한 기대를 하기가 힘들어지는 상황에서 퇴직 연금제 401K가 투자 상품에 대한 저변 확대에 불을 지피는 역할을 한 것이다.

401K는 1983년 가입 규모가 약 900억 달러였으나, 2005년에는 2조 달러가 넘어서 약 20배 이상 증가했다. 이렇게 천문학적인 금액이 퇴직 연금으로 적립되고 이 돈이 주식 시장에 쏟아지자, 1982년 11월 말 1,000선을 돌파했던 다우 지수는 1999년 4월 말에 1만 포인트를 넘어섰다. 이러한 이유 때문에 미국에서는 많은 사람들이 주식 투자를 통해서 자산을 불려 나가는 것을 당연하게 생각하고 있다.

자본주의의 역사는 투자의 역사

유럽에서는 이미 1602년 네덜란드의 암스테르담에 세계 최초로 증권 거래소가 설립되었다. 당시 네덜란드는 외국으로부터 막대한 부가 밀려들어 오면서 엄청난 부를 축적하던 시기였다. 그로 인해 튤립의 가격의 폭등 등 홍역을 겪기도 했지만 일찍부터 자산 관리와 투자에 대한 개념이 확대 되고 정착되었다. 수백 년을 이어온 자산 관리와 투자에 대한 정서가 대대 로 내려오면서 유럽은 자연스럽게 금융의 중심지가 될 수 있었다.

유럽 사람들은 돈이 생기면 습관적으로 펀드 등을 통해서 투자했다가 필요할 경우 빼내 쓴다. 우리가 은행 예금에 넣어 두었다가 필요할 때 빼내 쓰는 것과 마찬가지다. 어디에 얼마를 어떻게 투자할지 고민하지 않아도 투자 상담사가 투자자의 성향과 요구에 맞는 투자 상품과 펀드 등에 분산 해서 투자하고 관리해 준다.

미국에서는 마트에서조차 펀드 상담과 가입이 가능하다. 쇼핑하러 갔 다가 물건 사듯이 펀드를 쇼핑할 수 있는 것이다. 이러한 주식 투자에 대한 마인드 변화와 저변 확대로 미국은 펀드 계좌수가 2억 5,000만~3억 개에 달하는 것으로 추정되고 있다.

세계 금융 시장에 절대적인 영향력을 행사하며 세계의 경제 대통령이 라고도 불리는 미국 연방준비제도 이사회의 의장 벤 버냉키(Ben Bernanke) 는 대학교수 시절 가입한 미국 교원 퇴직 연금에 대부분의 자산을 투자하 고 있다. 그것의 상당 부분은 투자 상품에 가입되어 주식에 투자되어 있다. 세계의 경제 대통령이 선택한 재테크 수단도 결국은 주식 투자였다.

우리는 원하건 원하지 않건 미국 경제에 많은 영향을 받고 있으며 미국 과 비슷한 길을 따라가기도 한다. 미국에서 저금리, 고령화 사회, 노후 생 활에 대한 불안 등을 극복하는 방법으로 선택한 퇴직 연금제 401K가 투자 활성화로 이어져 증시의 고공 행진 시대를 열었다.

우리나라에서도 2005년 12월부터 퇴직 연금 제도가 시작되었으며

2011년부터는 종업원 5인 이상의 기업체는 의무적으로 가입해야 한다. 아직까지는 일반인들의 낮은 인지도, 기업체의 소극적인 태도, 관련 기관과 금융 기관의 준비 부족 등으로 인해 크게 활성화되지 못하고 있지만 지속적으로 높은 증가세를 이어갈 것으로 전망되고 있다.

투자에 적극적인
외국의 가계

대한상공회의소가 2006년에 전국 7대 도시에서 조사한 자료에 의하면, 우리나라의 가계 자산의 비율은 주택이 평균 83.4%에 달하는 반면에 금융 자산은 겨우 10.2%밖에 되지 않는 것으로 나타났다. 자산이 부동산에 편중되어 있기 때문에 부동산 시장의 등락에 심하게 영향을 받을 뿐만 아니라 유동성 측면에서도 매우 취약한 구조인 것이다.

그런데 흥미로운 것은 조사 대상자들이 안정적인 가계 자산의 구성 비율로 금융 자산 45.8%, 비금융 자산 54.2%라고 응답했나는 사실이다. 상당수 사람들이 현재의 가계 자산 구성이 안정적인 비율은 아니라고 생각하고 있다는 것이다. 잠재적으로는 금융 자산의 증가에 많은 관심이 있고 그렇게 되는 것이 바람직하다는 시각을 가지고 있다는 이야기다.

그리고 향후 1년 내에 주식이나 펀드 등에 투자할 의향이 있느냐는 질문에는 65.8%가 여건이 좋아지면 투자하겠다고 응답했지만 실제로는 그렇게 하지 못하고 있었다. 자녀 교육비 부담(43.2%) 등 자녀 양육과 관련된 비용 증대로 인해 금융 자산을 늘리는 데 한계를 느끼고 있었다. 자녀에 대한

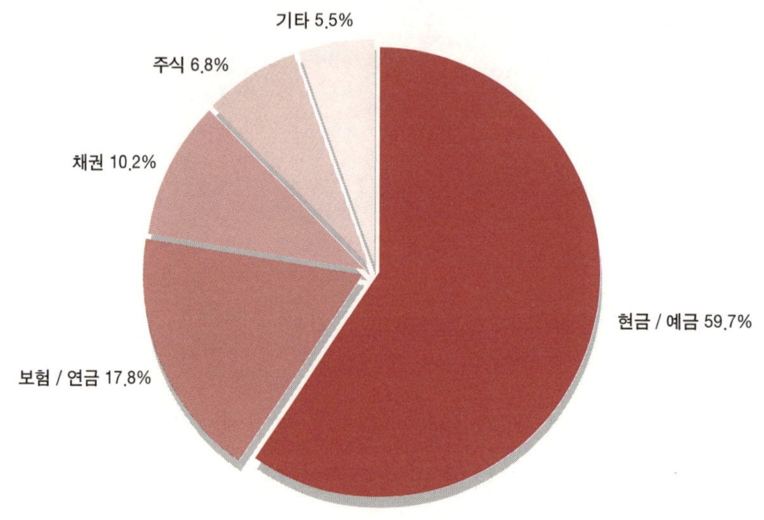

* 자료 : 증권선물거래소, 한국은행.

지나친 기대와 무리한 지출이 결국 바람직한 금융 자산의 비율을 늘리는 데 발목을 잡고 있는 상황인 것이다.

앞에서도 언급했듯이, 우리의 경우 초고속으로 진행되는 고령화 사회에서 노후를 자녀에게 기대기 힘들어지고 있는 실정이다. 본인 스스로 노후 설계를 책임져야 한다는 것이다. 늘어난 수명이 괴롭고 긴 고통의 시간이 아니라 여유 있고 윤택한 인생의 연장선이 되려면 결국 금융 자산을 늘리는 것은 선택이 아닌 필수가 되었다.

가계의 주식 보유 비중이 OECD 회원국 중 꼴찌

그렇다면 아무 금융 자산이나 늘려가는 것이 좋을까? 가계 재산에서 차지하는 비중이 겨우 10% 남짓한 금융 자산 구성을 살펴보면 문제의 심각성은 더욱 드러난다.

현금과 예금이 전체 금융 자산의 59.7%, 보험과 연금이 17.8%에 달하고, 주식 등 투자 성격의 금융 자산은 전체의 1/5에도 미치지 못한다. 투자 수익으로 자산을 불리기보다는 현금성 자산으로 돈을 단지 보유만 하고 있는 것이다. 재산 중에 얼마 되지도 않는 금융 자산이 그나마 전부 장롱 속에 처박혀서 잠자고 있는 셈이다.

이는 현금과 예금 등의 안정성에만 집착한 채 투자 수익에 대한 것은 제대로 고려를 하지 않고 있다는 의미이다. 다른 주요 선진국들이 고수익 펀드나 직접 주식 투자 등을 통해서 가계의 금융 자산을 불려나가는 것과는 매우 대조적이다.

OECD 회원국의 조사 자료에 따르면, 미국과 영국 등에서는 주식 보유 비율이 40~50%에 달하고 회원국 평균도 30%를 훨씬 상회하고 있다. 반면에 우리의 경우는 고작 9%에 불과하여 주요 국가의 1/4에도 미치지 못하고 있다. 뿐만 아니라 사회주의 국가였다가 시장 경제 체제로 편입한 지 얼마 되지 않은 체코에 비해서도 현저하게 낮은 수준이다.

미국의 경우에도 1970년대까지는 고금리로 인해서 예금과 채권을 통한 자산 운용의 비중이 매우 높았다. 당시 미국의 10년 만기 국채의 금리는 10%대를 넘나들었다. 하지만 1980년대에 들어 저금리 시대가 되면서 가계의 금융 자산은 투자 상품으로 급속도로 이동하기 시작했다. 오늘날 미국

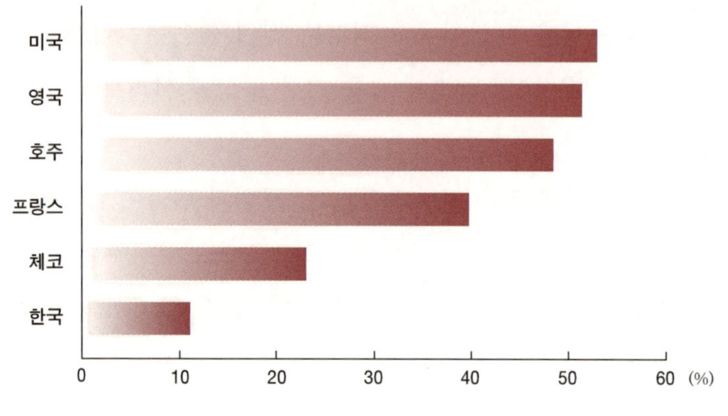

* 자료 : 증권선물거래소, 한국은행.

의 가계 금융 자산 중 70~80%가 각종 투자 상품이며 그중 주식 투자의 비율이 50%를 넘어서고 있다.

이처럼 선진국에서는 가계 자산에서 금융 자산이 차지하는 비율이 높을 뿐만 아니라 구성 면에서도 주식 투자의 비중이 높다. 고수익이 가능한 투자성 금융 자산 위주의 구성이 결국 장기적으로는 가계 자산의 안정적인 증대를 가져오게 되는 것이다.

전통적으로 자산 운용의 수익률보다는 자산의 안전성을 매우 중요시 여기던 일본인들도 최근 들어서는 주식과 같은 투자성 금융 자산의 비중을 늘려 가고 있다. 일본은 과거 제조업으로 벌어들인 국부를 금융 시스템의 후진성으로 날려 버리면서 '잃어버린 10년'을 보냈다. 하지만 이제는 금융 시스템에 대한 인식의 변화, 특히 주식 등 투자성 자산에 대한 마인드의 변화가 일고 있다.

따라서 우리도 지금처럼 부동산에 과도하게 편중되어 있는 가계의 자산 구성에서 벗어나서 금융 자산의 비중을 높여야 한다. 또한 지금 같은 저금리 시대에는 현금, 예금 등 현금성 자산 대신에 안정적으로 고수익을 창출할 수 있는 투자성 금융 자산의 비율을 높이는 등 금융 자산의 질을 개선해야 할 것이다.

2

대한민국
주식 시장

1956년, 전쟁의 상처를 딛고 폐허 속에서 출범한 우리나라 증시는 세월이 흘러 이제 어언 50년의 역사를 지니게 되었다. 사람 나이 50살이면 지천명(知天命)이라고 했다. 반세기가 흐른 우리 증시의 과거와 현재를 살펴보면 새로운 시대를 알 수 있을 것이다.

과거 우리나라의 증시는 양적인 성장이라는 이면에서 각종 불미스러운 사건과 복마전으로 얼룩졌다. 그 와중에 수많은 종목들이 스타처럼 떠올랐다가는 쓸쓸하게 잊혀지고 퇴장되기도 했다. 하지만 다소간 진통은 있더라도 결국 도약의 길로 한발 들어섰다는 징후를 여기저기서 확인할 수 있다.

증시 50년,
그동안 어떻게 흘러 왔나

여의도는 금융, 특히 증권선물거래소가 위치하고 있어서 증권의 메카로 알려져 있다. 원래 명동에 있던 증권거래소는 일제 강점기인 1922년에 경성주식현물거래시장을 시작으로 조선거래소, 조선증권거래소, 대한증권거래소, 한국증권거래소를 거친 뒤, 1979년 여의도로 이전하여 오늘날의 증권 타운을 형성하게 되었다.

근대적인 기준에 의한 우리나라 최초의 유가 증권은 1897년에 한성은행(구 조흥은행의 전신)이 설립되면서 주식을 발행한 것이 시초이다. 그 후 일본의 자본이 우리나라에 진출해 1931년에 조선거래소령을 제정하고 경성주식현물거래시장과 인천미두거래소를 합병해서 1932년에 조선거래소를 개설하면서 근대적 개념의 거래소 시장이 모습을 갖추게 되었다.

1956년 12개의 법인으로 대한민국 증시의 시작을 알리다

해방이 되어 일제가 물러간 뒤 우리 스스로 증권거래소를 개설하려는 움직임이 있었으나 곧이어 한국 전쟁의 발발로 실현되지 못하다가, 1956년 3월 3일 대한증권거래소가 드디어 역사적인 개장을 했다. 개장 첫날에 조흥은행을 비롯한 4개 은행, 대한해운공사를 비롯한 6개 일반 법인, 정책적으로 상장된 대한증권거래소 등을 포함해서 모두 12개의 법인이 최초로

표 2-1 ▌ 1956년 최초 상장된 12개 법인의 현주소

구 분	당시 법인명	현재 상황	비고
은행	상업은행	상업은행과 한일은행이 합병되어 한빛은행이 되었다가 우리은행으로 바뀜	2002년 상장 폐지
	흥업은행 (한일은행의 전신)		
	조흥은행	신한은행에 합병됨	2004년 상장 폐지
	저축은행 (제일은행의 전신)	SC(Standard Chartered) 금융그룹에 인수되어 SC제일은행이 됨	2005년 상장 폐지
일반 법인	대한해운공사	한진그룹에 인수되어 한진해운으로 상호변경	1988년 상호 변경
	대한조선공사	한진그룹에 인수되어 한진중공업으로 상호 변경	1990년 상호 변경
	경성전기	한국전력주식회사(한전)로 통합됨	1961년 상장 폐지
	남선전기		
	조선운수	한국미곡창고(대한통운의 전신)에 합병됨	1962년 상장 폐지
	경성방직	경방으로 상호 변경	1970년 상호 변경
기타	대한증권거래소	정책적으로 상장되었다가 이후 상장 폐지됨	1974년 상장 폐지
	한국연합증권금융		

* 자료 : 증권선물거래소.

상장되었다.

오늘날 1,700여 개가 넘는 기업이 상장되어 있는 것에 비하면 꽤나 조촐한 시작이었다. 그러나 아쉽게도 최초에 상장되었던 12개 기업 중에서 현재까지 당시 상호를 그대로 유지하고 있는 곳은 한 군데도 없다.

우리나라 증시 상장 번호 1번 종목인 조흥은행은 신한은행에 합병되어 2004년에 상장 폐지되었다. 대한해운공사는 한진그룹에 인수되어 한진해운으로 상호를 변경해 명맥을 유지하고 있다. 우리나라 최초로 증시에 상장된 증시 역사의 산 증인들이 50년 세월이 흐르면서 대다수가 퇴출되었다는 사실에 세월의 무상함과 경제 논리의 비정함을 느끼지 않을 수 없다.

1960~70년대 격변의 시기를 겪으며 증권 시장의 기반을 다지다

조촐하게 출발한 우리나라의 증시는 1960년대 후반의 본격적인 증권 시장 육성 정책에 힘입어 1970년대에 들어서면서부터 성장하기 시작했다. 1971년에는 연간 39%의 주가 상승률을 나타냈으며 1972년에는 127%의 급등을 하기도 했다. 그렇지만 1973년 말 중동 전쟁을 계기로 배럴당 3달러 정도이던 석유값이 순식간에 11달러를 넘어가는 석유 파동을 겪으면서 증시도 타격을 받아 주가 폭락 사태를 맞이하기도 했다.

그 후 중동 건설 붐으로 건설 업종을 중심으로 우리 증시는 다시 탄력 받기 시작해 1975년 이래 지속적인 상승세를 이어갔다. 건설 업종의 종목들은 한때 전체 주식 거래 대금의 20%가 넘으면서 주식 거래는 곧 건설주라는 등식이 성립하기도 했다. 그래서 당시 증권거래소 주변의 개들은 입

구 분	상장 회사수 (사)	주주수 (명)	상장 자본금 (100만 원)	상장주식 시가총액 (100만 원)	거래량 (1,000주)	증시 자금 조달 (100만 원)
1968년	34	39,986	96.585	64,323	76,342	9,247
1969년	42	54,318	119,902	86,569	98,464	6,099
1970년	48	76,276	134,292	97,923	79,174	7,151
1971년	50	81,913	141,357	108,706	50,523	2,940
1972년	66	103,266	174,339	245,981	84,689	24,741
1973년	104	199,999	251,620	426,247	130,066	54,548
1974년	128	199,613	381,344	532,825	157,419	74,287
1975년	189	290,678	643,415	916,054	310,547	156,255
1976년	274	568,105	1,153,325	1,436,074	591,776	262,225

* 자료 : 증권선물거래소.

에 뼈다귀 대신에 건설 주식을 물고 다닌다는 우스갯소리가 돌기도 했다.

이러한 중동 특수 덕분에 1978년 8월에는 종합주가지수가 228.8포인트를 기록하면서 1970년대 최고치를 기록하게 된다. 그러나 그 후 2차 석유 파동에 의한 여파와 10·26 사태, 12·12 사태를 겪으면서 주가는 끝없는 하락을 하고 만다.

주가가 상승과 하락을 반복하면서 투자자들의 마음을 웃겼다 울렸다 했지만 증권 시장은 이 기간에 우리나라 경제에 큰 기여를 했다. 증시를 통한 자금 조달 실적이 1976년 약 2,000억 원대에 머물렀는 데 비해 1979년에는 8,000억 원이 넘으면서 대폭 증가했다. 이때 우리나라 증시는 양적으로나 질적으로 크게 성장해 경제 발전을 위한 투자 재원의 조달이라는 본연의 역할을 충실히 수행했다.

지금은 증권사 객장에 가면 커다란 전광판에 실시간으로 종목들의 주가 등락이 표시되고 집이나 사무실의 PC로 인터넷을 통해 온라인 거래를 하는 것이 새삼스러운 일도 아니다. 그러나 1970년대까지 증권거래소의 시세를 표시하는 방법은 매매 체결 담당자가 시세 게시판 담당자에게 체결 가격을 알려 주면 일일이 백묵으로 칠판에 적는 식이었다.

이러한 전근대적인 방식을 개선하기 위해 전산화의 필요성이 대두됨에 따라 1975년 2월에 한국과학기술연구소(KIST)의 메인 컴퓨터에 단말기를 연결하여 매매에 필요한 주요 계산 업무를 전산화해서 증시 전산화의 첫발을 내딛었다. 그 후 증권 업무 전산화를 위해 1977년 한국증권전산주식회사가 설립되어 우리나라 증권 전산화는 비약적으로 발전하게 되었다(2005년에 이 회사는 코스콤(KOSCOM)으로 이름을 변경했다).

1980년대 국민주로 주식 대중화의 장을 열다

1979년 10 · 26과 12 · 12, 그리고 1980년 5월 항쟁 등 일련의 정치적 격변과 아울러 이철희 · 장영자 사건, 명성그룹과 국제그룹 사건, KAL기 피격, 아웅산 폭파 사건 등으로 인해 우리나라 증권 시장은 싸늘하게 얼어붙은 채 1980년대를 맞았다.

암울하기만 하던 우리 경제는 1985년을 전후하여 국제 금리 하락, 달러화 하락, 국제 유가 하락 등 이른바 3저 현상으로 활기를 띠기 시작해 증시도 고공 행진을 거듭했다. 1986년 아시안 게임과 1988년 올림픽을 거쳐 1989년까지 4년여 동안 연평균 80%가 넘는 주가 상승을 기록했고 1989년 3월 31일에는 사상 처음으로 종합주가지수가 1,000포인트를 돌파하는 기염을 토했다.

증시의 활성화가 가능했던 또 다른 이유는 정부의 주식 대중화를 위한 정책적인 조치도 한몫했다. 정부는 1988년부터 5년에 걸쳐서 약 5조 원 상당의 주식을 일반에게 매각하는 계획을 확정 발표했다. 1988년 4월에 1차로 포항종합제철(현 POSCO)의 주식을 국민주 형태로 매각하여 300여 만 명에 달하는 주주를 확보했다. 이후 한국전력공사, 한국통신공사, 국민은행 등이 뒤를 이어서 국민주라는 이름으로 국민들에게 주식을 매각하면서 주식 투자 인구의 저변을 크게 확대했고 주식 투자가 대중화하기 시작했다.

이처럼 정부는 대내적으로 경제 발전과 국민주 보급 등으로 증시의 기반을 확대하는 한편 대외적으로는 1981년 자본 시장 국제화 장기 계획을 발표해 증시를 국제화하기 시작했다. 같은 해에 한국투자신탁과 대한투자신탁이 외국인 투자자를 대상으로 각각 1,500만 달러의 외국인 전용 수익 증권을 발매했다. 이를 통해 우리나라는 외국인을 대상으로 국내 증권에 대한 간접 투자를 허용하기 시작했다.

1985년에는 일정 기준을 충족하는 국내 기업의 해외 증권 발행을 허용했다. 이에 따라 1985년 12월 국내 최초로 삼성전자가 2,000만 달러 규모의 해외 전환 사채를 유로 달러 시장에서 발행해 룩셈부르크 증권거래소에 상장하기도 했다. 이를 계기로 우리나라의 대표적 기업들은 해외 전환 사채의 발행에 적극 가담하게 되었고 대우중공업, 유공(현 SK), 금성사(현 LG전자) 등이 해외 전환 사채를 발행했다. 이러한 국제화의 일환으로 국내 기업들이 외국 증시에 직접 상장하는 것도 본격화되어 1994년 10월에는 포항제철(현 POSCO)과 한국전력이 뉴욕 증권거래소(NYSE)에 상장하기도 했다.

1990년대 IMF 사태와 IT 열풍으로 냉탕과 온탕을 오가다

1993년 8월 12일에는 금융 실명제가 전격 실시되었다. 증시는 단기간 충격에 빠졌으나 오히려 금융 실명제로 인한 긍정적인 효과에 대한 기대감 때문에 1994년에는 종합주가지수가 970포인트까지 상승하기도 했다.

그러나 이내 1997년 외환 위기라는 초유의 사태를 맞았고 IMF 시대를 겪으면서 우리 증시는 끝없는 하락의 아픔을 겪었다. 하지만 불과 2년이

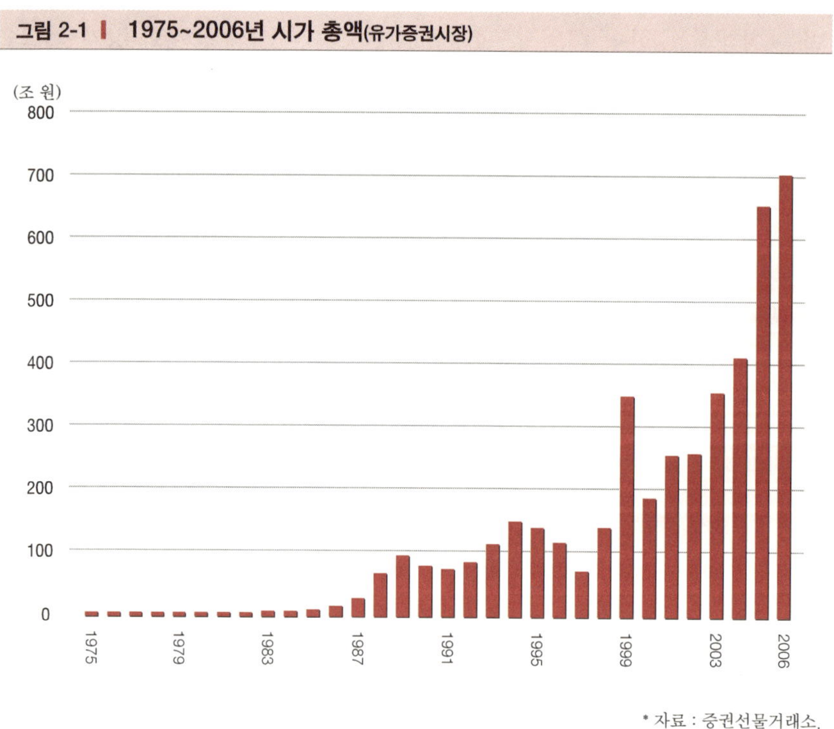

그림 2-1 ▮ 1975~2006년 시가 총액(유가증권시장)

* 자료 : 증권선물거래소.

지나지 않아 전 세계적으로 불어 닥친 IT 산업의 광풍으로 거침없는 상승을 하면서 대한민국 증권 시장은 불과 몇 년 사이에 놀이 공원의 롤러코스터처럼 걷잡을 수 없는 움직임을 보였다.

이처럼 역동적이지만 골이 깊은 주가 상승과 하락의 반복으로 투자자들이 현기증을 느끼며 주가의 움직임과는 반대로 움직이는 통에 수많은 반짝 대박과 깡통 계좌의 양산이라는 사회적인 문제점을 야기하기도 했다.

시가 총액 800조 원, 세계 15위의 우리 증시

1975년 약 5,000억 원에 불과했던 우리 증시의 시가 총액은 꾸준한 성장을 거듭해서 1986년에는 10조 원을 돌파했다. 그 후 1993년에 100조 원을 돌파해서 1995년에 140조 원대까지 늘어났지만 1997년 IMF 사태를 겪으면서 다시 70조 원대까지 곤두박질치고 말았다. 그 후 마침 전 세계적으로 불어 닥친 IT 열풍으로 불과 2년 만인 1999년에 약 350조 원까지 불어났다. 2005년에는 650조 원을 넘어 우리 증시의 시가 종액은 2007년 5월 유가증권시장과 코스닥시장을 합쳐서 800조 원에 이르고 있다.

이렇게 비약적으로 성장한 우리나라 증시의 시가 총액은 세계 수준과 비교할 때 어느 정도일까? 표 2-3은 2006년 11월 기준으로 세계거래소연맹(WFE)에 가입된 주요국 증시의 시가 총액과 순위, 전 세계 증시에서 차지하는 비중이 나타나 있다. 미국의 뉴욕 거래소가 15조 달러가 넘는 시가 총액과 28.59%의 비중으로 단연 세계 1위에 올라있으며, 일본의 도쿄 거래소와 미국의 나스닥이 그 뒤를 잇고 있다. 우리나라는 시가 총액 기준으로

(단위 : 100만 달러)

순위	거래소명	국 가	2005 년 12 월	2006 년11 월	증감율 (%)	비중 (%)
1	NYSE	미 국	13,310,592	15,137,835	13.73	28.59
2	Tokyo SE	일 본	4,572,901	4,550,202	-0.50	8.59
3	Nasdaq	미 국	3,603,985	3,890,159	7.94	7.35
4	London SE	영 국	3,058,182	3,717,858	21.57	7.02
5	Euronext	프랑스,벨기에,네덜란드, 포르투갈	2,706,803	3,583,300	32.38	6.77
6	Osaka SE	일 본	2,964,298	3,043,415	2.67	5.75
7	TSX Group	캐나다	1,482,185	1,814,446	22.42	3.43
8	Hong Kong Exchanges	홍콩	1,054,999	1,568,739	48.70	2.96
9	Deutsche Börse	독일	1,221,106	1,568,715	28.47	2.96
10	BME Spanish Exchanges	스페인	959,910	1,295,526	34.96	2.45
11	Swiss Exchange	스위스	935,448	1,186,407	26.83	2.24
12	OMX	덴마크,핀란드,스웨덴 등	802,561	1,027,511	28.03	1.94
13	Borsa Italiana	이탈리아	798,073	1,018,854	27.66	1.92
14	Australian SE	호주	804,015	996,159	23.90	1.88
15	Korea Exchange	대한민국 (유가증권+코스닥)	718,011	835,865	16.41	1.58
16	Bombay SE	인 도	553,074	801,009	44.83	1.51
17	National Stock Exchange India	인 도	515,972	755,408	46.40	1.43
18	Shanghai SE	중 국	286,190	704,921	146.31	1.33
19	JSE	남아공	549,310	673,716	22.65	1.27
20	Sao Paulo SE	브라질	474,647	659,870	39.02	1.25

* 자료 : 증권선물거래소, 세계거래소연맹(WFE).

표 2-4 ┃ 한국 증시 개요(2007년 2월 말 기준)

구 분	상장 회사 (종목)	상장 주식주 (1,000주)	상장 자본금 (100만 원)	시가 총액 (100만 원)	일평균 거래량 (1,000주)	일평균 거래 대금 (100만 원)
유가증권 시장	735(889)	25,302,235	83,782,115	696,039,726	230,584	3,353,641
코스닥 시장	973(985)	17,026,276	13,060,761	73,045,618	596,326	1,808,285
계	1,708(1,874)	42,328,511	96,842,876	769,085,344	826,910	5,161,926

* 자료 : 증권선물거래소

15위를 기록하고 있으며 비중은 약 1.58%를 차지하고 있다.

우리나라 증시는 시가 총액뿐만 아니라 상장된 회사(종목) 수와 거래량에서도 비약적으로 성장했다. 1956년 12개 종목으로 출발했던 우리나라 증시는 2007년 2월 말 기준으로 유가증권시장에 735개 회사의 889개 종목, 코스닥시장에 973개 회사의 985개 종목이 상장되어 총 1,708개 회사의 1,874개 종목이 상장되어 있다. 유가증권시장과 코스닥시장을 포함해서 총 423억 주가 넘는 주식이 상장되어 있고 하루 평균 8억여 주가 거래되며 하루 평균 거래 대금은 5조 원을 넘어서고 있다. 시가 총액은 유가증권시장이 약 700조 원에 이르고 코스닥시장이 70조 원이 넘어서 총 770조원에 이르고 있다(2007년 5월 기준으로 두 시장을 합쳐서 800조 원이 넘음).

유가증권시장과 코스닥시장을 비교해 보면 유가증권시장에 상장된 회사(종목)가 735(889)개인 데 비해 코스닥시장의 경우 973(985)개로 상장 회사(종목) 면에서는 코스닥시장이 유가증권시장을 앞서고 있다. 하지만 코스닥시장에 상장된 회사(종목)의 상장 자본금은 유가증권시장을 포함한 전체의 13.5%, 시가 총액은 9.5%에 불과하다. 이를 통해 코스닥시장이 유가증권

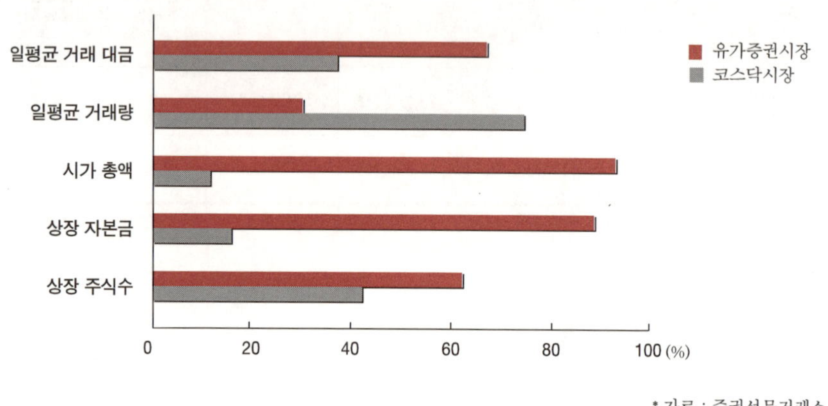

* 자료 : 증권선물거래소.

시장에 비해서 회사(종목) 수가 많지만 상대적으로 자본금과 시가 총액은 훨씬 적은 '경량급 선수' 들로 구성되어 있음을 알 수 있다.

또한 코스닥시장의 하루 평균 거래량은 전체의 72.1%에 달하고 있지만 거래 대금은 전체의 35%에 불과하다. 유가증권시장에 비해서 코스닥시장이 거래량은 많지만 종목들의 평균적인 주가가 낮기 때문이다. 코스닥시장이 유가증권시장에 비해서 저렴한 주식을 빈번하게 거래하면서 단기적인 시세 차익을 노리는 투자자들이 많다는 것을 알 수가 있다. 우리나라 증시는 이처럼 유가증권시장과 코스닥시장이라는 각기 개성이 다른 시장이 축을 이루어서 증시를 이끌어 가고 있다

복마전이 난무하던
공식적인 도박판

증권 시장은 기업 입장에서는 기업의 자금 조달을 위한 창구이며 투자자에게는 국가 경제에 이바지하면서 자산도 불릴 수 있는 건전한 투자 수단이다.

그러나 우리나라 증시는 이러한 주식 시장 본연의 기능에 먹칠하는 사건이 비일비재하게 터지는 과정을 겪어 왔다. 각종 복마전이 난무하고 증권 브로커와 작전 세력의 농간에 현혹된 투자자들의 묻지마 투자로 인해 얼룩진 과거를 가지고 있다.

5월 파동으로 장기 휴장에 들어가다

1962년 증권사의 결제 자금 부족으로 증시 업무가 마비되는 초유의 사건이 터졌다. 그해 5월을 전후해서 증권업자들의 과도한 투기 조장과 이에 편승한 일부 투기꾼들 때문에 주가가 폭등했다. 그러나 증권사들이 대규모

거래에 대한 결제를 하지 못하는 일이 벌어졌다.

일명 5월 증권 파동이라고 불리기도 하는데, 이로 인해 증권 시장의 기능은 마비되어 증시가 장기 휴장에 들어가고 증권 회사는 물론 수많은 투자자들도 엄청난 손실을 입었다. 이 사건 때문에 막 자리 잡기 시작한 증권 시장의 공신력은 하루아침에 곤두박질쳤고 경제적 · 사회적인 후유증은 실로 심각한 수준에까지 이르렀다.

주권 위조를 통한 불법 자금 유출 사건

5월 파동 이후 결제 대금 부족으로 증시가 마비되는 사태는 더 이상 발생하지 않았지만 새로운 형태의 문제점들이 불거지기 시작했다. 1975년 1월에는 위조범이 모 증권사를 통해서 해태제과공업의 위조된 주권을 매도하고 3일 후에 1억 5000여 만 원을 수표로 찾아 잠적한 사건이 발생했다. 증권거래소의 결제 기구를 거쳐서 거액의 자금이 유출된 것이었다.

당시 거래소에 상장된 주식의 시가 총액이 9,000여 억 원이었으니 전체 시가 총액의 약 0.16%에 해당하는 금액이다. 이를 현재 기준으로 본다면 2007년 5월 우리나라 증시의 시가 총액이 800조 원이 넘으므로 범인이 위조된 주식 증서를 가지고 무려 1조 2,000억 원이 넘는 돈을 인출해서 도망간 셈이다.

이러한 주권 위조 사건은 전문 위조범이 아닌 회사 경영진에 의해서도 자주 발생하기도 했다. 한독맥주(1977년에 현 하이트맥주에 인수됨)의 간부들이 회사의 자금 사정이 악화되자 주권을 위조로 발행하여 이를 담보로 당시로서는 엄청난 금액인 20억여 원을 부정대출 받는 사건이 발생했다.

또한 1975년 11월에는 신진자동차판매 사장과 증권 브로커들이 공모해서 회사의 예비 주권을 이용해 주식을 불법 발행하는 사건이 발생했다. 이 사건은 이들이 증거금으로 예탁한 약속 어음이 부도 처리되면서 불거진 사건이다. 지금은 상장 기업이 주식을 발행할 때 유가 증권의 양식이나 형태가 통일되어 있지만 1970년대 중반까지만 해도 기업이 독자적인 형태로 발행했다. 이러한 허점을 노려서 주식 증서를 위조하는 사건이 수시로 발생했다.

내부자 거래에 의한 부당 이익과 주가 조작

유가 증권의 표준화 이후에는 주식 발행 단계에서 주권을 위조하는 원초적인 사고는 사라졌지만 대신에 내부자 거래에 의한 부당한 이익 챙기기와 주가 조작이 주요한 이슈로 떠오르기 시작했다.

내부자 거래는 회사 내부의 중요한 정보에 접근할 수 있는 위치에 있는 사람이 자신이 입수한 정보를 이용해 부당한 이익을 취하는 주식 거래를 의미한다. 예를 들어 회사에서 신기술을 개발하거나 매우 중요한 계약이 성사될 것이라는 정보를 알고 미리 주식을 사두었다가 정보가 공개되어 주가가 폭등하면 팔아버리는 경우이다. 그러면 일반 투자자는 정보 공유의 불평등으로 인해서 상대적인 피해를 보게 된다.

또 다른 경우는 회사가 상황이 좋지 않아서 도산할 위기에 있으면서도 허위로 기업의 회계 장부 조작으로 주가를 끌어올리고는 자신의 주식을 모두 팔아 치우는 방법이다. 그래서 회사가 도산하면 일반 투자자들에게 피해를 전가하는 상황이 발생한다.

이러한 피해를 막기 위해서 우리나라에서는 관련 법을 제정해서 내부자 거래에 대한 규제를 하고 있다. 우리나라보다 증권 역사가 오래된 미국에서는 1934년에 내부자 거래를 금지하는 법이 제정되었고 우리나라에서는 1976년에야 도입되었다.

우리나라 증권거래법은 내부자 거래에 대해 "상장 법인 또는 협회 등록 법인의 업무 등과 관련하여 일반인에게 공개되지 아니한 중요한 정보를 직무와 관련하여 알게 된 자와 이들로부터 당해 정보를 수령한 자가 당해 법인이 발행한 유가 증권의 매매, 기타 거래와 관련하여 그 정보를 이용하거나 다른 사람으로 하여금 이를 이용하게 하는 행위"라고 정의하고 있다.

하지만 사실상 이러한 규제로 내부자 거래를 완벽하게 막을 수는 없기 때문에 미국 같은 경우에도 내부자 거래에 의한 문제가 심심치 않게 터지고 있으며 우리나라의 경우도 마찬가지이다.

증권 시장의 불나방, 묻지마 투자

우리 증시가 겪어 온 어두운 면의 하나는 바로 증권 시장의 불나방, 이른바 묻지마 투자다. 1990년대 후반 IT 열풍이 전 세계를 휩쓸자, 열풍이 아닌 광풍이 증시뿐만 아니라 온 나라를 휘저었다.

당시에는 회사 이름에 ○○테크, △△닷컴 등이 붙기만 하면 하루가 다르게 주가가 올랐다. 심지어는 껍데기밖에 남지 않은 영세 사양 산업의 회사도 첨단 기업 같은 이름으로 상호만 변경해도 주가가 급등했다. 투자자들은 투자에 대한 원칙이나 철학도 없이 회사에 대한 자세한 내용도 모른 채 친구 따라 강남 가듯 묻지마 투자를 했다. 그 여파로 2000년 2월 8일에는 코스닥시장의 거래 대금이 유가증권시장을 추월하기도 했다.

우리의 코스닥시장이라고 할 수 있는 미국의 나스닥이 뉴욕 증권거래소의 거래 대금을 추월하는 기록을 세우기까지 28년이 걸렸는 데 비해 우리는 2000년 기준으로 태어난 지 불과 44개월밖에 안된 코흘리개 코스닥이 45년 관록의 큰형님인 유가증권시장을 한방에 무너뜨린 것이었다.

묻지마 투자의 결과는 참담했다. 시장에서 거품이 빠지기 시작하면서 옥석이 가려지고 묻지마 투자의 대상이 되었던 기업들은 순식간에 시장에서 퇴출되어 수십 수백 배로 부풀려진 주가는 끝없는 하락을 거듭해 결국 휴지 조각이 되어 버렸다. 특히 유가증권시장에 비해서 IT 업체들이 몰려 있던 코스닥시장의 경우는 이루 말할 수 없을 정도로 피해가 심각했다.

2000년 3월 2,925.50(2007년 환산 지수 기준)으로 최고 기록을 세웠던 코스닥지수는 불과 9개월 만인 같은 해 12월에 525.80으로 무려 1/6 토막이 나고 말았다. 코스닥에 등록된 전 종목이 평균석으로 그 정도였고 잔뜩 거품이 들었던 종목들은 수십 분의 1 토막이 나는 게 보통이었다. 무리해서 돈을 끌어다가 묻지마 투자를 했던 수많은 투자자들은 날마다 하한가를 기록하는 자신의 주식 종목들을 보면서 새까맣게 속이 타들어 갔다. 이로 인한 가슴 아픈 사연과 사건들이 TV와 신문에 넘쳐 나는 등 사회적으로도 큰 파장을 일으켰다.

최근에는 이러한 문제들을 해결하기 위해 전자 공시 제도가 도입되어 기업에 대한 정보를 투명하고 공정하게 일반 투자자에게 신속하게 제공하도록 하고 있다. 또한 기업의 주식 상장 기준과 그 후의 관리 기준이 엄격해지면서 불법·편법에 의한 피해 방지를 위해 노력을 하고 있다. 개인 투자자들도 과거의 쓰라린 경험을 통해 이제는 더 이상 묻지마 투자가 아닌 건전한 자산 증식을 위한 재테크 수단으로 주식에 접근하는 등 투자 마인드의 변화를 꾀하고 있다.

시대 상황과
각광받던 주식 종목들

우리나라 증시는 1960년대 합판, 종이, 광물 자원 같은 기초 산업과 관련된 종목들이 각광받았다. 그러다가 경제 개발 계획에 의하여 본격적인 산업화가 진행된 1970년대에는 섬유, 건설, 종합상사, 중화학 공업이 우리나라 경제를 이끄는 주요 산업이 되었고 증시에서도 이와 관련된 종목들이 증시를 주도했다. 그 후 1980년대에 들어와서는 은행, 증권 같은 금융주가 주자로 나서 1988년 올림픽을 전후로 화려한 시대를 이끌면서 최초로 종합주가지수 1,000포인트를 돌파하는 견인차 역할을 했다. 그러다가 1990년 중 후반과 2000년대 들어서는 전자 정보 통신, 생명 공학 등 첨단 분야가 산업을 주도하면서 증시 역시 관련주가 각광받고 있다.

이처럼 각 시대별로 어떠한 업종이 화려한 조명을 받으며 투자들에게 인기를 얻었으며, 어떠한 업종이 언제 또 다른 스타에게 자리를 넘겨주고 무대 뒤편으로 물러났는지 등을 일목요연하게 비교해 본다면 그 흐름을 파악하기 쉬울 것이다.

표 2-5에서는 1980년부터 2005년까지 연도별로 종합주가지수와 업종

연도	종합주가지수	섬유의복	건설업	기계	은행	화학	제조업	음식료품	증권	의약품	전기전자
1980	106.87	93.63	136.09	125.31	132.31	87.48	93.67	104.15	89.13	87.21	84.5
1981	131.3	107.8	174.7	151.7	158.16	102.8	104	111.6	83.46	111.9	121.86
1982	128.99	107.15	155.46	131.38	142.52	133.81	121.05	137.28	94.16	144.7	132.37
1983	121.21	121.59	95.6	201.72	110.44	129.37	142.22	142.77	105.82	180.13	161.04
1984	142.46	164.37	92.36	214.23	103.44	187.43	181.32	200.84	86	300.16	227.04
1985	163.37	176.1	95.66	280.47	105.31	203.87	223.85	201.98	76.56	305.43	250.7
1986	272.61	353.42	99.46	406.61	127.17	341.35	399.11	274.02	615.01	300.12	552.34
1987	525.11	693.56	221.96	575.39	419.46	563.93	588.39	515.36	1,898.38	565.85	753.83
1988	907.2	721.86	539.37	957.08	982.67	722.68	831.49	592.54	3,839.89	720.44	1,074.97
1989	909.72	761.88	541.91	1,362.01	869.8	836.72	935.21	686.92	3,616.57	940.78	1,317.03
1990	696.11	617.43	409.62	1,095.74	730.18	642.76	720.66	541.71	2,483.33	739.35	1,005.78
1991	610.92	508.79	276.62	1,042.41	666.26	540.34	623.4	484.6	2,212.73	618.49	881.41
1992	678.44	716.49	369.55	880.12	649.13	578.07	680.07	578.98	2,518.79	885.03	903.76
1993	866.18	956.44	458	1,246.47	636.48	688.48	978.69	763.66	2,983.96	1,072.77	1,425.26
1994	1027.37	1,217.32	591.77	1,209.56	645.96	994.96	1,230.57	1,228.94	2,548.28	1,972.69	1,973.51
1995	882.94	953.8	429.95	846.9	538.99	706.32	1,024.25	924.63	1,822.48	1,272.10	2,290.64
1996	651.22	735.74	295.3	700.73	410.04	549.25	748.11	923.04	1,156.07	1,375.35	1,335.32
1997	376.31	303.9	103.08	353.54	245.52	312.32	454.67	492.47	561.76	851.62	987.07
1998	562.46	362.35	137.33	429.44	170.49	512.88	674.81	825.81	1,993.57	913.72	1,663.71
1999	1028.07	395.43	107.57	428.48	160.06	878.71	1,214.29	1,394.52	2,015.07	905.11	4,223.51
2000	504.62	200.56	40.85	145.39	103.19	426.7	623.29	628.81	800.92	779.38	1,957.68
2001	693.7	230.45	64.57	266.41	176.22	647.61	952.18	916.05	1,738.91	1,102.85	3,089.59
2002	627.55	132.77	44.87	223.86	152.12	642.73	949.97	884.43	1,139.40	884.41	3,264.61
2003	810.71	90.2	66.75	430.31	179.69	994.42	1,387.78	1,266.36	1,001.21	1,186.47	4,520.71
2004	895.92	70.47	92.29	432.03	187.55	1,343.97	1,510.51	1,492.57	1,017.89	1,594.97	4,573.91
2005	1379.37	166.75	198.61	928.12	351.36	1,683.66	2,273.70	2,322.15	2,949.30	3,481.03	6,761.03

* 자료 : 증권선물거래소.

별 주가지수를 비교하고 있다. 표를 대각선으로 가로지르는 화살표는 시대가 흐르면서 좌측의 업종에서 우측의 업종으로 각광받는 업종 변화의 흐름을 나타내고 있다. 이해를 돕기 위해서 과거에 각광받은 업종(섬유·의복)을 좌측에, 가장 최근에 각광받는 업종(전기·전자)을 제일 우측에 나열했다.

이 표를 보면 시간이 지나면서 어떤 업종에서 어떤 업종으로 각광받는 업종이 변화하고 있는지, 종합주가지수 대비 업종지수가 얼마나 상승하고 하락했는지 확인할 수 있다. 종합주가지수는 1980년의 기준 주가를 100으로 설정해 2005년 연말 1379.37이다. 업종별 지수도 1980년을 각각 100으로 설정하고 2005년까지의 지수를 나타냈다.

한때는 화려했으나 현재는 평균에도 미치지 못하는 업종

종합주가지수보다 업종지수가 낮다는 것은 상대적으로 해당 업종에 속한 종목들의 주가가 낮다는 것을 의미하며, 반대로 종합주가지수보다 업종지수가 높다는 것은 해당 업종에 속한 종목들의 수가가 평균적으로 높다는 것을 의미한다.

위에서 설명한 표를 업종별로 몇 개의 그룹으로 나누어서 그림으로 표현하면 좀 더 명확하게 업종별 지수 변화의 흐름을 파악할 수 있다. 예를 들면 섬유·의복 산업이나 건설업의 경우 1980년대 중반까지는 종합주가지수에 준하는 수치를 보여 주다가 1990년대 들어오면서 매우 큰 폭으로 하락해서 1997년의 IMF를 지나 2000년대에 들어서면 종합주가지수의 겨우 10~20%대에 머무르고 있다.

이는 유가증권시장에 상장된 평균적인 종목의 주가보다도 섬유·의복,
건설 업종에 속한 종목의 주가가 대부분 몇 분의 1 토막이 났다는 것이다.
즉 시대가 바뀌면서 해당 업종 기업의 실적이나 장래성 등이 불투명해지고
경영난을 겪게 되자 이는 곧바로 증시에 반영되어 투자자들이 해당 종목에
대한 매력을 잃고 외면하게 되면서 그에 상응해서 주가가 크게 하락한 것
이다.

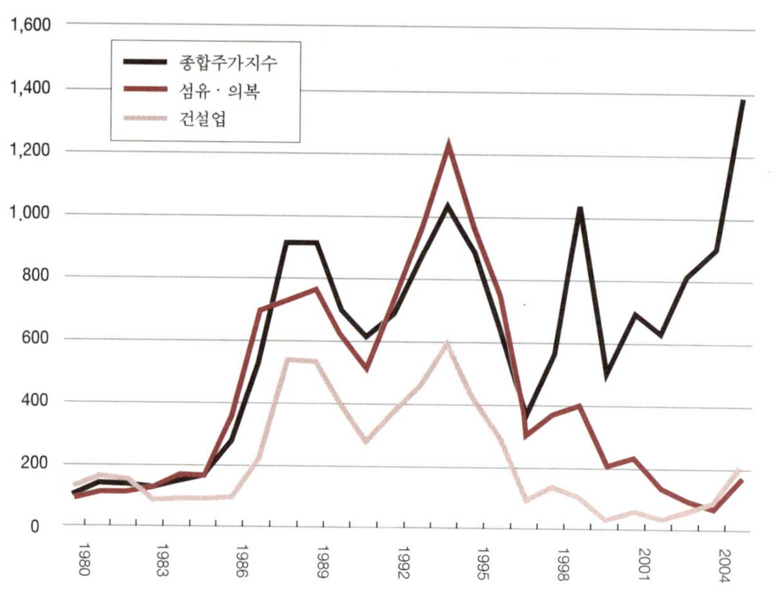

그림 2-3 ┃ 섬유·의복, 건설업의 업종지수 변화

* 자료 : 증권선물거래소.

화끈한 맛은 없지만 꾸준하게 평균만큼 하는 업종

반면에 음식료품, 화학, 제조 업종의 경우는 크게 각광받지는 못했지만 크게 폭락하지도 않으면서 꾸준하게 종합주가지수의 움직임과 비슷한 양상을 보여 주고 있다. 해당 분야 자체가 산업과 경제, 우리 생활에서 없어서는 안 될 필수 불가결한 업종이기 때문에 시대의 흐름과는 크게 상관없이 꾸준한 성장과 실적을 올렸고 이 점이 주가에 반영되어 오랜 세월 무난한 성적을 유지하고 있는 것이다.

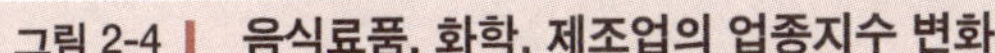

그림 2-4 ▌ **음식료품, 화학, 제조업의 업종지수 변화**

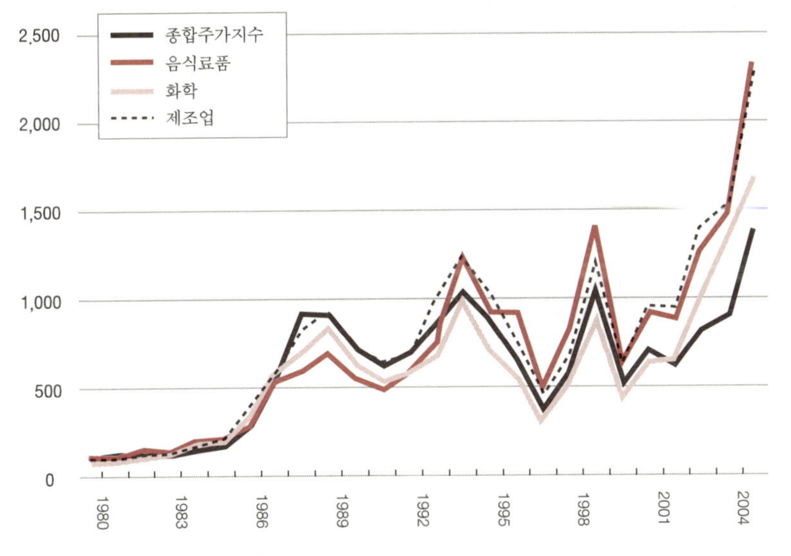

* 자료 : 증권선물거래소.

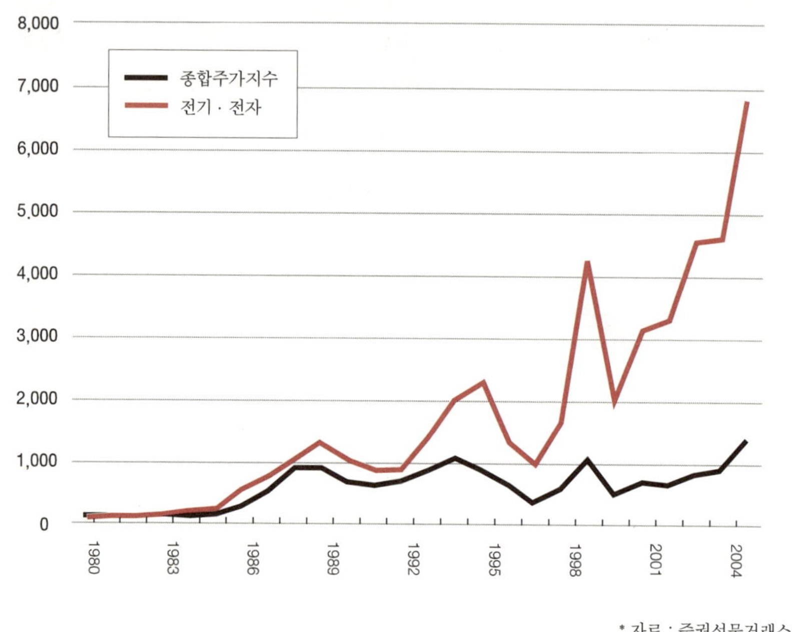

* 자료 : 증권선물거래소.

이들 업종의 경우 짜릿한 투자 매력을 느낄 수는 없더라도 종목 선정을 잘한다면 오랜 세월 동안 꾸준한 수익을 기대할 수 있다.

평균보다 한수 위에서 군림하는 업종

전기·전자 업종의 경우 1990년대 초중반부터 종합주가지수보다 높게 상승하기 시작해서 1999년의 IT 광풍 때에 폭발적인 상승을 했다가 한때 주춤하기도 했다. 그 후 거품을 걷어내고 옥석이 가려지는 과정을 통해 2000년대에 들어서면서 다시 크게 상승해서 앞에서 설명한 업종들과는 비교할 수 없을 정도로 종합주가지수보다도 몇 배나 높은 업종지수를 유지하고 있다.

이처럼 시대 상황에 따라서 증시에는 각광받거나 시들해지는 업종이 있는가 하면 큰 기복 없이 꾸준하게 전체 증시의 움직임과 비슷하게 움직이는 우직한 업종이 있다. 그러므로 주식 투자를 할 때에는 지금이 어떠한 상황인지, 어떤 업종이 각광받고 있고 향후에는 어떤 업종이 각광받을지에 대한 안목이 필요하다.

환경 변화로 물고기가 살기 어렵게 변한 웅덩이에서 하염없이 고기를 기다리기보다는 물 좋은 곳에 낚싯대를 드리워야 월척을 낚을 수 있는 것이다.

펀드의 활성화와
연기금의 주식 투자 비중 확대

IMF 이후 외국 자본의 유입이 본격화되면서 우리나라 경제를 이끌고 증시를 대표하는 알토란 같은 초우량주들의 대부분은 외국인 지분 보유율이 절반을 넘나들었다. 또한 채권이나 외환 시장의 경우도 외국인 투자자들에 대한 제한이 완화되면서 엄청난 자본과 정보력으로 무장한 자금이 몰려 들어와서는 우리 안방의 아랫목을 차지하고 있다.

이와 같이 외국인 투자자들이 우리 증시를 좌지우지해도 속수무책인 이유는 우리나라 경제의 취약성 때문이기도 하지만 증시를 지탱해 줄 든든한 버팀목이 없기 때문이다. 국내 금융 기관들은 투자 등 자금의 운용 수익으로 수입을 올리기보다는 고객들의 수수료 수입에 의존하는 영업 행태로 일관했기 때문에 투자 여력이 부족하다. 그리고 대규모 자금을 운용하는 각종 연기금은 투자 여력이 충분하지만 주식 투자를 제한하는 여러 제도로 인해서 예금이나 채권 등 수익성 낮은 안정 자산에만 투자를 해 왔다.

미국 등 선진국의 주요 연기금이 운용 자산의 50~70%를 주식에 투자하고 있으며 일본, 대만 등의 아시아권 국가들도 20~30%인 데 비해서 우리나라의 경우는 불과 5% 전후의 자금만이 주식 투자에 운용되어 왔다. 또한 장기적인 투자 전략보다는 단기적인 성과에 집착하게 만드는 제도 상의 문제로 인해서 우리나라의 기관 투자자들은 선진국처럼 장기적인 전략이나 투자에 대한 비전을 가지고 소신 있는 투자를 하기가 어려웠던 것도 사실이다.

증시의 버팀목으로 떠오르기 시작한 연기금

그러나 최근 들어서는 이러한 문제점들이 많이 개선이 되고 있으며 연기금 역시 전에 비해 운용 상의 제약에서 많이 벗어나고 있다. 이런 변화의 일환으로 국민연금과 교원·군인공제 등 대표적인 공공 자금 운영 기관들이 효율적인 자금 운용을 위해서 2006년 말에 공공자금운영협의회를 결성했다.

이들 기관이 운용하는 자산 규모는 국민연금 186조 원, 농협 135조 원, 우정사업본부 58조 원 등 총 400조 원이 넘는다. 이는 우리나라 2007년도 예산 237조 원(일반·특별회계 외에 기금을 포함한 총지출 규모)의 1.7배에 달하는 엄청난 규모이다. 이렇게 엄청난 자금을 굴리는 기관들이 뭉쳐서 서로 정보를 공유하고 협조해서 투자 효율성을 높이겠다고 나선 것이다.

이들이 단체를 결성하게 된 것은 더 이상 안정성에만 치우친 자산 운용만으로는 자금의 규모나 수익성 면에서 한계를 느꼈기 때문이다. 이들은 육중한 덩치의 굼뜬 모습에서 벗어나 좀 더 다양하고 공격적인 투자를 위

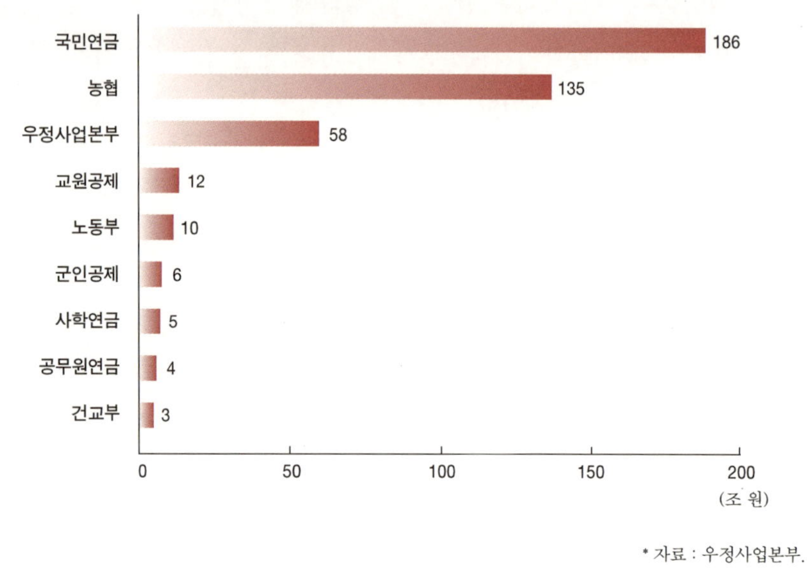

해서 발 빠른 행보를 시도하고 있다.

이러한 움직임은 점진적으로 주식 투자 비중을 늘리는 형태로 나타나고 있다. 186조 원을 굴리는 국내 최대의 기관인 국민연금은 2007년 주식 투자 비중을 2006년에 비해 2.3% 증가한 13.6%로 상향 조정했으며 단계적으로 20%까지 올릴 계획이다. 또한 행정(공무원)공제회의 경우 최근 들어 주식 투자에 가장 적극적으로 나서고 있는데, 기존의 채권 투자 위주에서 벗어나 주식 투자 비중을 30%까지 늘리고 있다.

이러한 움직임은 교육재단으로까지 확대되고 있다. 최근 들어 전국의 사립대학들은 약 6조 원의 자금을 모아서 주식 시장에 투자하는 사립대학 공동투자기구의 설립 준비를 하고 있는데, 이는 미국의 대학들이 공동으로 출자해서 투자하는 커먼 펀드(Common Fund)를 본뜬 것으로 증시의 또 다른 변수로 떠오르고 있다.

증시에 풍부한 유동성을 제공해 주는 주식형 펀드

연기금 등의 주식 투자 확대와 아울러 증시에 긍정적인 변수로 작용하고 있는 것은 주식형 펀드의 활성화이다. 2004년의 경우 채권형 펀드의 수탁액이 75조 원에 달한 데 비하여 주식형 펀드의 수탁액은 겨우 8조 원대에 머물렀다. 그러나 2005년이 되면서 주식형 펀드는 수탁액이 26조 원으로 3배 이상 규모가 늘어났다. 반면에 채권형 펀드는 규모가 계속 감소하는 추세이다. 2007년 1월 기준으로 주식형 펀드의 잔고는 49조 원을 넘어, 48조 원대에 그친 채권형 펀드의 수탁액을 추월하기 시작했다.

채권형 펀드는 낮은 수익률 때문에 자금 이탈이 계속되었으며, 주식형 펀드는 적립식 펀드의 활성화와 해외 펀드의 급속한 부상으로 많은 자금이 유입되었다. 주식형 펀드의 수탁고 증대는 증시에 풍부한 유동성을 제공해서 지속적인 주가 상승의 견인차 역할을 하고 있다. 또한 퇴직 연금이 제대로 정착되기 시작한다면 증시의 또 다른 자금 유입원이 될 것으로 기대하고 있다.

이와 같이 우리 증시는 지금 수백 조 원에 달하는 대형 연기금과 적립식 펀드로 대표되는 주식형 펀드를 통한 간접 투자 상품의 활성화, 퇴직 연

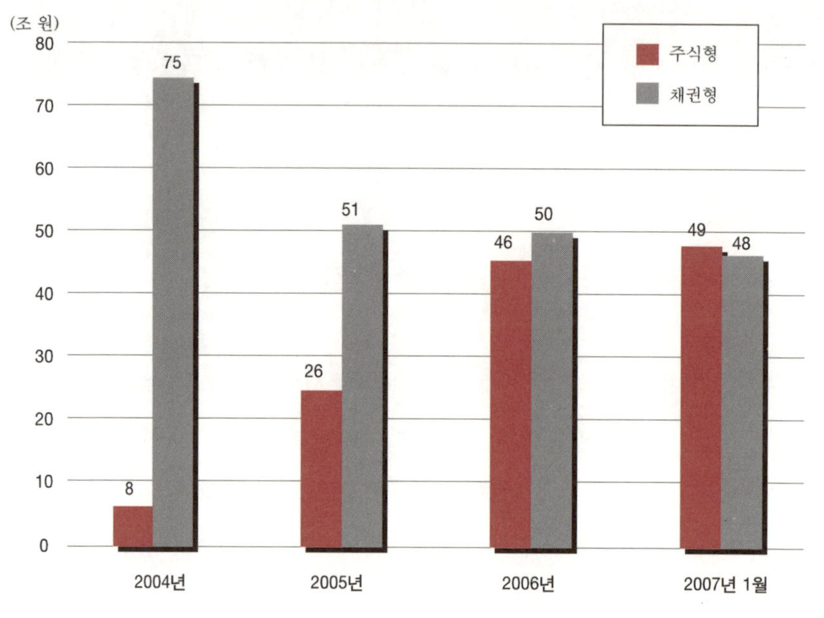

금의 본격적인 시행으로 인한 자금 유입 등으로 증시의 자금 유동성이 풍부한 상태이다. 이러한 풍부한 자금 유동성은 우리 증시의 든든한 버팀목이 됨과 동시에 기업에게는 자금 조달 창구 역할을 함으로써 경제 활성화를 기대할 수 있다. 이러한 변화를 통해서 우리 증시는 도약을 위한 토대를 착실하게 다져가고 있다.

체질 개선을 통해 선진화되는 주식 시장

우리나라 증시는 많은 우여곡절과 시행착오를 겪으면서 조금씩 기반을 다져 왔고 최근 들어서는 여러 가지 체질 개선을 통해서 선진화된 모습으로 발전하고 있다.

과거에 우리 증시의 기반이 약했을 때는 대내외적인 사소한 악재에도 증시가 출렁거리고 대책 없는 하락의 늪에 빠지곤 했지만, 이제는 웬만한 악재에도 견고한 모습을 보여 주고 있다. 전에는 유가 폭등이나 북한 문제가 불거지기만 하면 증시는 여지없이 폭락했다. 뿐만 아니라 생필품 사재기 등으로 경제와 사회 전반에 불안감이 증폭되는 모습이 나타나곤 했다.

그러나 우리나라의 경제가 지속적으로 발전하고 사회적으로도 성숙해지면서 이런 모습은 많이 개선되었다. 최근 세계적인 고유가와 북한의 핵 문제 등이 터져도 우리 경제와 사회는 큰 동요 없이 충격을 흡수했고, 증시 역시 단기적으로 다소의 출렁거림은 있지만 과거처럼 공황과 같은 폭락 사태는 발생하지 않고 있다.

투자 철학을 갖춘 새로운 개인 투자자들의 등장

이러한 변화된 증시의 이면에는 투자자들의 마인드 변화도 한몫하고 있다. 과거에 주식 투자는 건전하고 장기적인 투자가 아니라 단기적이고 빈번한 거래로 시세 차익이나 노리는 투기로 보는 경향이 만연했다. 이 점은 개인 투자자의 높은 매매 회전율을 통해서도 확인할 수 있다.

그러나 이제 개인 투자자들은 변화하는 모습을 보여 주고 있다. 2001년 761%에 달하던 개인의 매매 회전율은 꾸준하게 감소 추세를 보였고 2006년 463%로 대폭 감소했다. 아직도 기관이나 외국인에 비해서 높기는 하지만 그래도 꾸준하게 개선되고 있다.

증권사 직원에게 "알아서 좋은 주식 사 주세요." 하고서는 아예 증권 계좌 비밀 번호까지 알려 주던 묻지마 투자자들 대신에 열심히 공부하고 분석해서 종목 선정과 매매 타이밍까지 선택해 온라인으로 거래하는 똑똑한 개인 투자자들이 늘어났다. 이들은 직접 투자할 때뿐만 아니라 펀드 상품에 가입할 때에도 광고만을 맹신하지 않고 꼼꼼하게 투자 상품들을 비교하고 있다.

이와 같이 대박을 기대하던 묻지마 투자자 대신에 '상식적인 투자자'들이 늘어나고 있다. 과거의 개인 투자자들보다 훨씬 합리적인 새로운 부류의 개인 투자자가 시장에 속속 진입하고 있는 것이다.

하지만 아직도 시류에 편승하는 쏠림 현상이 문제되고 있다. 외국의 경우 십 년 이상 심지어는 수십 년이 넘게 투자자들의 신뢰를 받으면서 시장에서 살아남은 펀드들이 즐비하지만, 우리나라는 펀드 열풍에 편승해서 단기간의 반짝 수익률로 투자자를 현혹하는 경우가 많기 때문이다. 어떤 종목 혹은 펀드가 요즘 좋다고 증권사나 언론에서 발표하기만 하면 우르르 몰리는 냄비 근성은 앞으로도 개선되어야 할 과제이다.

변화하고 있는 기관 투자자, 기업, 정부

기관 투자자는 대외적으로는 증시의 버팀목으로서 건전한 투자를 표방하지만 실제로는 단기적인 투자 실적에 좌우되는 경영 풍조 탓에 개인 투자자와 별반 다르지 않았던 것이 사실이다. 그러나 이제는 기관 투자자 역시 선진적인 외국계 투자 그룹들의 경영 노하우를 벤치마킹하면서 변화하기 위해 많은 노력을 기울이고 있다. 더욱이 증시에서 차지하는 기관 투자자의 비중이 커지면서 이러한 노력이 실제로 힘을 발휘하기도 한다.

또한 전에는 정부가 경제 정책과 각종 지표에 대한 가이드라인을 정하고 이를 달성하기 위해 무리하게 시장에 개입해서 엄청난 공적 자금을 쏟아 붓고도 오히려 역효과를 내는 경우가 많았다. 그러나 최근 들어서는 시장의 자율성을 존중하는 쪽으로 상당 부분 징책적으로 변회하고 있다.

2008년에는 자본시장통합법의 도입이 예상되고 있다. 이 법은 자본 시장에 대한 규제를 합리적으로 개선해서 투자자에 대한 보호 기능을 강화하는 한편, 증권사 등 투자 회사의 대형화와 전문화를 꾀하는 것을 내용으로 하고 있다. 이 법이 시행되면 금융 회사의 잘못으로 인한 투자자의 피해 보상 기준이 훨씬 강화되어 투자자의 권익이 향상될 것이다.

이러한 투자자 보호 기능의 강화는 결국 투자자에게 투자 행위에 대한 불안감을 해소해 주어 투자의 저변 확대에 기여할 전망이다. 또한 은행 ·

보험·증권을 넘나들고 이들을 다양한 형태로 혼합한 투자 상품이 나타날 것이며, 그럴 경우 증권 업계를 포함하여 금융 업계의 지각 변동과 이를 통한 한층 발전된 금융(투자) 시스템의 확충이 예상되고 있다.

기업의 경우 과거에는 주주에 대한 배려나 기업의 이미지 제고를 통한 주가 관리보다는 기업 오너의 전횡으로 모든 것이 좌지우지되곤 했다. 그러나 이제는 투자자들을 상대로 적극적으로 기업 설명회를 개최할 뿐만 아니라 배당 등을 통해 주주의 권익을 존중해 주는 풍토가 조성이 되고 있다.

이러한 노력을 통해서 투자자로부터 좋은 점수를 받아서 투자를 이끌어 내고 주식에 대한 매력을 높여 다시 주가가 상승하는 선순환 구조를 형성하고 있다. 문어발식 규모 확장에만 치중하던 기업들이 실속 위주의 내실 경영으로 돌아선 것이다. 이와 함께 기업의 지배 구조에서도 변화의 움직임이 일어나고 있다.

우리나라의 기업들은 지배 구조의 후진성 때문에 외국계 자본의 공격으로 경영권 위협에 노출되는 경우가 종종 발생했다. 공격적인 외국계 자본이 지분 확보를 통해 경영에 간섭하거나 경영권 자체를 위협하면 그때서야 사태의 심각성을 느끼고 우왕좌왕하다가 결국 무릎을 꿇고 말았다. 그러면 승리한 '기업 사냥꾼들'은 천문학적인 시세 차익을 거둬 유유히 돈을 쓸어 담고는 미련 없이 떠나 버린다. 소버린과 SK의 피 튀기는 한판 승부, 칼 아이칸과 KT&G의 일전이 좋은 사례이다.

이와 같은 뜻하지 않은 사냥꾼의 일격에 내로라하는 기업들조차 처참하게 굴복하는 모습을 지켜보면서, 많은 기업들이 자신에게 화살이 돌아오지 않도록 지배 구조의 개선과 경영권 안정을 위해 노력하고 있다. 기업의 투명성은 많이 향상되었으며 지배 구조의 개선으로 책임 경영을 중시하는 풍토가 정착이 되고 있다. 이를 통해 기업 내재 가치의 향상과 투자 매력 상승으로 추가적인 주가 상승의 기회를 창출하고 있기도 하다.

주식 시장 선진화에 일조하는 첨단 IT 기술

투자자와 기업들의 변화가 성과를 거두기까지 증권 거래 시스템과 전자 공시 등 증권 거래와 관련된 IT 기술과 서비스의 발전이 큰 몫을 하고 있다. 우리나라 증시는 IT 강국이라는 이름에 걸맞게 주식 거래에서도 첨단 온라인 기술을 활용한 다양한 서비스가 이루어지고 있다.

온라인 거래가 전체 거래의 약 80%를 차지하고 있으며 인터넷을 이용해 거래하던 것에서 이제는 휴대폰, PDA 등 다양한 무선 통신 단말기로 발전하고 있다. 우리나라가 온라인 거래가 강한 이유는 IT 기술의 발달과 더불어 다양한 인터넷 서비스를 접하게 된 사람들이 편하고 수수료도 저렴한 증권사의 홈트레이딩 시스템을 이용하기 때문이다.

이러한 첨단 기술을 통해 주가의 움직임과 거래 동향에 대한 정보, 기업 활동에 대해서 파악할 수 있는 공신력 있는 전자 공시, 차트 정보를 통한 기술적 분석, 기업 실적과 국내외 경제 동향과 전망 등에 대한 전문가의 분석 자료 등이 실시간으로 다양하게 제공되기 때문에 가정이나 직장에서도 얼마든지 주식 투자를 할 수 있다. 심지어는 메신저 기능을 이용해서 작은 창으로도 거래할 수 있어서 직장 등에서 근무 시간에 몰래 시세를 분석하고 주식 거래를 하는 경우들도 심심찮게 일어난다. 이러한 첨단 거래 시스템은 외국의 증권거래소에 수출까지 되고 있다.

높아진 선진국 지수 편입 가능성

이와 같은 내부적인 변화는 대외적으로는 국제 사회에서 한국 증시의 신인도 향상으로 이어지고 있다. 외국의 투자 기관이 해외에 투자할 때는 전 세계를 대상으로 하는 글로벌 지수에 의해서 국가별로 투자 규모를 설정하는 가이드라인이 있다. 이러한 지수를 참조해서 특정한 국가와 기업에 투자하는 자금의 비율을 정하게 되는데, 그중 대표적인 것이 MSCI 지수와 FTSE 지수이다.

MSCI(Morgan Stanly Capital International) 지수는 미국의 모건 스탠리 캐피털 인터내셔널이 발표하는 지수로서 미국을 비롯한 전 세계의 투자 기관들이 참조하고 있다. FTSE(Financial Times Stock Exchange) 지수는 영국의 파이낸셜 타임스와 런던 증권거래소가 공동 설립한 FTSE 그룹이 발표하는 지수로서 주로 유럽의 투자 기관들이 많이 참조하고 있다.

MSCI 지수를 참조로 해서 운영되는 펀드의 규모가 2005년 약 3조 달러로 원화로 환산할 경우 무려 2,790조 원에 이르고 있으며, FTSE가 2조 5,000억 달러로 약 2,325조 원에 달한다. 2007년 우리나라 예산이 237조 원인 것을 감안하면 우리나라 1년 살림살이 총액의 20배가 훨씬 넘는 규모의 자금이 두 지수를 참조로 해서 투자 금액을 결정하고 있는 셈이다.

MSCI와 FTSE 지수는 프로 축구가 1와 2부 리그로 수준에 따라서 나뉘는 것처럼 1부 리그 격인 선진국 지수와 그 아래의 2부 리그 격인 준선진국 지수나 신흥 시장으로 나뉘어 있다. 우리나라는 두 지수 모두 2부 리그에 속해 있다. 우리나라가 OECD 회원국이자 세계 11~12위의 경제 규모인 것에 비해 증시는 상대적으로 낮은 2부 리그 취급을 받고 있다.

그래서 선진국 지수에 편입된다는 것은 한국 증시에 대한 국제적인 평가가 한 단계 업그레이드된다는 의미로 해석할 수 있다. 뿐만 아니라 덕분에 더욱 많은 외국 자금이 국내 증시에 유입될 수 있는 가능성이 열리게 됨을 의미한다. 이러한 이유로 우리나라는 이 두 지수의 선진국 지수에 편입되기 위해 노력을 기울여 왔지만 수년간 몇 차례 탈락의 고배를 마시고 말았다.

하지만 FTSE의 경우 2003년에는 우리나라 증시의 50개 종목이 지수에 편입되어 있었던 데 비해 2006년 말에는 2배로 늘어난 99개 종목이 편입되면서 선진국 지수 편입의 가능성을 높여 주고 있다. MSCI는 선진국 지수로의 편입 자격과 절차에 대한 새로운 기준을 마련해서 2007년 중에 새로운 개정안을 시행할 예정이다. 따라서 우리나라 증시는 2007~2008년에 선진국 지수에 편입될 가능성이 높은 것으로 전망되고 있다.

이처럼 우리나라 증시는 양적·질적인 면에서 많은 변화와 발전을 하고 있으며 이를 통해서 대한민국 증시가 한 단계 업그레이드될 수 있는 여건을 하나 둘씩 갖춰 나가고 있다.

국민소득 2만 달러 돌파는 증시 업그레이드의 신호탄

우리나라는 조만간 1인당 국민소득 2만 달러 달성을 눈앞에 두고 있다. 1970년에 280달러에 불과하던 1인당 국민소득이 1만 달러를 돌파한 것은 1995년이었다. 그러나 IMF를 겪으면서 경기 침체와 원화 가치 폭락으로 축소되었다가 12~13년 만에 다시 2만 달러 달성의 고지에 거의 다가섰다.

주요 선진국들이 1만 달러 달성 후 2만 달러 돌파까지 평균 10.1년이 걸린 데 비하면 다소 지연되었다고 볼 수 있으나, IMF의 혹독한 시련을 극복한 결과라는 것을 감안하면 오히려 대견하다고 해야 할 것이다. 그렇지만 미국이 2만 달러를 달성한 1988년에 G7 국가의 평균 국민 소득은 채 2만 달러가 안 되었는데, 2007년도에는 약 3만 7,000달러에 이를 것으로 예상되고 있다. 따라서 우리나라가 국민소득 2만 달러를 달성한다고 해서 과거 선진국과 동일한 가치로 평가할 수는 없을 것이다.

그리고 2만 달러 돌파 후에도 지속적인 경제 발전을 위한 성장 동력을 확충하지 못해서 다시 주저앉고 말아 버린 국가들도 적지 않다는 것도 염두에 두어야 할 것이다. 안일한 마음으로 샴페인을 터뜨리고 좋아하다가 쓴 잔을 마셔서는 안 된다는 것은 두말할 나위가 없다.

　하지만 1인당 국민소득 2만 달러가 가지는 의의, 선진국의 증시가 그 즈음에 어떤 식으로 변화하고 움직였는지 살펴보는 것은 우리의 나아갈 길을 가늠해 본다는 점에서 의미가 있을 것이다.

국민소득 2만 달러 돌파 시점의 사회 · 경제

　주요 선진국들은 1인당 국민소득이 2만 달러를 넘어서는 시점에 국민들의 구매력이 높아져 내수 관련 산업이 크게 번창했다. 또한 서비스 업종이 차지하는 비중이 꾸준하게 늘어나기 시작했다. 이러한 과정에서 내수 관련 주와 서비스 업종 등의 주가가 많이 올라서 지수가 10배 내외로 크게 상승하는 도약의 시기를 경험하기도 한다.

　이 기간 주요국의 경제 성장률은 그렇게 높지는 않았지만 저금리 때문에 주식 시장에 자금이 몰렸을 뿐만 아니라 기업들은 수익성이 크게 개선되는 등 내실 있는 성장을 통해 경영 환경 역시 크게 개선되었다.

　일본의 경우를 구체적으로 살펴보면 좀 더 명확하게 변화의 흐름을 파악할 수 있다. 1980년대 일본의 주요 업종의 주가 상승률을 보면, 소득 증대와 고령화로 인해 건강에 대한 관심이 높아져 헬스케어 관련 업종이 무려 1,700%에 달하는 지수 상승률을 나타냈다. 내수 시장의 확대로 필수 소비재 업종과 금융 업종도 1,000% 넘는 상승을 했다. 우리의 종합주가지수라고 할 수 있는 일본의 니케이 지수가 같은 기간 500% 상승한 것을 감안하면 이러한 업종들이 상대적으로 더욱 각광을 받았다는 것을 알 수 있다.

우리의 경우도 제약, 금융, 여행 관련 업종의 꾸준한 상승이 예상된다. 주 5일제 근무와 레저 산업에 대한 관심 증대로 여행 관련 업종, 자본시장 통합법과 내수 시장 확대로 인한 금융 시장의 활성화로 인해 증권·보험 업종, 고령화와 웰빙 등 건강에 대한 관심 증대로 제약 업종, 그리고 우리 나라의 높은 교육열과 기성세대의 자기 계발 욕구 증대로 교육 관련 업종 등이 각광받을 것으로 예상된다.

특히 이들 업종 중에서 높은 시장 점유율로 지배적인 영향력을 행사하 는 독과점 기업은 시장 확대의 열매를 고스란히 챙길 수 있다는 점에서 장 기적으로 꾸준히 주가가 상승할 가능성이 있다. 물론 현재의 자리를 지킨

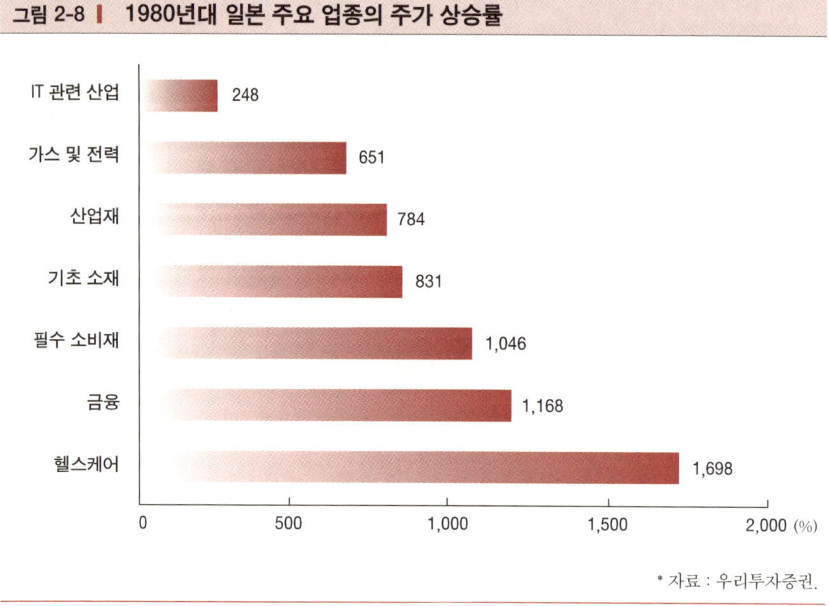

그림 2-8 ▮ 1980년대 일본 주요 업종의 주가 상승률

* 자료 : 우리투자증권.

다는 보장은 없지만, 이런 기업이 큰 무리 없이 수성만 잘해도 점점 커지는 파이의 달콤한 맛을 계속해서 즐길 수는 있을 것이다.

국민소득 2만 달러 돌파를 앞둔 현재의 상황

1인당 국민소득 2만 달러 돌파를 앞둔 지금, 저금리로 인해서 기존의 은행권 상품에서 투자성 상품으로 자금이 이동하고 있다. 그리고 IMF 이후 각고의 노력으로 구조 조정과 경영 혁신에 몰두한 결과, 국내외적으로 강한 경쟁력을 갖춘 기업들이 나타나기 시작했다. 또한 각종 연기금의 주식 투자 비중의 확대와 퇴직 연금의 시행, 금융 겸업화의 시행 등이 주식 투자 활성화와 장기적인 투자 환경의 조성을 위한 초석을 다지는 역할을 하고 있다.

물론 이러한 모습만으로 우리 경제와 증시의 앞날을 낙관만 하고 있을 수는 없다. 왜냐하면 우리보다 앞서서 국민소득 2만 달러를 달성한 나라들은 비교적 현재보다 덜 치열한 환경 속에서 선진국 대열에 수월하게 진입했지만 우리나라 같은 후발 주자들은 입장이 다르다. 우리보다 앞서 나가고 있는 선진국을 따라잡아야 하는 한편, 뒤에서 바짝 우리의 목을 조이면서 쫓아오는 신흥 개발국의 추격을 따돌려야 하는 이중의 부담을 안고 있기 때문이다. 앞뒤로 끼여 있는 샌드위치 신세가 될 우려가 있다는 것을 잊어서는 안 된다.

한·미·일
증시 상승 시기의 공통점

우리보다 앞선 선진국이자 증시의 고공 행진을 경험한 미국과 일본의 지수 상승 시기의 특징을 우리나라의 현재 상황과 비교해 보면 우리 증시의 향후 흐름을 가늠해 보는 데 좋은 참고가 될 수 있을 것이다.

일본은 1980년대에 경제가 장기 호황 국면일 때에 증시가 비약적으로 상승했으며 미국은 1980년대 중·후반부터 기반을 다지기 시작해서 1990년대의 경제 호황으로 증시가 급등했다. 우리나라는 2000년대 들어오면서 증시가 지속적인 성장을 하고 있다.

일본의 주가 상승 시기

일본의 주식 시장은 1980년대에 들어오면서 장기적인 상승 장세에 진입해서 주가지수(Nikkei225)가 1980년에 6,560.16이던 것이 1989년에는 38,915.87로 493% 성장했다. 시가 총액의 규모도 1980년에 77조 엔이던

표 2-6 ┃ 1980년대 일본 증시의 지수와 시가 총액 추이

연말 기준	1980년	1985년	1988년	1989년	증가율(%)
Nikkei225	6,560.16	13,113.32	30,159.00	38,915.87	493.2
시가총액(조 엔)	77.1	190.1	476.8	611.2	692.7

* 1980년 Nikkei225는 연초 기준, 증가율은 1980년 연초 주가 대비 상승률.
* 자료 : 증권선물거래소.

것이 1989년에는 611조 원으로 692%나 크게 불어났다.

　일본이 1980년대 증시가 비약적인 성장을 할 수 있었던 것은 우선 수출 증가와 이에 따른 무역 흑자의 급증으로 5% 전후로 꾸준히 경제 성장을 할 수 있었기 때문이다. 또한 엔/달러 환율의 하락(일본 엔화의 가치 상승)과 저금리 정책, 투자 신탁 회사 등을 통한 간접 투자의 활성화로 기관 투자자의 비중이 증대된 점도 있다. 그리고 일본의 베이비붐 세대라 불리는 단카이가 당시에 경제 활동의 주체 세력으로 등장하면서 새로운 투자 문화를 형성했다는 점도 주목할 만하다. 업종별로는 전통적인 제조업과 내수 산업 활성화로 관련 업종이 주도적으로 증시 상승을 이끌었다.

미국의 주가 상승 시기

　미국 증시는 1980년대 중 · 후반부터 꾸준하게 상승하기 시작해 1990년대에 장기적인 상승세를 탔다. 1990년 2,810.20이었던 Dow30지수는 1999년 11,497.12로 1만 포인트를 넘어 300% 이상 상승했으며 시가 총액 역시 2조 8,000억 달러에서 12조 3,000억 달러로 339%가 넘게 불어났다.

구 분	1990년	1995년	1998년	1999년	증가율(%)
Dow30	2,810.20	5,117.12	9,181.43	11,497.12	309.1
시가총액(조 달러)	2.8	6.0	10.9	12.3	339.3

* 1990년 DOW30은 연초 기준, 증가율은 1990년 초 주가 대비 상승률.
* 시가 총액은 뉴욕증권거래소 기준.
* 자료 : 증권선물거래소.

이 기간에 미국 증시가 이처럼 상승할 수 있었던 주요한 요인으로는 신경제로 불리는 황금 시대를 누렸기 때문이다. 구체적으로 미국 경제는 고도성장과 물가 안정을 동시에 달성했다. 또한 고용 창출로 사상 최저치의 실업률을 기록했으며 재정 수지의 흑자 전환으로 만성적인 적자 구조에서 탈피한 점도 주효했다. 각종 연기금의 장기 투자 유도 및 민간 차원의 기금 가입 장려로 연기금의 자산이 크게 증대했고 이들의 절반 이상이 증시에 투자되었다. 또한 뮤추얼펀드의 급증과 401K로 불리는 퇴직 연금제를 통한 자금 유입 등에 의한 풍부한 자금이 증시에 흘러 들어오면서 증시 상승에 불을 댕겼다.

그리고 지속적인 저금리 정책으로 많은 가계 자산이 은행 예금에서 주식 투자로 옮겨 갔다. 또한 진취적이고 개방적인 베이비붐 세대가 1990년대에 40대를 전후한 경제 활동의 주체로 자리 잡으며 주식 투자에 적극적으로 나선 점도 미국의 투자 문화의 변화에 한몫했다.

또한 신흥 공업국을 비롯한 후발 주자의 강한 도전으로 곤혹을 치른 미국의 기업들은 체질을 개선했고, 새로운 IT 산업을 비롯해 기술주가 증시 상승을 주도했다. 특히 첨단 IT 관련 기업들이 몰려 있는 나스닥은 1990년 초에 459.3포인트에서 1999년에는 4,069.31포인트로 785%나 상승했다.

우리나라의 최근 주가

우리나라의 경우 주식 시장은 2002년 이후 2006년까지 꾸준한 상승세를 이어 왔다. 2002년 말에 627.55이던 종합주가지수는 매년 꾸준히 상승해서 2006년 말에 1434.46을 기록하여 4년 연속 상승세를 이어 왔다.

우리나라 증시가 이처럼 지속적인 상승세를 지속할 수 있었던 점은 우선 수출 증대와 이에 따른 무역 수지 흑자폭의 확대, 그리고 원·달러 환율

그림 2-9 ┃ 2002~2006년 종합주가지수(연말 기준)

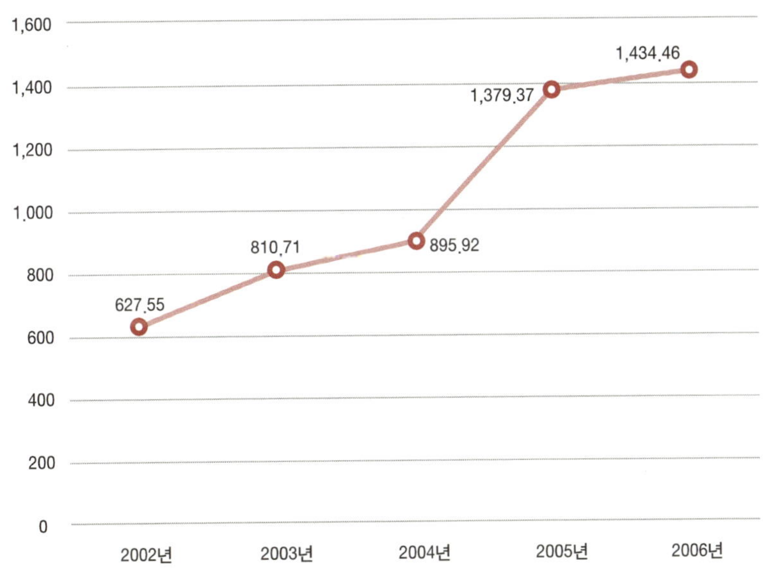

* 자료 : 증권선물거래소.

의 지속적인 하락(원화 가치 상승)의 영향이 컸다. 그리고 저금리 정책으로 시중의 유동 자금이 풍부해진 점도 빼놓을 수 없다.

물론 이들 자금이 부동산으로 몰리면서 부동산 폭등을 야기하기도 했지만, 또 한편으로는 주식 시장에도 주식형 투자 상품 등을 통해서 많은 자금이 몰려 풍부한 유동성을 제공했다. 특히 돌풍을 일으킨 적립식 펀드는 증권 회사뿐만 아니라 은행에서도 편리하게 가입할 수 있게 되면서 많은 개인 투자자의 자금을 증시로 끌어들였다. 외국인의 꾸준한 매수세 역시 증시 상승의 한 역할을 했다.

그리고 미국이나 일본처럼 우리나라도 한국 전쟁 이후 출생한 베이비 붐 세대를 이은 386세대가 주도적인 경제 활동 인구로 자리 잡으면서 새로운 투자의 주체로 등장했다. 또한 IMF의 혹독한 시련을 이겨내면서 역량을 키운 IT 산업, 전기 · 전자, 조선, 자동차, 철강 등의 기업들이 세계적인 글로벌 기업으로 성장하면서 우리 경제뿐만 아니라 증시 상승의 견인차 역할을 했다.

한 · 미 · 일의 주가 상승 시기의 특징

위에서 설명한 한 · 미 · 일 3국의 증시 상승 시기의 특징을 종합적으로 살펴보면 몇 가지 유사한 점을 발견할 수가 있다. 우선 한 · 미 · 일 3국은 시차를 두고서 나란히 비슷한 수순을 밟으며 증시 상승의 길을 따라가고 있다.

수출과 신경제 구조가 경제 성장을 견인했으며 이를 저금리 정책이 뒷

받침하고 있다. 저금리에 의한 투자 상품으로의 자금 이동은 연기금의 주식 투자 확대와 퇴직 연금 등을 통해 주식 시장에 많은 유동성을 공급했고 주가를 끌어올리는 원동력이 되었다. 그리고 베이비붐 세대가 경제 활동의 주역으로 등장하면서 개인 투자자들이 새로운 투자 마인드를 가지고 새로운 주식 투자 문화를 정착시켰다.

한·미·일 3국의 주가 상승 시기의 특징을 비교해 보면, 우리나라는 지금 미국이나 일본의 지수 상승 시기와 유사한 상황이라고 볼 수 있다. 그러나 1인당 국민소득 2만 달러 달성이 무조건적인 장밋빛 미래를 보장해 주는 것은 아닌 것처럼, 주가 상승 시기의 상황이 같다는 것만으로 증시를 무조건적으로 낙관하는 것은 금물이다.

체격 조건이 비슷하다고 아무나 운동선수가 되어 올림픽에서 금메달을 딸 수 있는 것이 아닌 것처럼, 경제·사회적 여건이 비슷하기 때문에 주가가 무조건 고공 행진할 것이라며 섣부른 판단은 삼가야 한다. 1980년대에 화려하게 샴페인을 터뜨렸던 일본이 금융 시스템의 후진성으로 국제 자본에 휘둘리고 과도한 부동산 거품이 빠지면서 국부가 쪼그라든 점을 기억해야 한다. 그 후 일본은 경제 침체로 암흑 같은 '잃어버린 10년'의 세월을 보냈다.

긍정적인 시각으로 우리 경제와 증시의 발전을 기대하는 것은 좋지만 감나무 밑에 누워서 감 떨어지기만을 바란다고 그것이 이루어지는 것은 아니다. 그것은 바로 나와 우리, 우리 자신이 열심히 생업에 몰두하고 경제와 사회 발전의 주체로서 노력할 때에 가능한 것이다.

3

개인 투자자가
실패할 수밖에
없는 이유

항상 시장의 막차에 탑승해 시세의 바닥에서 뛰어내리는 모습을 보여 준 개인 투자자
는 잘못된 투자 철학으로 실패와 좌절을 맛보아야 했다. 이제는 투자자의 발목을 잡고 있는
악순환의 고리를 끊어 버려야 한다.

얄팍한 꼼수로 성공해 보겠다고 발버둥 치면 한때 성공을 거머쥘 수 있겠지만 결국에
는 사람들에게 외면당하고 만다. 진정으로 성공한 인생을 사는 사람들에게는 얄팍한 처세
술이 아니라 삶에 대한 겸허하고 깊이 있는 철학이 있다. 주식 투자에서 성공하기 위해 필
요한 것은 요란한 투자 기법이 아니라 투자에 대한 건전한 상식이다.

투자 철학 없이
대박을 바라는 조급증

증시의 분위기가 좋아지고 주가가 상승하면 여기저기서 주식 투자를 부추기는 달콤한 유혹이 봄날 꽃피듯 고개 들기 시작한다.

대박으로 수십 배 수익을 올렸다는 사람의 이야기를 언론이나 주변 사람들을 통해서 듣게 되면 귀가 솔깃해진다. 큰돈 없이도 날마다 주식을 샀다 팔기만 하면 엄청난 부를 쌓을 수 있다는 고수들의 무용담에 나도 할 수 있겠다는 용기가 생긴다.

"증권사 강력 추천!", "적중률 최고! 대박 종목", "3개월간 수익률 수백% 보장!" 말만 들어도 가슴이 뛰고 행복한 미래가 눈앞에 펼쳐질 듯 꿈에 부푼다. 덜컥 증권 계좌에 목돈을 입금하고는 주식 투자를 시작한다. 증권사 직원이나 주변의 말만 듣고서 잘 알지도 못하는 회사의 주식을 사 놓고는 대박의 꿈에 젖지만, 바로 그날부터 악몽은 시작된다.

철학과 원칙 없는 묻지마 정신

사람들은 보통 몇만 원짜리 물건을 하나 사려고 해도 인터넷 쇼핑몰을 훑어보고 여기저기 발품을 팔아서 기능, 가격, 디자인 등을 꼼꼼하게 비교한다. 그런데 큰돈을 들여서 주식 투자를 할 때는 별 생각 없이 피 같은 돈을 과감하게 질러 버린다.

유혹의 손길은 다양하게 다가온다. 언론에서 연일 주가가 상승하고 있다고 떠들어대고 주식 투자로 대박난 사람의 인터뷰가 실리니까, 주변에서 앞으로 어떤 종목이 유망하다고 하니까, 눈앞에서 주식 차트의 빨간 양봉이 상한가를 치고 있으니까, 지금 안 사면 기회가 사라질 것 같으니까, 주식 투자에 나선다.

그러고 나면 뉴스에서 북핵 문제가 어쩌고 유가가 오르고 하는 뉴스가 나온다. 그러면 주가가 어떻게 될지 불안해지기 시작한다. 자신이 매수한 종목이 조금만 하락하면 얼굴이 굳어 버리고, 차트에서 주가가 하락하는 파란 음봉만 봐도 새파랗게 질려서 안절부절못한다. 그러다 어느 새 정신을 차려보면 수익은커녕 순식간에 원금을 다 까먹은 계좌를 보고 망연자실하고 만다.

이런 과정을 겪고 나면 주식은 절대 할 것이 못 된다고 아예 포기하거나 본전 생각에 빚을 얻어 무리를 해서라도 다시 도전한다. 포기하는 사람들은 함부로 덤빌 일이 아니라는 생각에 펀드 같은 간접 투자 상품의 문을 두드리기도 한다. 그러나 이때도 금융 기관의 광고와 설득에 내용도 모르면서 아무 펀드 상품에나 덜컥 묻지마 투자를 하고는 광고의 달콤한 수익률을 액면 그대로 믿고 다시 꿈에 부푼다.

하지만 펀드 상품은 은행 예금 같은 원금 보장 상품이 아닌 투자 상품이다. 펀드에 따라 운용 방법과 투자 대상이 다르고 수익률 역시 천차만별이다. 막상 뚜껑을 열어 보면 광고와는 달리 고수익은커녕 오히려 손실이 나는 경우도 많다.

펀드 운용 수수료와 세금을 제외한 실제 손익이 찍힌 계좌를 보고는 속았다는 생각이 들지만, 그때는 이미 엎질러진 물이다. 묻지마 주식 투자를 그만두고 묻지나 펀드 투자를 했지만 결과는 정도의 차이가 있기는 하지만 장밋빛 꿈은 물 건너 갔다.

집까지 팔아 주식 투자에 올인

A무역에 다니는 김 과장은 아내 얼굴만 보면 미안한 마음이 든다. 뿐만 아니라 전화벨만 울려도 가슴이 뜨끔하고 놀란다. 그가 이렇게 된 이유는 아내 몰래 집을 담보로 대출을 받아 주식 투자를 했다가 송두리째 날려 버렸기 때문이다.

그는 2년 전 데이트레이딩(Day Trading, 당일에 주식을 사고 파는 것을 원칙으로 하는 초단타 매매 기법)으로 하루에 수십만 원씩 번다는 모 증권사의 고수 초빙 강연회에 참석했다가 마음이 혹해서 주식 투자를 시작했다. 처음 시작한 투자에 적지 않은 수익을 올리자 이게 별것 아니구나 하는 생각에 차츰 투자 규모를 늘려 나갔다. 그러나 처음과는 달리 계속되는 손실과 거래 수수료 때문에 급기야 집을 담보로 대출받은 돈까지 날려 버리고 말았다.

본전 생각에 포기 못 하는 사람들은 있는 돈 없는 돈을 몽땅 끌어 모아서 다시 도전한다. 주식으로 돈 벌어 집을 사는 게 아니라 있는 주식으로 돈을 까먹고 멀쩡한 집까지 담보 잡히거나 팔아서 다시 퍼붓고는 길거리에 나앉는 것이다.

김 과장의 경우처럼 상당수의 개인 투자자들은 투자 철학도 없이 처음에는 다른 사람의 말만 듣고 묻지마 투자에 나선다. 운 좋게도 증시 활황을 만나 한두 번 수익을 내면 자신이 마치 주식 고수인 양 자만해서는 무리한 투자를 하다가 거듭 큰 실패를 맛본다. 그러고는 작전 세력의 농간, 외국인과 기관 투자자의 물량 공세, 돌발적인 상황과 경제 여건 때문이라는 등 실패의 핑계를 대면서 자신을 합리화한다.

대박의 꿈을 쫓아 달리는 자동차에 돌진

개인 투자자들이 대박의 꿈을 쫓아 달리는 자동차에 돌진하는 것 같은 모습은 투자 주체별 거래 비율 분석을 통해서도 확인할 수 있다.

그림 3-1은 2006년의 유가증권시장과 코스닥시장의 투자 주체별 서래 비중을 나타내고 있다(주식을 보유하는 비중이 아니라 얼마나 많은 거래를 했는지를 나타낸다). 유가증권시장에서 개인의 거래 비중이 51.36%, 기관 19.03%, 외국인 25.86%인 데 비해서, 코스닥시장의 경우는 개인이 무려 92.6%에 달하는 거래를 하고 있으며 기관과 외국인은 겨우 각 3% 정도에 머물고 있다. 이는 개인 투자자들이 대형 우량주가 많은 유가증권시장보다는 상대적으로 소형 저가주가 많은 코스닥시장에 몰려들어 빈번한 거래를 하면서 대박의 꿈을 꾸고 있음을 나타낸다.

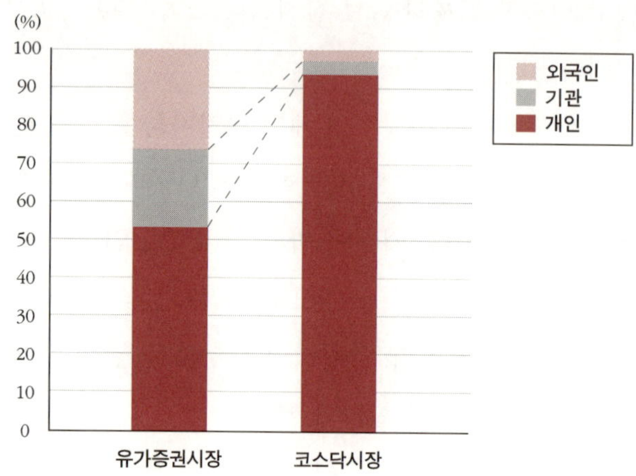

* 자료 : 증권선물거래소.

개인 투자자들이 주식 투자로 실패의 쓴맛을 보는 악순환이 계속되는 이유는 많은 사람들이 주식 투자를 건전한 투자 수단이 아니라 단기간에 승부를 내는 도박이나 투기쯤으로 생각하고 접근하기 때문이다. 그 결과는 우리 증시에서 수많은 개인 투자자의 실패 사례와 가슴 아픈 사연을 통해 얼마든지 찾아볼 수 있다.

주식 투자는 자식을 키우듯이 오랜 시간의 정성을 기울여야 한다. 돌밖에 안 지난 아가에게 떼돈을 벌어 오라고 하는 부모가 어디 있는가? 인생을 의미 있게 살아가기 위해서는 인생철학이 필요하고 자식을 잘 키우기 위해서는 자녀 교육 철학이 필요하듯이 주식에도 투자 철학이 필요하다.

건전한 투자 철학을 가슴 깊이 새긴다면 훗날 무럭무럭 성장한 녀석에게서 수익이라는 열매로 효도를 받는 가슴 뭉클한 즐거움을 맛볼 수 있다.

사고팔아서
수익을 내야 한다는 편견

　　장사에서는 자금과 물품의 회전이 매우 중요하다. 즉 물건을 신속하게 판매하고 또 새로운 제품을 들여와야 이익을 얻을 수 있다. 물건을 오래 보유하고 있으면 먼지만 쌓이고 유행에 뒤떨어진 재고품을 처리해야 하는 부담이 생긴다. 그야말로 애물단지가 되어 버리고 마는 것이다. 그래서 장사는 빠른 회전이 필요하다.

　　그러나 주식 투자는 다르다. 오래 보유한다고 먼지가 쌓이거나 재고품이 되지는 않는다. 매수한 주식이 시간이 흐르면서 꾸준하게 가치가 상승하면서 자산 가치가 불어나는 게 보통이다.

　　이처럼 장사와 주식 투자는 성격이 분명히 다른 데도 불구하고 많은 개인 투자자들은 장사하듯이 빈번하게 주식을 사고팔아야 한다고 생각하고 있다.

빈번하게 사고팔아야 직성이 풀린다

　개인 투자자들의 이러한 잘못된 편견과 매매 행태 때문에 우리나라 증시의 매매 회전율은 주요국과 비교했을 때 매우 높은 편이다. 매매 회전율(연간 평균 거래 대금 / 전년도 평균 보유 시가 총액 × 100)이란 보유한 주식의 시가 총액 대비 거래 대금의 회전율을 의미하는데, 쉽게 이야기하면 주식을 얼마나 빈번하게 사고파는지를 나타내는 수치라고 할 수 있다.

　유가증권시장과 코스닥시장을 합친 우리나라의 매매 회전율은 221.3%에 이른다. 이는 나스닥의 261.2% 다음으로 높은 수치로 다른 주요국의 매

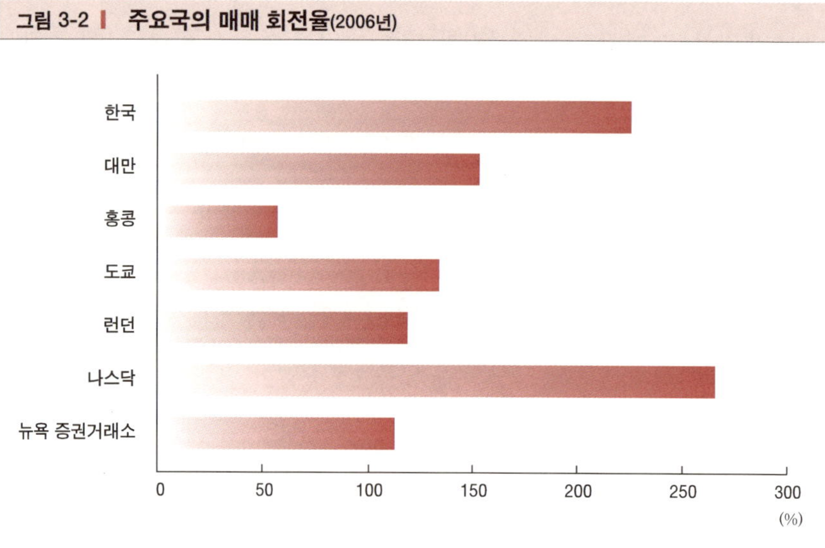

그림 3-2 ▌ 주요국의 매매 회전율(2006년)

* 자료 : 증권선물거래소, 세계거래소연맹(WFE).

구분	2001년	2002년	2003년	2004년	2005년	2006년
매매 회전율(%)	761.9	927.6	559.5	445.2	490.7	463.5

* 자료 : 증권선물거래소.

매 회전율보다 매우 높은 수준이다. 그런데 매매 회전율 221.3%는 개인·기관·외국인 전체의 평균 매매 회전율이고, 개인 투자자의 매매 회전율만 따로 집계할 경우 이보다 훨씬 높아진다.

개인의 매매 회전율은 2006년 463.5%에 이르러 우리나라 평균 매매 회전율의 2배가 넘는다. 2001년의 761.9%와 2002년의 927.6%에 비하면 꾸준히 감소하는 추세지만, 아직까지 개인의 매매 회전율은 상당히 높다.

이처럼 개인의 매매 회전율이 높은 이유는 단기적인 시세 차익만을 노리고 투자에 나서고 있기 때문이다. 장래성 있고 우량한 주식을 산 뒤 가치 상승으로 자산이 불어나는 것은 뒷전에 두기 때문이다. 그러나 "가랑비에 옷 젖는다."는 속담처럼 빈번한 거래는 거래 비용(수수료, 세금 등)의 증가로 인해서 수익이 감소된다. 뿐만 아니라 큰 흐름을 파악하지 못하고 단기적인 주가의 움직임에 민감하게 반응해 오히려 손해를 보기 쉽다.

마음 다스리지 못하면 투자도 실패한다

이 씨는 성격이 급해서 평소에 잦은 매매를 하는 투자 습관이 있었다. 나름대로 열심히 분석해 종목을 선정해서 투자하지만 증시에 안 좋은 뉴스만 나오면 지레 겁을 먹고는 주식을 팔아 버리고 만다. 반대로 조금만 분위기가 반전되어 주가가 상승하면 때늦은 추격 매수에 나서기를 반복해 항상 손해를 보았다.

그러던 어느 날 교통사고를 당해 오랫동안 병원에 입원해서 치료를 받다가 퇴원했다. 퇴원 후 증권 계좌를 조회해 보니 자신이 매수해 두었던 종목들의 주가가 상승해 계좌에는 많은 수익이 쌓여 있었다. 기분이 좋아진 이 씨는 주식 투자로 돈을 벌려면 병원에 입원해 있어야 하는 것은 아닌가 하는 생각에 쓴웃음을 지었다.

사람은 마음이 급해지고 조바심이 나기 시작하면 판단력이 흐려지고 당황해서 평소에는 잘되던 일도 잘 안 되고 오히려 사고만 치고 만다. 하물며 소중한 돈이 걸려 있는 투자를 할 때는 두말할 나위가 없다.

그래서 주식 투자는 빚을 얻거나 자신이 감당할 수 있는 금액을 넘어서면 절대로 성공할 수가 없다. 능력을 넘어서는 돈으로 무리하게 투자를 하니 마음이 급해질 수밖에 없고 조바심이 난다. 조금만 주가가 하락하면 참지 못해 금방 팔아 버리고, 반대로 조금만 상승하면 '대박'의 기회를 날릴 것 같은 초조함에 덥석 사 버리고 만다.

또 조금만 수익이 나면 수익을 지키겠다고 홀랑 팔아버려서 더 많은 수익의 기회를 날려 버리거나, 반대로 손실이 나기 시작하면 자포자기가 되어 주가가 반 토막, 심지어는 몇 분의 1 토막이 날 때까지 손절매를 못 한다. 이런 식으로 매매를 하니 오락가락하면서 손해만 보게 된다.

세상 이치란 아쉽고 급한 사람에게 불리하게 되어 있다. 여유 있는 사람은 급할 이유가 없으므로 좋은 기회를 기다릴 수 있고 작은 흔들림도 참을 수가 있다. 그러나 쫓기는 입장이 되면 지금 아니면 기회가 없을 것 같은 초조함에 무리한 투자를 하게 되고, 무리를 했으니 작은 흔들림에도 휘둘리게 된다.

주식 투자는 빚 얻어서 한탕 해 보겠다고 덤벼서는 안 된다. 여윳돈으로 시작해서 꾸준하게 자산을 복리의 마술로 불려 나가야 한다. 나름대로의 원칙에 따라 투자했으면 별것 아닌 뉴스나 시장의 작은 움직임에 휩쓸리지 말고 중장기적으로 투자해야 성과를 얻을 수 있다. 냄비처럼 끓었다 식었다 하는 조바심을 내 봐야 오히려 잘될 일도 안 풀린다.

항상 말썽만 부리던 자녀가 어느 날 뜻한 바 있어 열심히 공부를 하겠다고 선언하자, 도통 미덥지가 못해서 5분마다 방을 열어 확인하고 감시한다면 어떨까? 더 열심히 할까? 오히려 짜증만 내고 그나마 솟아오르던 공부에 대한 의욕마저 사라지고 말 것이다. 주식 투자라고 다를 게 없다. 맛있는 밥을 먹고 싶으면 밥이 끓고 뜸이 들 때까지 진득하게 기다려야지, 배고픈 마음에 자꾸 솥뚜껑을 열어 봐야 죽도 밥도 아닌 게 되어 버린다.

주식 투자는 알고 보면 대단한 게 아니다. 인생 살면서 경험하고 알고 있는 단순한 삶의 진리를 투자에 그대로 적용해서 따르기만 하면 된다. 그럼에도 우리는 머리를 싸매고서 주식 투자에 대한 대단한 비법을 얻기 위해 코피를 쏟다가 제풀에 쓰러지고 만다.

항상 반대로 몰려가는
청개구리 습관

주식 시장에는 '인간 지표'라는 말이 있다. 항상 수익과는 반대로 투자하기 때문에 그 사람과 정반대로만 투자하면 수익을 낼 수 있기 때문에 '참조할 만한 사람'을 뜻한다.

그런데 우리 증시는 개인 투자자 자체가 인간 지표이다. 개인 투자자들이 집중적으로 사는 종목은 하락하고 파는 종목은 반대로 상승한다. 또한 개인 투자자들이 순매수(총매수금액 − 총매도금액)를 연속으로 기록하면 주가는 여지없이 하락을 하고 만다.

2000년 이후 개인 투자자의 매매와 종합주가지수의 등락 관계를 분석한 자료를 보면 개인 투자자들은 종합주가지수의 움직임과는 항상 반대로 매매를 했음을 알 수 있다.

개인 투자자들이 사면 내리고 팔면 오른다

개인 투자자들은 종합주가지수가 상승한 날 순매도한 경우가 71.2%에 이르렀으며 순매수한 경우는 28.8%에 불과했다. 이와는 반대로 종합주가지수가 하락한 날에 순매수를 기록한 경우가 67% 이르고, 순매도를 한 경우는 33%에 불과하다. 개인 투자자들이 열심히 주식을 사면 종합주가지수는 하락하고 팔기만 하면 상승해서 언제나 종합주가지수와 개인 투자자들은 반대로 움직였음을 보여 주고 있다.

눈감고 동전을 던져도 절반은 맞출 수 있는데 이러한 '거꾸로 적중률'

그림 3-3 ▌ 투자자별 순매수 · 순매도(2006년 업종 등락률 최상 · 최하)

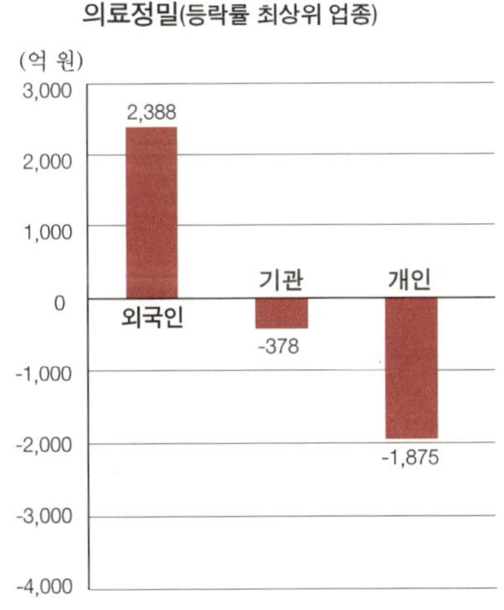

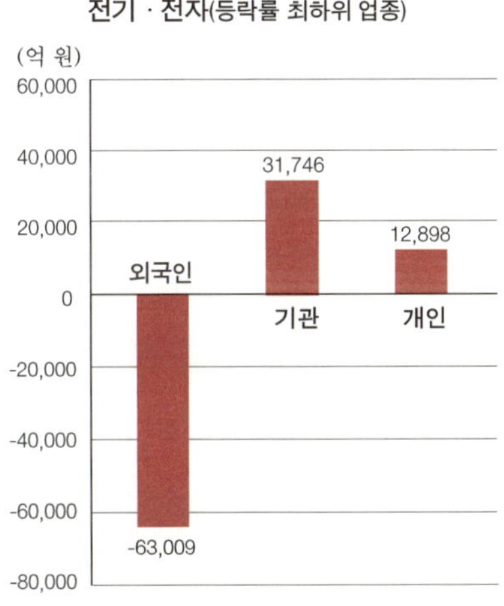

* 자료 : 증권선물거래소.

표 3-2 ┃ 투자 주체별 순매수 금액 상위 15종목의 주가 등락률(2006년 1~9월)

외국인			기관			개인		
종목명	순매수 금액 (억 원)	등락률 (%)	종목명	순매수 금액 (억 원)	등락률 (%)	종목명	순매수 금액 (억 원)	등락률 (%)
신한지주	6,215	7.19	삼성전자	13,579	-0.76	기아차	4,588	-40.49
외환은행	5,517	-14.54	POSCO	10,582	21.04	LG전자	2,273	-29.90
하나금융지주	2,890	-9.42	우리금융	6,092	-3.98	금호산업	1,774	-12.47
하이닉스	2,272	3.12	SK텔레콤	5,656	7.18	한화	1,730	-22.06
대구은행	1,826	5.56	국민은행	4,036	6.27	글로비스	1,545	-41.50
기업은행	1,808	-4.27	현대제철	3,957	62.29	현대건설	1,530	11.63
삼성테크윈	1,800	94.74	현대차	3,601	-14.29	현대증권	1,485	-35.95
현대미포조선	1,573	70.47	한국전력	3,137	-1.85	현대차	1,480	-14.29
GS건설	1,317	22.26	대림산업	2,905	-13.47	LG화학	1,168	-31.84
엔씨소프트	1,296	-31.90	현대중공업	2,753	53.45	삼성중공업	1,067	30.70
데이콤	1,233	53.26	삼성전기	2,601	-3.51	삼성SDI	959	-33.99
LG카드	1,097	15.45	삼성화재	2,557	7.03	한화증권	948	-43.00
삼성엔지니어링	1,076	57.37	롯데쇼핑	2,338	-17.94	현대오토넷	893	-28.04
신세계	1,009	5.19	KT&G	2,281	25.64	LG상사	849	-10.28
한진해운	909	-9.13	대우건설	2,141	26.87	대우인터내셔	784	-2.22
평균		17.69	평균		10.26	평균		-20.25

* 자료 : 증권선물거래소.

은 가히 경이적인 수준이라고 할 수 있다. 업종과 개별 종목에 대한 분석을 하면 이러한 거꾸로 투자 행태를 더욱 자세하게 파악할 수 있다.

2006년 업종별 매매 동향 분석 자료에 의하면, 의료 정밀 업종은 68.83% 상승하여 업종 등락률 상위 1위를 기록했다. 의료 정밀 업종의 매매 동향을 보면 외국인은 2,388억 원을 순매수했으나 기관은 378억 원을 순매도했고 개인은 무려 1,875억 원을 순매도했다. 반면 등락률 -12.74%로 최하위를 기록한 전기·전자 업종은 외국인이 6조 3,009억 원을 순매도

한 데 비해 기관은 3조 1,746억 원, 개인은 1조 2,898억 원을 순매수했다.

개인 투자자는 가장 많이 상승한 의료 정밀 업종의 주식은 열심히 팔아 치운 반면에 가장 많이 하락한 전기 · 전자 업종은 무려 1조 원이 넘게 순매 수했다. 업종별로도 최상과 최하를 정확하게 반대로 매매를 한 셈이다.

종합주가지수나 업종 등락률과 반대로 투자하는 개인 투자자는 개별 종목의 거래에서도 거꾸로 투자의 모습을 여지없이 보여 주고 있다. 표3-2 는 2006년 1월부터 9월까지 투자 주체별 순매수 금액 상위 15개 종목의 주 가 등락률을 나타낸 자료이다.

개인이 집중적으로 매수한 순매수 금액 상위 15종목의 경우 줄줄이 두 자릿수의 하락을 기록하고 있다. 이렇게 고르기도 힘든데 정말로 개인 투 자자의 헛다리짚기 능력은 놀라울 따름이다. 관련 종목들 전체적으로는 외 국인의 순매수 비율이 높은 종목들은 평균 17.69% 상승했고, 기관은 10.26% 상승했는 데 비해, 개인의 순매수 비율이 높은 종목들은 평균 -20.25% 하락했다.

2004년 상반기를 분석한 자료도 비슷하다. 이 기간 중에 개인 투자자 가 집중적으로 투자한 순매수 대금 상위 20종목들은 삼성전자 한 종목을 제외하고는 모든 종목이 두 자릿수 하락했으며 상당수는 거의 반 토막 났 다(같은 기간 종합주가지수는 800~900포인트의 박스권에서 움직였다). 주가가 크게 상승했던 2005년의 자료 역시 외국인이나 기관이 매수한 상위 20개 종목 의 주가 상승률이 높은 데 비해 개인 투자자의 상위 20개 종목의 경우는 겨 우 현상 유지에도 급급한 수치를 보여 주고 있다.

만약에 세계 주식 투자 대회가 있다면 대한민국의 개인 투자자는 대회 마다 기록적인 꼴지를 차지하는 대위업(?)을 달성할 수 있었을 것이다. 그냥 동전을 던져도 확률적으로 반은 맞힐 수 있다는 것을 생각하면 정말로 불가사의한 일이 아닐 수 없다.

투자 철학이 없다면 나침반 없이 항해하는 것과 같다

개인 투자자들이 이처럼 수익과는 반대로 투자하는 이유는 나름대로의 투자 원칙을 가지고 소신 있게 투자하는 것이 아니라 분위기에 휩쓸려 묻지마 투자를 하기 때문이다. 나침반도 없이 항해에 나서니 이리저리 왔다 갔다하면서 드넓은 바다 한가운데서 헤매고 있는 것이다.

개인 투자자들은 증시가 상승하면 망설이면서 주저주저하다가 연일 TV · 신문 등에서 "사상 최고치 경신!", "주식 투자로 대박 속출!" 등 자극적인 내용으로 도배가 시작되면 그때서야 투자의 마지막 대열에 서서 묻지마 투자를 한다.

반대로 증시가 하락하면 "단기 조정 중!", "숨 고르기 후 주가 급등 예상!"이라고 떠드는 전문가라는 사람들의 말만 믿고서 설마 하면서 손절매를 하지 못하고 있다가 주가가 거의 바닥에 도달하면 그때서야 헐레벌떡 팔아버리고 만다. 그래서 개인 투자자들은 언제나 성공 투자의 반대로 신호를 내는 '인간 지표'가 되고 마는 것이다.

주식 투자를 하려거든 투자자별 매매 동향부터 참조해야 한다. 자신이 판단한 투자 시점이나 종목에 대해서 개인 투자자들의 움직임이 어떠한지를 파악해 봐야 본인도 '인간 지표'의 편에 서 있는 것인지 아닌지를 알 수 있다.

주식 투자로 성공을 하려면 이와 같은 개인 투자자의 매매 행태를 절대로 따라하지 말고 오히려 반대로 해야 수익을 낼 수 있다는 웃지 못할 현실을 잊어서는 안 된다. 또한 이러한 잘못된 거꾸로 투자에서 벗어나기 위해서는 부화뇌동하는 묻지마 투자자들과는 달리 주식 투자에 대한 올바른 이해와 건전한 투자 마인드를 갖춰야 한다.

비만 오면 부모님 묘소가 떠내려 갈까 봐 슬피 우는 청개구리 신세로 계속 지내기에는 나의 인생과 가족의 미래가 억울하지 않은가?

4

믿을 건
나 자신뿐이다

장미는 화려해 보이지만 안에 가시를 숨기고 있다. 장미의 화려함에 취해서 넋을 잃는 순간, 가시에 찔리는 고통을 맛보게 된다. 주식 투자에서 경계해야 할 것은 가시를 숨긴 채 화려함으로 유혹하는 모든 것들이다.

전문가는
주식 투자로 수익을 내고 있을까?

IMF 외환 위기 이후 은행권의 구조 조정이 이루어지면서 많은 은행들이 통폐합되었고 관련 은행원들 역시 많은 수가 퇴출되었다. 그중 경기·동화·대동·동남·충청 은행의 퇴출 직원들이 결성한 5개 은행 연합회가 2004년 2,263명의 퇴출 은행원을 대상으로 실시한 조사 결과는 가히 충격적이다.

이들 중 전체의 20%에 달하는 443명이 신용 불량자로 전락했으며 전체의 1/3은 실업자 신세인 것으로 나타났다. 한때 우리가 예금을 맡기고 자산을 불리기 위해서 자문을 구했던 은행원 10명 중의 2명이 신용 불량자가 되고 3명은 실업자가 되어 있다는 것이다. 은행의 금융 전문가나 일반인이나 결국은 마찬가지인 것일까?

또한 2006년 2월 한국증권업협회의 자료에 의하면, 그동안 우리나라에는 140개에 달하는 증권사가 설립되었는데 그중 외국계 증권사를 포함해 53개의 증권사만이 살아남아 38%의 생존율을 보이고 있다. 주식 전문가가 모인 증권 회사가 증시에서 스스로 살아남는 생존율이 절반도 채 되지 못했다는 이야기다.

이런 자료를 보면 한편으로는 치열한 생존 경쟁에서 스스로 살아남는 것조차 힘들어하는 '전문가 집단'에 대해 연민이 느껴진다. 그렇지만 얄팍한 감상에서 깨어나 현실을 직시하면, 이런 전문가들을 믿고서 우리의 소중한 자산을 불려 달라고 맡겨도 되는 것인지 회의감이 들지 않을 수 없다.

투자자의 거래 수수료로 연명하는 증권 회사

우리나라는 IMF 사태를 맞아 전 국민이 피눈물 나는 고통을 겪으면서 위기를 극복해 냈다. 그 결과 많은 희생을 토대로 10년간 변화와 발전을 이루었다. 물론 증권 업계 역시 많은 변화를 겪었으나 아직도 적지 않은 문제점이 존재하고 있다.

금융감독원의 자료에 의하면 1994년 증권 회사의 수익 중에서 위탁 매매 수입(고객들의 매매에 의한 수수료)이 차지하는 비중은 49.8%이었으며 기업 인수 합병(M&A) 주선과 증권 발행 및 인수 등 투자 은행 부문의 수익은 5.8%에 불과했다. 이 수치는 10년 넘게 시간이 흐른 최근에도 별로 개선되지 않았으며 오히려 최근(2005~2006년)에는 증시 활황으로 인해 수수료 수입의 비중이 60%까지 치솟았다. 증권 회사 전체 수익의 절반 이상을 고객들의 거래 수수료에 의존하고 있기 때문에 투자자들이 잦은 매매를 해야 수익이 증가하는 전근대적인 수익 구조를 형성하고 있는 것이다.

상황이 이러다 보니 투자자들이 중장기적인 안목으로 장기 투자를 하거나 시장을 떠나서 관망하게 되면 증권사는 수수료 수입이 급감해서 회사

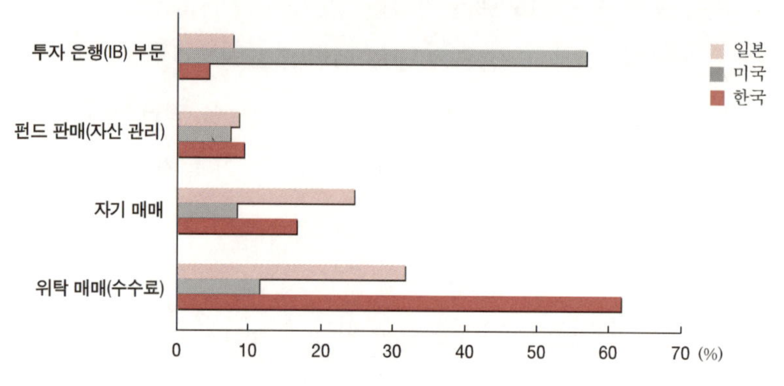

운영에 큰 타격을 받게 된다. 이 점은 과거 증시 활황으로 종합주가지수가 1,000포인트를 돌파한 1994년에 5,000억 원이 넘는 순이익을 냈던 증권사들이 다음해에 증시가 하락 추세로 접어들자 바로 6,000억 원이 넘는 적자를 낸 사례 등을 통해서 얼마든지 확인할 수 있다.

이러한 상황은 국내 증권사와 외국계(미국, 일본) 증권사의 수익 구조를 비교한 한국증권연구원의 자료를 통해서 더욱 명확하게 확인할 수 있다. 2005년 회계연도(2005년 4월~2006년 3월)에 39개 국내 증권사의 수익 구조는 위탁 매매를 통한 수수료 수입이 61%에 달하며 자기 매매가 16%, 펀드 판매가 9%, 기업 인수 합병 주선과 증권 발행 및 인수 등 투자 은행 부문은 겨우 4%에 불과했다.

반면에 미국 증권업 협회에 소속된 미국계 증권 회사들은 반대로 투자 은행 부문의 수익이 56%에 달했으며 위탁 매매를 통한 수수료 수입은 11%

에 불과한 것으로 나타났다. 일본 증권업 협회 소속의 증권사는 위탁 매매가 31%로 미국계보다는 높지만 국내 증권사의 절반에 불과했고 나머지 부문에서 고르게 수익을 내서 수익 구조 면에서 국내 증권사보다는 훨씬 안정적인 모습을 보여 주었다.

또한 고수익을 올릴 수 있는 부가가치가 높은 M&A, 해외 채권 발행 등의 알짜 사업 부문은 외국계 증권사가 독차지하고 있다. M&A 실적은 2005년 1~10위 중에서 외국계가 8개를 차지했으며 주식 대량 매매 역시 1~4위 모두 외국계 증권사가 싹쓸이를 했다.

이처럼 규모가 크고 부가가치가 높은 알짜 사업은 풍부한 자본력과 글로벌 네트워크 등으로 무장한 외국계 증권사에게 뺏기고 국내 증권사는 개인 투자자의 주머니 속에서 나오는 수수료 수입으로 수익을 꾸려 가고 있는 실정이다.

이런 이유로 국내 증권사들은 원하든 원치 않든 투자들에게 중장기 투자보다는 잦은 거래를 유도하게 되는 것이다. 투자자가 있어야 증권 회사도 존재하는 것인데, 투자자야 수익이 나든 말든 수수료를 챙기고 투자자가 깡통이 되어 퇴출되련 또 다른 새로운 투자자를 통해서 수익을 이어 나가는 상황이다.

가랑비에 옷 젖는다고 이런 분위기에 편승한 잦은 매매는 증시의 사소한 움직임에도 휘둘리고 세금과 수수료를 포함한 거래 비용 때문에 결국 투자자들의 계좌만 쪼그라들고 만다. 멋모르는 묻지마 투자자는 증권사에게 겉으로는 주식 투자를 통해 자산을 불려 줘야 되는 고객으로 대접받지만, 속으로는 투자 수익의 여부와 상관없이 수수료 수익이라는 달콤한 우유를 제공하는 젖소일 뿐이다.

아님 말고 식의 투자 조언과 면피용 분석

자영업을 하는 장 씨는 2006년 8월 증권사 직원이 I회사의 주식을 매수하라고 강력하게 추천하자 고민에 빠졌다. 이 직원이 자기네 증권사뿐만이 아니라 다른 유명한 증권사들도 강력 추천하고 있다는 내용의 기사와 관련 자료를 내놓으면서 투자를 권했기 때문이다.

장 씨는 한 군데의 증권사가 추천하면 틀릴 수도 있겠지만 내로라하는 몇 개의 증권사가 동시에 추천하는데 설마 별일 있으랴 싶어서 막내딸의 결혼을 대비해 모아 놓은 종자돈을 투자했다. 그러나 이 회사는 불과 4개월도 안 된 11월 말에 1차 부도가 났고 주가는 장밋빛은커녕 끝없이 하락하고 말았다. 장 씨는 어떻게 부도날 회사를 추천 종목이라고 권할 수 있느냐며 항의했지만 "모든 투자는 본인의 책임 하에…"라는 약관을 들먹이며 발뺌하는 증권사의 답변에 그만 분통을 터뜨리고 말았다.

이와 같이 장 씨와 비슷한 "A종목 사세요. 대박 보장합니다!!! 아님 말고." 식의 피해 사례는 얼마든지 우리 주변에서 찾을 수 있다. 증권사들이 연초에 추천 종목으로 내세운 종목들의 성적이 초라한 경우는 비일비재하다. 이러다 보니 증권 회사와 전문가라는 사람들은 수시로 추천 종목이 바뀌고 증시 분위기가 조금만 반전되어도 대세 상승과 대세 하락을 번갈아 가면서 외치는 양치기 소년의 모습을 보여 주고 있다.

증시가 조금만 오르면 대세 상승이라고 하면서 주가가 끝없이 상승할 것 같은 분위기 일색의 전망과 분석으로 도배가 된다. 반대로 조금만 하락하기 시작하면 또 대세 하락이라고 한다. 이처럼 분석이 틀리면 어물쩍 넘어가고 몇 번 틀리다가 한 번 적중하면 대단한 실력이나 있는 인 양 홍보한다. 동전을 던져도 절반은 맞는데 말이다.

또한 장황한 설명을 하지만 알맹이가 없는 경우도 많다. "이러저러한 이유로 주가는 상승할 것으로 예상되지만 이러저러한 이유로 하락할 수도 있으므로 보수적으로 접근하는 자세가 필요하다." 이게 도대체 무슨 소리인가? "하늘에 구름이 많으면 날이 흐릴 것이고 구름이 없으면 날이 맑을 것이다."라는 기상 예보와 다를 바 없지 않은가?

"주가가 저점에 이르렀을 때 매수하는 지혜가 필요하다. 무릎에 사서 어깨에 팔아라." 주가가 저점일 때 싸게 매수하기 싫어서 일부러 고점에서 매수하나? 어디가 저점인지를 모르니까 문제인 것인데, 이런 소리를 듣자고 많은 투자자들이 전문가를 찾아서 시간과 돈을 허비하면서 소중한 돈을 걸며 대박의 꿈에 빠지고 있다.

전문가는 나보다 많은 전문적인 지식이 있다는 것뿐, 수익을 보장할 수는 없다는 사실을 알아야 한다. 증시 전문가들은 신이 아니라 우리와 똑같은 사람이다. 우리가 업무 때문에 스트레스 받듯이 증시 분석과 투자 판단 때문에 잠 못 이루며 고민하는 '증권 업계의 직장인' 일 뿐이다. 그러므로 그들의 전문 지식을 참고해서 투자 판단에 도움을 받되 무조건적으로 맹신하는 우를 범하지는 말아야 한다.

소비자가 똑똑해져야 기업들이 정신 차리고 좋은 제품을 개발하고 서비스를 제공한다. 증시가 한 단계 업그레이드되고 선진화되려면 투자자의 마인드부터 변화해야 한다. 개인들이 묻지마 투자의 구태에서 벗어나 건전한 투자 철학을 갖춘 '똑똑한 소비자'로 거듭나야 증권 업계의 잘못된 관행도 개선될 수 있다.

"아무도 책임져 주지 않는다. 믿을 건 바로 나 자신뿐이다."

미공개 자료, 시세 조종, 테마, 홍보성 언론 보도의 유혹

우리나라 증시에는 해마다 새로운 기업들이 신규로 상장되기도 하지만 반대로 상당수의 기업들이 상장 폐지가 되기도 한다. 기업 간 합병으로 인해서 주식을 인수하면서 상장 폐지를 하는 경우는 그나마 괜찮지만, 부도 등의 이유로 상장 폐지가 될 경우 해당 주식은 말 그대로 휴지 조각이 되고 만다.

표 4-1 ┃ 연도별 상장 및 폐지 현황(2000~2005.11.7)

구 분	유가증권시장			코스닥시장		
	상장 회사수	신규 상장	상장 폐지	상장 회사수	신규 상장	상장 폐지
2000년	704	7	28	540	178	33
2001년	689	16	31	702	171	9
2002년	683	28	34	830	153	25
2003년	684	20	19	874	71	27
2004년	683	25	26	887	52	39
2005.11.7	698	35	20	900	51	38

* 자료 : 증권선물거래소.

유명 증권사들이 유망한 종목이라고 추천한 종목도 부도가 나는 판이니 옥석 가리기는 항상 중요하다. 특히 증시가 활황일 때는 이런 분위기를 틈타 회사의 가치에 비해서 높은 가격에 공모해서 증시에 상장하는 경우도 많다. 그렇지만 표 4-1에서 보듯이 화려한 신규 상장의 그늘에는 매년 수십 개의 회사가 상장 폐지로 퇴출이 되기도 한다는 것을 알아야 한다.

우회 상장이라는 '뒷문 상장'의 명암

일반적으로 상장할 때에는 해당 회사 자체를 신규로 상장하는 경우가 있는 반면에 이미 상장되어 있는 다른 회사의 이름을 빌려서 우회적인 방법으로 상장을 하는 경우가 있다. 이를 흔히 우회 상장이라고 한다.

이는 기존에 상장되어 있으나 성장이 한계에 달한 기업과 유망한 비상장 회사를 결합해 새로운 성장 동력을 창출한다는 것이다. 즉 젊은 피를 관록의 선배에게 수혈하면서 자연스럽게 두 회사의 장점을 살린다는 의미에서 좋은 취지라고 볼 수도 있다.

그러나 이러한 우회 상장이 편법으로 활용되면서 많은 부작용을 낳고 있다. 구체적으로 살펴보면, 테마주라는 형태로 유행을 형성하고 이런 인기를 바탕으로 우회 상장을 통해 단기간에 손쉽게 기업을 상장시킨다. 그런 뒤에는 단기 시세 차익을 챙겨서 치고 빠지거나 대주주의 변경으로 경영권을 획득해서 회사 자금을 불법·편법으로 운용하는 식의 머니 게임으로 악용하기도 한다.

이 과정에서 시세 조작과 경영권 분쟁, 기업 부실화 등으로 많은 일반

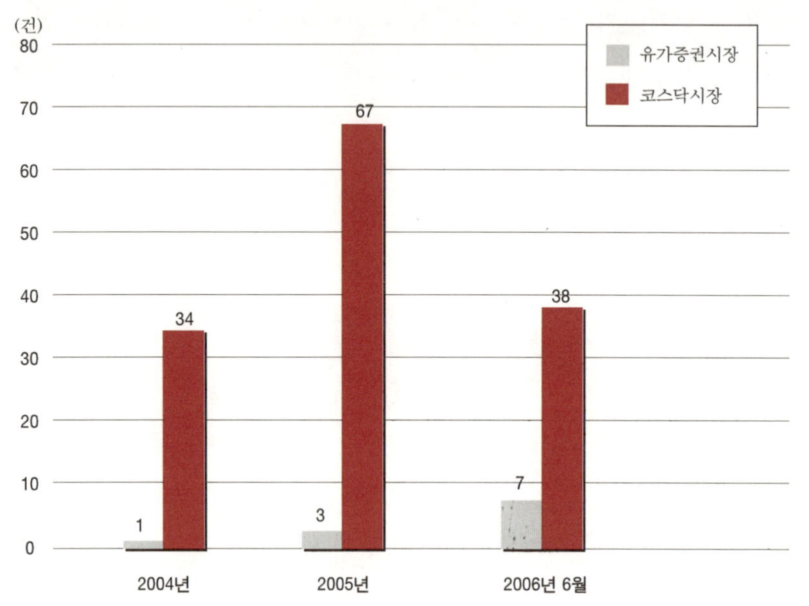

* 자료 : 증권선물거래소.

투자자들에게 피해를 주기도 한다. 최근에는 생명 공학과 엔터테인먼트 등
과 관련된 종목에서 테마주라는 이름 하에 이러한 편법적인 우회 상장이
이루어지고 있는데, 특히 코스닥시장에서 빈번히 발생하고 있다.

증권선물거래소의 자료에 의하면 연도별 우회 상장 건수는 2004년에
거래소가 1건인 데 비해 코스닥시장의 경우는 무려 34건이었으며, 2005년
에는 두 배에 가까운 67건으로 늘어났다. 2006년의 경우는 6월 말 기준으
로 코스닥시장이 이미 38건을 기록하는 등 폭발적으로 증가하고 있다. 이

처럼 우회 상장이 많아지고 이로 인한 문제점들이 대두되자 금융 당국은 우회 상장의 절차와 자격에 대한 규제안을 제정해서 시행하기에 이르렀다.

코스닥시장을 통한 우회 상장이 유가증권시장보다 월등하게 많은 이유는 코스닥시장이 벤처기업의 육성을 위한 정책적 배려로 태동했기에 상대적으로 유가증권시장보다 등록 요건과 관리 제도가 덜 엄격하기 때문이다. 그래서 일부 우량 대형주를 제외한 많은 코스닥 종목들이 이러한 제도적인 허점과 상대적으로 적은 자본 규모와 시가 총액 등으로 투기 목적의 머니 게임에 쉽게 노출되어 있다.

또한 편법과 지분 싸움, 경영 악화 등으로 잦은 경영권 변동이 일어나기도 하는데, 2006년의 경우 경영권이 변동된 회사가 약 200개에 달하고 있어서 5개 기업 중 1개 기업의 주인이 바뀌었다. 그래서 코스닥시장은 이런 점을 노려 상대적으로 부실한 기업이 상장하거나 편법으로 우회 상장하기도 하고 투기 세력이 몰려들어서 주가가 들쭉날쭉 하는 등 주가의 변동성이 높다.

하지만 이러한 변동성에 매력을 느껴 높은 투자 수익을 올릴 기회가 많을 것이라고 착각해 함부로 덤비는 개인 투자자들이 많다. 그래서 코스닥시장은 기관과 외국인의 거래 비중이 각각 3%대에 머물고 있는 데 비해 개인 투자자들의 거래 비중이 92%에 달하고 이들 개인 투자자들은 안타깝게도 머니 게임 선수들의 좋은 먹잇감이 되는 것이다.

허위 공시, 검은 머리 외국인 등 방법도 다양한 주가 조작

작전 세력 내지 회사 내부의 기밀에 접근할 수 있는 세력들은 미리 주식을 매집해 놓고는 그럴듯하게 포장해서 언론을 통해 대대적으로 홍보한다. 그러면 자세한 내막을 모르는 일반 투자자들은 달콤한 유혹에 솔깃해서 해당 기업의 주식에 몰려들고 주가는 단기간에 급등한다. 그러고 나서 화려한 포장지가 벗겨지고 허울 좋은 포장지 속의 빈약한 내용이 자세하게 밝혀지기 시작하면 주가는 다시 제자리로 돌아오거나 폭락을 하고 만다.

이때는 투기 세력들은 이미 시세를 조정해서 얻은 엄청난 이익을 챙겨서 유유히 빠져나간 뒤다. 그들의 주식 물량을 고스란히 넘겨받은 일반 투자자들만이 쓰라린 피해를 보게 되는 것이다.

2006년 초에는 N사가 연예인 이영애 씨가 대주주로 경영에 참여하는 것처럼 허위로 공시해서 일명 '이영애 주식회사 파문'을 일으키기도 했다. 이 공시로 주가가 반짝 상승을 했지만 이영애 씨 측에서 허위 사실이라고 언론에 보도하고 법적인 대응을 하자 주가는 이내 폭락했다. 이 일로 멋모르고 공시만 믿고 몰려들었던 투자자들만 피해를 보고 말았다.

또 증시에는 '검은 머리 외국인'이 종종 화제가 되기도 한다. 검은 머리 외국인이란 국내의 특정 세력이 주식을 매수할 때에 국내 증권사를 통하지 않고 일부러 외국계 증권사를 통해 매수하여 마치 외국계 자금이 매수한 것처럼 위장해 거래하는 것을 말한다.

일반적으로 외국인 투자자가 특정한 주식을 매수하면 뭔가 그럴듯한 이유가 있을 것이고 외국인이 사니까 주가가 오를 것이라는 기대 때문에 일반 투자자들이 외국인을 따라 투자한다. 바로 이 점을 노리고서 특정한 작전 세력이 마치 외국인 투자자인 것처럼 위장해 거래해서 소기의 목적을 달성하는 것이다. 그래서 한때는 특정 종목들의 경우 투자 주체별 매매 동향을 신뢰하기 어려운 상황이 벌어지기도 했다.

그래서 관계 당국은 위에서 설명한 여러 문제점들을 해소하기 위해서 공정 공시 제도를 시행하고 기타 여러 가지 개선의 노력을 기울이고 있다. 하지만 아무리 관리 감독을 철저히 해도 교묘하게 편법과 탈법을 일삼으며 선량한 투자자들을 현혹하는 세력들을 100% 막을 수는 없기 때문에 투자자 스스로 조심하는 것이 최선의 방법이다.

어릴 때 누군가로부터 "너한테만 말해 주는 일급비밀인데 누구 아무개랑 사귄대 ….."라면서 귓속말로 전해 듣던 소문이 사실은 이미 누구나 아는 이야기였던 웃지 못할 추억을 있을 것이다. 내 수중에 들어온 비밀스런 '대박의 기회'는 이미 모든 사람이 다 알고 있는 내용일 수 있다. 따라서 투자자 스스로 루머나 언론의 달콤한 유혹에 혹해서 소중한 돈을 충동구매 하듯 함부로 투자하는 우를 범하지 않도록 해야 할 것이다.

차트 분석을 이용한
장밋빛 투자의 환상

묻지마 투자로 쓴맛을 본 최 과장은 우연한 기회에 투자 설명회에 갔다가 차트 분석으로 대박 종목을 찾아낸다는 투자 고수의 강연을 듣고는 "아하, 이런 게 있었구나!"하면서 무릎을 쳤다. 그 후 그는 매일 밤잠을 설쳐가며 여러 종목의 지난 차트들을 이리저리 분석하다가 어느 날 드디어 회심의 미소를 지었다.

"주가가 쌍바닥을 찍고 이동평균선이 골든크로스가 나며 거래량이 점차 늘어나고 추세가 살아 있으면서 장대양봉이 발생하는 종목을 찾아 투자하면 대박이다!" 그러나 그가 그런 식으로 찾아서 투자한 종목들은 그에게 대박 대신 쪽박만을 안겨 주고 말았다.

"쌍바닥 … 골든크로스 … 추세가 살아 있으면서 … 장대양봉이 …" 이게 도대체 무슨 암호 같은 소리일까?

주식 투자를 위한 증시 분석에는 크게 차트를 가지고 투자 판단을 하는 기술적 분석, 경제 동향과 국내외 뉴스 등 거시 경제와 관련된 기본적 분석이 있으며, 개별 기업의 내재된 잠재력과 가치 등을 여러 지표에 의해 분석하는 가치 분석 등의 방법이 있다.

주식 투자를 하는 많은 사람들은 처음에는 묻지마 투자로 시작한 뒤 나름대로 경험이 쌓이면 차트를 보고서 이른바 기술적 분석을 하기 시작한다. 앞에서 최 과장이 한 것처럼 차트에 줄도 그어 보고, 차트의 모양이 특정한 패턴을 형성한 종목의 주가가 오를 확률이 높다는 판단에 따라 그런 종목을 찾아서 투자하는 것이다.

기술적 분석은 과거에는 수많은 종목의 차트와 보조 지표를 일일이 수작업으로 분석해야 했기에 많은 수고와 노력이 필요했다. 그러나 최근에는

그림 4-3 | 기술적 분석의 조건 검색으로 최고 수익률 종목 찾기

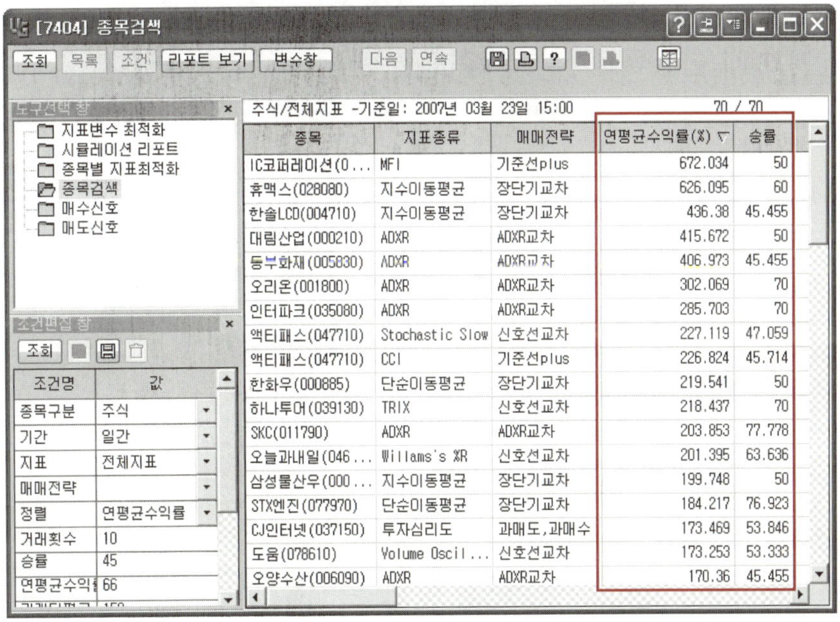
[7404] 종목검색
조회 목록 조건 리포트 보기 변수창 다음 연속
도구선택 창
지표변수 최적화
시뮬레이션 리포트
종목별 지표최적화
종목검색
매수신호
매도신호
조건편집 창
조회
조건명 값
종목구분 주식
기간 일간
지표 전체지표
매매전략
정렬 연평균수익률
거래횟수 10
승률 45
연평균수익률 66
주식/전체지표 -기준일: 2007년 03월 23일 15:00
70 / 70
종목 지표종류 매매전략 연평균수익률(%) 승률
IC코퍼레이션(0... MFI 기준선plus 672.034 50
휴맥스(028080) 지수이동평균 장단기교차 626.095 60
한솔LCD(004710) 지수이동평균 장단기교차 436.38 45.455
대림산업(000210) ADXR ADXR교차 415.672 50
동부화재(005830) ADXR ADXR교차 406.973 45.455
오리온(001800) ADXR ADXR교차 302.069 70
인터파크(035080) ADXR ADXR교차 285.703 70
액티패스(047710) Stochastic Slow 신호선교차 227.119 47.059
액티패스(047710) CCI 기준선plus 226.824 45.714
한화우(000885) 단순이동평균 장단기교차 219.541 50
하나투어(039130) TRIX 신호선교차 218.437 70
SKC(011790) ADXR ADXR교차 203.853 77.778
오늘과내일(046... Willams's %R 신호선교차 201.395 63.636
삼성물산우(000... 지수이동평균 장단기교차 199.748 50
STX엔진(077970) 단순이동평균 장단기교차 184.217 76.923
CJ인터넷(037150) 투자심리도 과매도,과매수 173.469 53.846
도움(078610) Volume Oscil... 신호선교차 173.253 53.333
오양수산(006090) ADXR ADXR교차 170.36 45.455

* 자료 : 대신증권.

증권사의 홈트레이딩 시스템을 이용해 자동으로 간편하게 분석할 수 있다.

컴퓨터만 있으면 황금알 종목을 얼마든 찾을 수 있다고?

그림 4-3은 특정한 조건을 지정해 가장 수익률이 좋은 기술적 분석 지표와 종목을 찾아내는 화면이다. 네모로 표시된 것처럼 연평균 수익률이 수백 %에 이르는 종목과 그런 종목들에 적용된 매매 전략과 지표들이 일목요연하게 나열되어 있다. 최근에는 일일이 수작업할 필요 없이 간단한 조건을 지정해 주면 컴퓨터가 알아서 전 종목을 분석해 최적의 결과를 순식간에 찾아 아주 친절하고 자세한 설명과 함께 보기 좋게 보여 준다.

그렇다면 컴퓨터를 이용해 황금알을 낳는 보조 지표와 차트의 패턴에 적합한 종목을 찾았으니 대박은 시간문제가 아닌가? 그리고 최 과장은 상승하는 경우가 많은 차트 패턴과 비슷한 종목들을 찾아서 투자했는데 왜 투자 결과가 나쁜 것일까?

기술적 분석은 후행성 때문에 대체로 뒷북을 친다

기술적 분석은 지나간 과거의 주가와 거래량, 보조 지표 등이 표시된 차트를 분석해서 향후 주가의 방향을 예측하는 방법이다. "○○ 형태의 차트 종목들은 나중에 주가가 어떻게 될 확률이 높다."라고 분석하는 것이다.

그런데 이것은 "과거는 반복되고 주가는 일정한 추세를 가지고 움직인

다.”라는 전제가 필요하다. 이런 전제를 토대로 수많은 종목의 지나간 차트를 분석해 주가 상승의 확률이 높은 차트의 패턴을 도출한 뒤에 그와 비슷한 모양의 궤적을 그리면서 움직이고 있는 종목을 찾아서 투자하면 주가가 상승하기 때문에 투자에 성공할 수 있다는 것이다.

그리고 주가는 한번 움직이면 같은 방향으로 움직이려고 하는 성향이 있는데 이를 추세라고 한다. 그래서 추세를 파악해서 그것을 따라 큰 파도의 흐름에 몸을 맡기면 알아서 수익의 열매를 거둘 수 있다는 것이다. 그런데 차트 상에서 확인되는 추세라는 것은 시간이 지나고 나야 그것이 추세인지 아닌지 알 수 있지 당시에는 이것이 추세인지 어떤지 알 수 없다.

그림 4-4에서 왼쪽 부분을 보면 주가는 상승과 조정을 반복하면서 상승 추세를 형성하고 있다. 그런데 마지막 부분에서 주가가 하락하고 있다. 그렇다면 과연 물음표(?)로 표시된 지금의 상황은 재차 상승을 하기 위한 조정의 시점인가? 아니면 하락 추세로 전환되는 시점인가?

안타깝게도 당시에는 그것을 판단할 수가 없다. ①의 경우처럼 재차 상승을 지속해 나가면 조정이지만, ②의 경우처럼 하락이 지속되면 그것은 조정이 아니라 하락 추세의 시작을 알리는 추세 전환 신호이다.

이처럼 차트는 현재 시점에서는 추세를 제대로 파악할 수 없고 시간이 흐르고 나서야 그 시점이 '조정 후 상승'을 알리는 것이었는지, '하락 추세의 전환'이었던 것인지 명확해진다. 당시에는 박쥐처럼 애매한 모양을 보여 주기 때문에 나중에 결과를 봐야 어떤 상황이었는지 제대로 파악할 수 있다는 것이다.

이런 이유로 차트 분석을 맹신하는 사람들은 과거의 주가 움직임에 대한 원인과 결과 분석은 기가 막히게 잘하지만 막상 실전에 들어가기만 하면 "어라? 이게 왜 이러지? 이게 아닌데?"하기 일쑤다. 시간이 지나고 나서야 "여기가 주가가 추가 상승을 위한 조정의 시점이었고 저기가 하락 추세의 전환점이었다."라고 뒷북을 친다. 그러면서 후회하고 다시 다른 차트 모양을 분석하고 종목을 찾아서 투자하지만 결과는 언제나 비슷하다.

TV 드라마 재방송을 보면서 지난 줄거리를 줄줄 이야기하는 것은 누구나 할 수 있다. 그러나 생중계 방송을 보면 박지성 선수가 골을 넣을지 어떨지는 아무도 알 수 없다. 답을 모르고는 문제를 풀기가 어렵지만 미리 답을 보고 문제를 풀면 누구나 정답을 맞힐 수 있다. 차트를 통한 기술적 분석은 과거 주가의 움직임이 고스란히 담겨 있는 차트를 보고 분석하기 때문에 답을 알고 문제를 푸는 것과 같다.

주가는 항상 자기 멋대로 움직이고 그 방향을 알 수 없다. 그래서 술 취한 사람이 어디로 비틀거릴지 모르는 것을 빗대 주가의 움직임을 랜덤 워크(Random Walk)라고 부르기도 한다. 술 취한 사람이 어디로 비틀거릴지 누가 알겠는가?

기술적 분석은 개별 기업의 특수성을 간과한다

기술적 분석은 후행성이라는 한계 외에도 개별 종목(기업)의 특수한 상황을 간과한다는 한계가 있다. 체격이 좋다고 모두 훌륭한 운동선수가 되는 것이 아니듯이 각 개인의 능력이나 자질 등을 파악해야 하는데, 기술적 분석은 무조건 덩치가 크다고 프로 선수로 대성하기를 바라는 것과 같은 오류를 범한다.

설사약 먹고 기침이 멈췄다고 기침할 때마다 설사약을 먹는 것이 바람직할까? 기침을 하는 이유는 여러 가지가 있다. 그래서 이유를 알고 거기에 맞는 처방을 받아서 약을 먹어야 한다. 우연히 설사약 먹고 기침이 멈췄다고 해서 기침이 날 때마다 무조건 설사약 먹고 기침이 멈추기를 바라다가는 병을 키울 수 있다.

이와 마찬가지로 차트나 보조 지표의 움직임이 비슷하다고 해당 종목들의 주가가 모두 동일하게 움직일 수는 없다. 기업은 개별적인 내부 상황과 해당 기업이 속한 업종의 상황에 따라서 다른 실적을 보이고 그에 따라 다른 주가의 움직임을 보이는 것이지 차트 때문에 주가가 움직이는 것은 아닌 것이다.

　어떤 사람들이 비슷하게 생겼다고 성격이나 취향도 같을 것이고 심지어는 인생 역시 같은 길을 걸어가게 될 거라고 누군가가 주장한다면 그에게 뭐라고 답할 것인가?

　기술적 분석은 이러한 한계가 있음에도 불구하고 차트의 패턴만 도출하면 아무 종목에나 적용할 수 있다는 장점 때문에 적용 범위가 매우 넓다. 그래서 묻지마 투자 수준을 벗어난 개인 투자자에게는 마치 대단한 요술 방망이처럼 다가오게 되는 것이다. 개인 투자자들이 기술적 분석에 눈을 뜨면 최 과장의 경우처럼 처음에는 크게 열광한다. 하지만 이 방법만으로는 주식 투자에 성공할 수 없다는 것은 불을 보듯 분명하다.

　신중한 주식 투자를 위한 차원에서 기술적 분석을 참고하는 것은 문제될 것이 없다. 하지만 무조건 차트만을 맹신하는 것은 투자의 시야를 좁게 만들 뿐만 아니라 차트 만능주의에 빠져서 항상 뒷북만 칠 뿐이라는 사실을 잊지 말아야 한다.

당장 월급 통장부터 CMA로 옮겨라

통장에 월급이 들어오면 하루에 다 쓰는 것이 아니라 한 달 동안에 나눠서 지출하는 것이 일반적이다. 그렇다면 한 달 동안 통장에 남아 있는 자투리 돈에 이자가 제대로 붙어 준다면 얼마나 좋을까?

안타깝게도 급여가 이체되는 은행의 보통 예금은 이자라고는 거의 없다시피 한 것이 현실이다. 그럼에도 불구하고 많은 사람들이 공과금이나 각종 비용의 이체, 편리한 입출금 서비스 때문에 별 생각 없이 급여 통장에 돈을 넣어 둔다.

그러나 이제는 상황이 달라졌다. 잠자고 있는 월급 통장을 놓고서 은행과 종금사, 증권사가 소리 없는 치열한 전쟁을 벌이고 있다. 바로 은행 보통 예금과 같은 서비스를 거의 모두 제공하면서 단 하루를 맡겨도 연 4%대의 이자를 주는 CMA 때문이다. 바야흐로 아무 생각 없이 잠만 잤던 통장을 깨워서 똘똘하게 만드는 시대가 온 것이다.

잠자고 있던 월급 통장을 깨운 CMA

CMA(Cash Management Account)는 원래 고객이 예치한 자금을 양도성 예금 증서(CD)나 국공채 등의 채권에 투자하는 실적 배당 금융 상품으로 투자 금융사나 종합 금융사(종금사)의 대표적인 단기 금융 상품을 말한다. CMA는 처음에는 그렇게 크게 인기를 끌지는 못했고 주요 고객층도 기업들이나 거액의 자산을 굴리는 부자이지 일반인은 아니었다.

그런데 모 종금사에서 2004년에 "잠자는 월급 통장을 깨워라."라는 슬로건을 내세우고 TV홈쇼핑 방송을 통해서 광고하기 시작하면서 일반인들의 관심을 끌기 시작했다. CMA가 낯설고 어렵게 느껴졌던 일반인들에게 홈쇼핑을 통해 옷이나 전자 제품을 구매하듯이 편하게 접근할 수 있는 방법을 시도한 것이다. 그 후 2005년부터는 이 상품을 증권 회사에서도 취급할 수 있게 되면서 더욱 저변이 확대되기 시작했다.

이러한 CMA도 초기에는 서비스 면에서 불편한 점들이 많았지만 최근에는 경쟁이 치열해지면서 다양한 서비스가 부가되고 발전해 은행의 보통 예금과 경쟁하며 고객을 유치하고 있다.

주식 투자를 위해 증권사에서 계좌를 개설할 경우 기존에는 주식을 매수하지 않거나 매수하고 남은 금액에 대하여는 이렇다 할 이자 내지는 혜택이 없었다. 그러나 CMA는 주식 매수를 위하거나 매수 후 남은 자금을 자동으로 단기 고수익 상품에 투자하고 운용하여 높은 수익을 추구한다.

은행의 보통 예금처럼 현금 지급기를 통해 입출금이 자유롭고 급여 이체나 각종 공과금의 자동 이체, 적립식 펀드의 자동 출금 등의 서비스 기능에 주식 청약 자격도 부여된다. 최근에는 CMA 체크카드까지 나오고 있다.

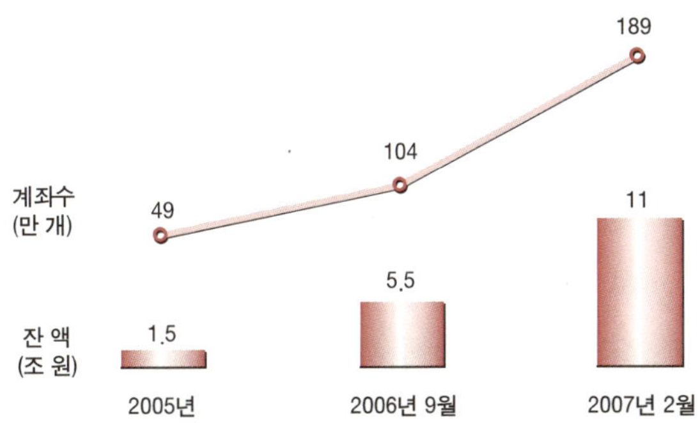

은행의 체크카드처럼 편하게 사용할 수 있으며 캐시백이나 마일리지 등 다양한 혜택을 받을 수 있다. 이런 기능들로 무장한 CMA는 최근의 증시 활황에 힘입어 재테크에 관심이 많은 직장인들에게 큰 인기를 끌고 있다.

폭발적으로 증가하고 있는 CMA

증권업협회 자료에 의하면 그림 4-5에서 보듯이 2005년에 49만 계좌에 1조 5,000억 원의 잔액을 기록했던 CMA는 짧은 기간에 비약적으로 증

가하기 시작해서 2007년 2월 기준으로 189만 계좌에 잔액이 11조 원대에 이르고 있다

주의할 점은 종금사의 CMA는 1인당 5,000만 원까지 예금자 보호가 되지만 일반적인 증권사의 CMA는 예금자 보호가 되지 않는다는 점이다. 물론 목돈을 예치하는 것이 아니라 매월 월급 통장의 자투리 돈을 운용하는 것이므로 그다지 큰 문제가 되지 않을 수도 있지만, 계좌 개설 시 이 부분에 대한 것을 관련 회사의 담당자에게 확인해야 한다.

그리고 또 한 가지의 문제점이 있다. 최근에 월급 통장을 은행에서 증권사의 CMA로 옮기는 사람들이 늘어나자 일부 은행이 고객 이탈을 방지하기 위해서 은행으로 들어온 월급을 CMA로 자동 이체 하는 것을 제한하는 경우가 있다. 이럴 경우 매번 월급 통장에서 직접 돈을 출금해서 CMA로 이체를 하는 불편함을 겪어야 한다.

표면적으로는 시스템적인 문제라고 해명하지만 아무런 문제 없이 월급이 자동으로 CMA로 이체되는 은행들도 있는 것을 보면 그 문제만은 아닌 것 같다. 매월 목돈이 들어올 뿐만 아니라 있으나 마나 한 0.1%대의 이자만 지급하면 되는 소중한 수익원인 월급 통장을 CMA에 빼앗기기 않기 위한 자구책이라고 볼 수 있다.

은행이 편하게 앉아서 월급 통장을 '봉' 삼아서 좋은 세월을 누리는 동안 종합 금융사나 증권사는 신규 고객을 유치하기 위해서 고심을 하고 시행착오를 겪으면서 CMA라는 서비스를 내놓았다. 고객 입장에서는 이제 월급 통장에 대한 선택의 여지가 생겼기에 더 이상 '봉' 취급당하기 싫어하는 것은 당연한 일이다.

CMA는 당분간 월급쟁이에게는 거슬릴 수 없는 대세이다. 증권사가

CMA 고객을 다시 '봉' 취급하고 은행이 자구 노력을 통해서 CMA보다 뛰어난 상품과 서비스로 반격을 하기 전까지는 말이다.

5

증시를
움직이는 요소

증권 시장은 사람의 심리에 의해서 움직인다. 그런데 사람은 '돈'에 대한 탐욕과 공포 때문에 비이성적인 심리 상태에 빠지게 되고, 주가는 이를 비웃으면서 어제나 갈 길을 간다. 우리는 돌도끼 하나 달랑 들고는 주가라는 거대한 공룡을 이길 수 있다는 착각에 빠진 채 달려든다.

시장이 급등락하는 이유는
군중의 심리

주식 시장은 항상 다양한 이유로 상승하거나 하락하기도 하고, 큰 변동성 없이 작은 등락을 거듭하면서 횡보하기도 한다. 잔잔한 호수 같은 모습을 보여 주다가는 어느 날 갑자기 바닥을 알 수 없게 끝없이 폭락하기도 하고 반대로 마치 천장을 뚫고 나갈 듯이 급등하기도 한다.

도대체 주가는 왜 이렇게 요동을 치는 것일까?

증시를 움직이는 가장 큰 변수는 사람의 심리

증권 시장을 움직이는 변수는 매우 많다. 증시는 환율, 금리, 기업의 실적 같은 경제적인 변수들 외에도 정치, 국제 정세, 천재지변 등 수많은 사건 사고와 쏟아지는 뉴스에 시시각각으로 영향 받는다. 거기에 증시를 움직이는 가장 중요한 변수가 하나 더 추가되면 주가는 그야말로 오리무중이 되어 버린다.

그것은 바로 인간의 심리인데 증시에서 가장 중요한 요소로서 작용한다. 왜냐하면 주식 시장은 증권 거래소와 증권 회사를 통한 거래 시스템을 이용해서 거래되지만 주식 시장에 참여하는 주체는 개인, 기관, 외국인 할 것 없이 결국 사람이기 때문에 주식 시장을 움직이는 가장 중요한 변수는 바로 사람의 심리인 것이다.

사람마다 성향이 다르고 똑같은 영화를 보거나 음악을 들어도 평이 다른 것처럼 증시와 관련된 똑같은 상황과 정보에 대해서도 그것을 이해하고 판단하는 기준이 사람마다 다르다. 그래서 주가는 사람의 심리를 포함한 수많은 변수들의 변화무쌍한 조합으로 움직여, 누구도 명확한 수학 공식을 구하듯이 알아맞힐 수가 없다.

사람의 심리도 얼핏 보면 이성적이고 합리적인 듯하지만 주식 시장에 참여하는 사람들의 이면에는 '돈'이라는 욕망이 자리 잡고 있다. 그래서 사람들은 탐욕과 공포라는 비이성적인 정서에 휘둘리기 때문에 주가는 언제나 설묘하게 사람들의 판단을 비켜나가는 일이 비일비재하다. 그것은 전 세계적으로 수많은 증시 역사를 통해서 검증되었고 비슷한 양상으로 계속 반복된다.

모두가 축배의 잔을 돌릴 때 주가는 독배를 준비한다

예를 들어 1999년에 우리나라 증시는 전 세계적인 IT 열풍으로 뜨겁게 달아올랐다. 연일 언론에서는 종합주가지수가 2,000을 간다느니 하며 어디를 가도 주식 이야기뿐이었다. 아무 주식이나 사기만 하면 끝없이 상승을 해서 부자가 될 것 같은 분위기였다.

하지만 2000년에 들어서자 주가는 수많은 전문가들의 그럴듯한 예측이나 순진한 투자자들의 야무진 꿈을 무참하게 짓밟으며 끝없는 하락을 시작했다. 이때도 대부분 일시적인 하락이라느니 잠시 숨 고르기를 한 후에는 오히려 전보다 더 강하게 상승한다느니 하면서 사람들은 스스로에게 최면을 걸고 밑 빠진 독에 물 붓듯 계속해서 주식에 돈을 퍼다 부었다.

하지만 그러한 기대와 예측을 비웃기라도 하듯이 주가는 수많은 사람들의 꿈과 재산, 삶과 가정을 송두리째 틀어쥐고는 물귀신처럼 끝도 알 수 없는 바닥으로 끌고 들어갔다. 결국 2000년 말에 종합주가지수는 500선까지 하락을 했고 코스닥지수는 무려 1/6 토막이 나버렸다. 모두가 대박의 꿈에 들떠서 탐욕에 눈이 어두웠던 순간에 수많은 사람들을 파멸의 구렁텅이로 몰아넣을 비극의 드라마가 이미 시작되고 있었던 것이다.

엄동설한에 주가는 봄의 새싹을 틔운다

이와는 정반대로 2001년 미국에서 9·11 테러가 발생하자 우리나라 증시는 다음날 테러의 여파로 인한 폭락 사태를 염려하여 평소보다 늦은 정오에 개장했다. 아니나 다를까 개장을 하자마자 증시는 거래를 잠시 중단시키는 서킷 브레이커(Circuit Breakers)가 발동될 정도로 폭락했다.

종합주가지수는 전날보다 64.97포인트(12.02%)나 폭락한 475.60으로 마감했다. 제3차 세계 대전이라도 터질 것 같은 분위기에 주눅이 든 투자자들이 모두 투매에 나서 증시는 폭격을 맞은 것처럼 속수무책으로 한없이 하락한 것이었다.

이후에도 투자자들은 공포에 사로잡혀 연일 투매하고 주가 전광판은 온통 하한가로 도배되었다. 전문가들은 앞으로 주가는 도저히 상승할 수 없다는 비관론 일색이었다. 그렇지만 이후 주가는 사람들의 공포를 비웃기나 하듯이 연일 상승해서 불과 몇 달 만인 2002년 4월 17일에는 종합주가지수가 930을 돌파하였다.

공포에 사로잡힌 사람들의 외면으로 세찬 눈보라만 몰아치던 황무지 같은 증시에서 주가는 살아 있는 생명체처럼 이미 대세 상승이라는 찬란한 봄날의 새싹을 틔우고 있었던 것이다.

폭락 · 폭등에도 최고치 · 최저치 갱신 종목은 있다

9 · 11 테러가 발생한 다음날 모든 종목이 하락했을까? 정답은 '아니다!' 이다. 대부분의 사람들이 공포와 탐욕이라는 비이성적인 심리 상태로 투매할 때에 이들과는 반대로 투자의 기회를 발견한 사람들도 있었다.

테러 여파의 공포 분위기 속에서도 당시 유가증권시장과 코스닥시장의 1,500여 개 종목 중에서 37종목은 오히려 상승했다. 세계적인 정세 불안과

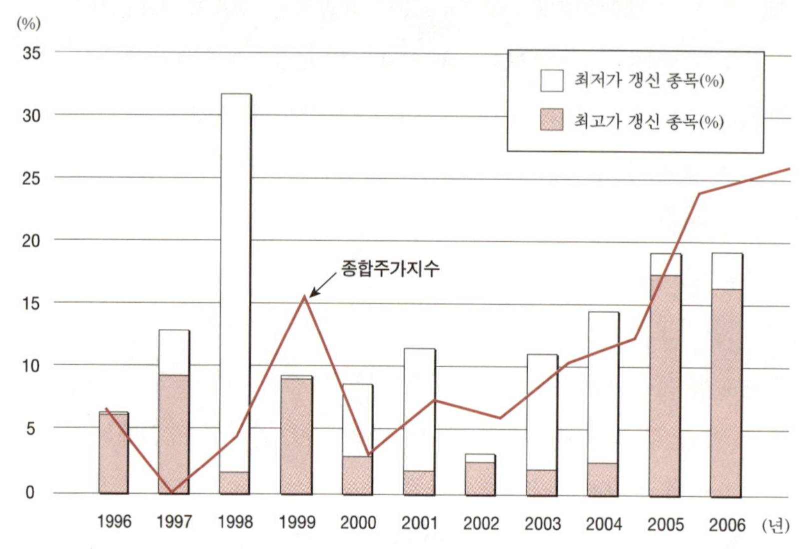

경기 위축이 우려되는 상황에서도 오히려 그로 인해서 반사 이익을 보는 방위 산업이나 방재 산업과 관련된 종목들에 투자하면 좋을 것이라고 판단한 사람들이 있어서 관련 종목들이 상승한 것이다.

이런 점은 최근 10년간의 연도별 최고(저)가 갱신 종목을 분석한 자료를 통해서도 확인할 수 있다. 그림 5-1은 1996년부터 2006년 사이에 유가증권시장에서 최고(저)가를 갱신한 종목의 비율을 표시한 것이다.

IMF가 터진 후 유가증권시장에 상장된 전체 종목의 30%에 달하는 종목들이 최저가를 갱신하면서 폭락했다. 코스닥시장의 경우도 전체 종목의

57%에 달하는 종목들이 최저가를 연일 갱신하면서 신기록을 세워댔다. 그러나 이 와중에도 유가증권시장의 1.6%, 코스닥시장의 1%의 종목들은 최고가를 갱신하면서 보란 듯이 고공 행진을 하기도 했다.

반대로 1999년에는 유가증권시장은 불과 0.2%, 코스닥시장은 3.7%의 종목만이 최저가를 갱신하는 등 상승 분위기 일색이었다. 이때에는 눈감고 찍어서 아무 주식에나 투자해도 주가가 상승하던 시절이었다. 그러나 2000년과 2001년에는 최고가를 갱신하는 종목들보다 최저가를 갱신하는 종목들이 많아지면서 증시는 침체기에 접어들었다. 이후 2005년과 2006년에는 최고가를 갱신하는 종목들의 비율이 다시 압도적으로 늘어나기 시작했다.

위에서 설명한 바와 같이 똑같은 상황과 현상을 보고도 사람들의 심리는 다르게 작용하다. 이러한 사람들의 심리 차이로 인해서 주식 시장은 묘한 균형을 이루면서 굴러가게 된다. 그래서 주가는 인간의 가장 본능적인 심리인 탐욕과 공포를 비웃으며 자기 마음대로 움직이는 심리전의 대가라고 할 수 있다. 주식 투자로 성공을 하기 위해서는 어떤 복잡한 분석이나 어려운 용어보다는 사람들의 심리를 파악하고 마음을 잘 다스리는 것이 훨씬 중요하다.

"마음을 비우니 세상이 보인다."라는 말이 있다. 이것은 우리 인생에서 귀담아 두어야 할 소중한 지침이기도 하다. 주식 투자로 성공하려면 먼저 이 말을 마음속에 담아 욕심을 버려야 한다. 욕심을 버리면 공포에서도 자유로울 수 있고 주식 투자의 길이 보이게 된다. 주식 투자는 결국 다른 사람들을 물리쳐야 하는 싸움이 아니라 탐욕과 공포를 이겨내는 나와의 승부인 것이다.

급등락의 원인을 알면
시장이 보인다

주가가 급등락하는 가장 중요한 이유는 사람의 심리 때문이다. 그렇다면 그런 심리를 조성하는 직접적인 요인들은 무엇이 있을까? 우리나라 증시의 급등락을 유발하는 주요한 원인은 무엇일까?

우리나라 주가 급등락의 원인 중 85%는 해외 변수

우리나라 증시의 급등락을 유발하는 원인에는 여러 가지가 있지만 주된 원인은 미국의 금리와 기업 실적, 국제 유가, 국내 금리 등이다. 2004년 8월부터 2006년 8월까지 유가증권시장의 종합주가지수가 전일 대비 등락률이 2% 이상일 때의 급등락 원인은 그림 5-2와 같다. 이 기간 종합주가지수가 전일 대비 2% 이상의 등락률을 기록한 경우는 총 51번이었는데 이 중 급등이 18번이고 급락이 33번으로 급락이 더 많았다. 그리고 이때의 평균 등락률은 급등이 2.63%, 급락이 -2.47%이었다.

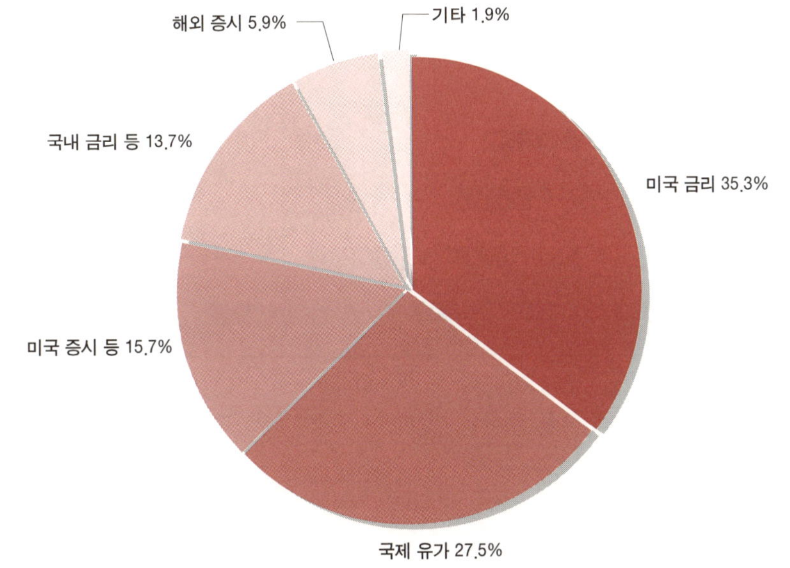

* 자료 : 증권선물거래소.

우리나라 증시가 급등락한 원인은 미국의 금리 변동 여부가 35.3%, 국제 유가 등락이 27.5%, 미국 증시 등락 및 기업 실적이 15.7%, 국내 금리 등이 13.7%, 기타 해외 증시가 5.9%이었다. 증시 급등락 원인의 85% 이상이 해외 변수라고 볼 수 있으므로 우리나라 증시는 해외의 변수에 매우 민감하게 반응한다는 것을 알 수 있다. 특히 미국의 금리와 증시·실적이 원인인 경우까지 합치면 미국 때문에 급등락하는 비율이 51%에 달해서 미국의 재채기 한 번에 우리는 감기몸살에 걸려서 고생한다는 우스갯소리를 실

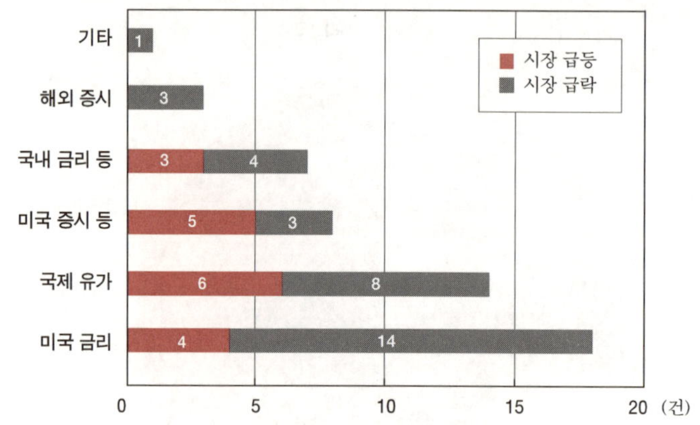

감할 수 있다.

이런 내용을 시장이 급등하는 경우와 급락하는 경우로 나누어서 살펴
보면 급등락에 미치는 영향력이 각 원인별로 다르게 작용된다는 것을 알
수 있다. 그림 5-3을 보면 시장 급등에 국제 유가 하락이 6번(33.3%), 미국
증시 상승과 기업의 실적 향상이 5번(27.8%), 미국의 금리 인상 가능성이 낮
은 경우가 4번(22.2%)이었다.

반대로 시장 급락의 경우는 미국 금리 인상 가능성이 높을 경우 14번
(42.4%), 국제 유가상승이 8번(24.2%), 국내금리 인상 및 기업 실적 부진 등
이 4번(12.1%)으로 영향을 받았다 시장이 급락할 때에는 주로 미국 금리 인
상에 대한 우려와 국제 유가 상승에 크게 영향을 받았다. 특히 외국인 투자

자는 미국의 금리 인상이 예상될 될 때에는 순매도가 급증하면서 주가 하락의 주요 원인으로 작용하고 있다.

개별 종목의 급등락 원인은 해당 기업 변수와 시황

우리나라 증시 전체의 급등락을 유발하는 원인은 이처럼 대외적인 변수에 의한 경우가 많지만 개별 종목들의 주가 급등락은 조금 다른 양상의

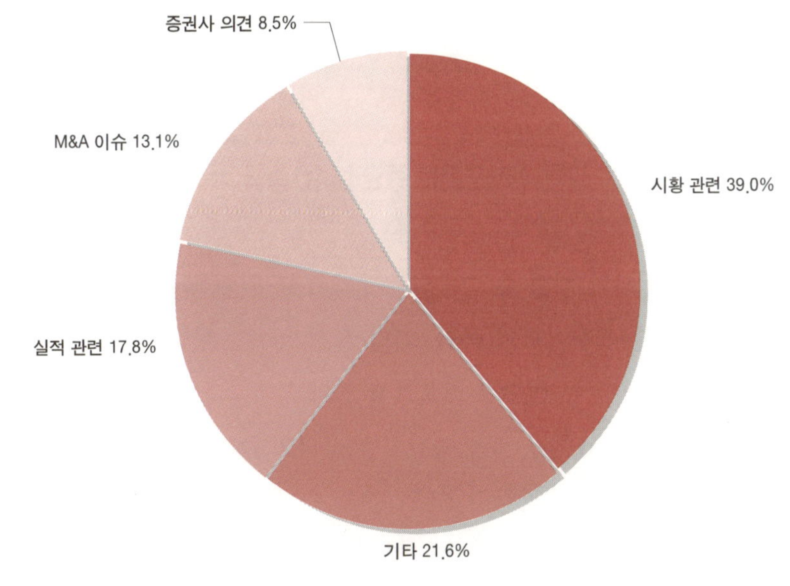

* 자료 : 증권선물거래소.

원인에 의해서 영향받고 있다.

유가증권시장의 시가 총액 상위 50개 종목의 주가 급등락 원인을 살펴보면, 미국의 금리 변동이나 유가, 기타 국내외 뉴스 등 증시 전체에 관련된 시황이 39%, 기타가 21.6%, 해당 종목의 실적과 관련된 내용이 17.8%, M&A나 경영권 분쟁 등과 관련된 요인이 13.1%, 증권사의 종목 분석 의견이 8.5% 순으로 나타났다.

이런 점을 보면 개별 기업의 주가가 급등락하는 주된 요인으로는 증시 전체에 영향을 미치는 시황 관련 원인이 39%로 가장 많지만, 그 외에 해당 기업의 실적, M&A와 관련된 이슈, 증권사의 분석 의견 등 개별 기업과 직접 관련된 이유가 약 40%에 이르고 있다는 것을 알 수 있다. 그러므로 개별 기업의 주가 급등락은 증시 전체의 분위기를 반영하기도 하지만 결국 해당 기업의 역량이나 상황에 따른 이유로 급등락하게 되는 경우가 많다.

우리나라 증시에 새롭게 떠오르는 주요 변수, 중국

우리나라 증시와 개별 종목의 급등락의 주요 원인은 위에서 살펴본 바와 같이 유가, 한국과 미국의 금리, 기업 실적 등이었다. 그러나 이제는 미국 외에 중국이 또 다른 변수로 떠오르고 있다.

최근에 사상 최고치를 계속 경신하던 중국의 주식 시장이 2007년 2월 27일 전날보다 8.84%가 폭락한 2,771.79를 기록하며 10년 만의 최대 하락을 했다. 이 여파로 우리나라를 비롯해서 주요국의 증시가 영향을 받아서 동반 하락하는 상황이 발생했다.

2006년 기준으로 우리나라의 총수출액 중 미국으로의 수출은 전체 수출의 13.3%를 차지하는 데 비하여 중국에 대한 수출은 21.3%에 달하고 있어서 중국은 우리나라에게 이제 1위의 수출 시장으로 자리 잡았다. 그리고 중국으로부터의 수입도 우리나라 전체 수입물량 중에서 15.7%를 차지하고 있으며 이 비중은 매년 큰 폭으로 증가하고 있는 추세이다.

죽의 장막을 걷어내고 세계의 공장으로 우뚝 선 중국에서의 나비 날갯짓이 다음 달 미국에서 폭풍을 발생시킬 수도 있는 나비 효과가 이제는 남의 일이 아닌 세상이 되었다.

2007년에 미국과 FTA가 타결되었고 조만간 중국과도 FTA가 타결이 되면, 이제 우리 경제는 좋든 싫든 미국과 중국을 비롯한 세계의 강대국들과 더욱 치열한 경쟁을 해야 하고 증시는 실시간으로 전해지는 충격파를 잘 견뎌내야 하는 세상을 맞이하게 된다. 이제 주식 투자하려면 폭풍우에도 대비하고 감기약도 잘 챙겨먹어야 한다.

같은 상황,
하지만 다른 움직임

앞에서 우리는 주가가 변화무쌍하게 움직이는 것은 사람의 심리가 작용을 하기 때문이며 그런 심리는 여러 가지 변수에 의해 달라진다는 것을 살펴보았다. 그리고 우리 증시에서는 그런 변수 중에 국제 유가와 미국의 금리 등이 많은 영향을 미친다는 것을 확인할 수 있었다.

그렇다면 이러한 요인들 중 시장의 악재는 항상 큰 상처를 주는 악역만 할까? 그리고 시장에 힘을 실어 주는 호재는 항상 천사 같은 역할을 할까?

똑같은 시험 문제가 매번 말만 살짝 바뀌어서 출제된다면 누구나 항상 좋은 점수를 받을 수 있을 것이다. 하지만 그런 시험으로 제대로 된 평가를 할 수 있을까? 마찬가지로 증시가 항상 그렇게 똑같은 호재나 악재에 항상 같은 모습으로 규칙적으로 반응한다면, 누구나 공식대로 투자해서 성공하지 투자에 실패할 사람은 없을 것이다. 악재는 영원한 악역을 하고 그 충격의 범위가 똑같다면 누구나 동일한 판단과 매매를 하게 될 것이고 한 방향의 사람들만 줄을 서게 되어 거래 시스템 자체가 성립되지 않게 될 것이다.

표 5-1 ▮ 1990년대 이후 국제 유가 급등락과 국내 증시의 움직임

구분		시기 및 이유	국제유가 변동폭	종합주가지수
유가급등	1차	1990.6.19 ~ 1990.10.11 (페르시아 만 사태)	$15.45→$40.85 (+164.4%)	749.61p→621.93p (-17.0%)
	2차	1999.2.16 ~ 2000.9.19 (IT산업 성장)	$11.36→$37.03 (+226.0%)	536.41p→571.17p (+6.5%)
	3차	2002.1.18 ~ 2006.8. 7 (미국, 중국 등 세계경기 호조)	$18.02→$76.98 (+327.2%)	708.47p→1,289.54p (+82.0%)
유가급락	1차	1990.10.11 ~ 1991.2.26 (걸프전 종전 기대감)	$40.85→$18.45 (-54.8%)	621.93p→677.27p (+8.9%)
	2차	1997.1.8 ~ 1998.12.21 (동남아 외환위기, IMF체제)	$26.58→$10.70 (-59.7%)	621.41p→565.27p (-9.0%)
	3차	2000.11.20 ~ 2001.12.11 (외환위기극복 및 국가신용등급 상향)	$36.05→$17.98 (-50.1%)	537.40p→670.08p (+24.7%)

* 자료 : 증권선물거래소.

국제 유가의 급등락은 상황에 따라 파장이 다르다

과거 1970~80년대에는 국제 유가가 조금만 급등하면 우리 경제와 증시는 한겨울의 수도관처럼 순식간에 얼어붙기 일쑤였다. 이 시기에 국제 유가 급등으로 발생한 이른바 오일쇼크는 전등 끄기, 걸어 다니기, 물자 아껴 쓰기 등의 사회 계몽 운동을 유발하면서 우리 경제를 한없이 움츠려 들게 했고 이로 인한 증시의 충격파는 말할 나위도 없었다. 그렇지만 국제 유가의 움직임에 따라서 울고 웃었던 우리 경제와 증시는 1990년대 들어오면서 변화하기 시작한다.

표 5-1은 1990년대 이후 국제 유가 급등락과 이에 따른 국내 증시의 움직임을 분석한 내용이다. 이 기간 국제 유가는 세 번의 급등과 세 번의 급

락이 있었다. 1990년 페르시아 만 사태가 발발했을 때의 1차 유가 급등 시에는 우리나라를 포함해 전 세계적으로 증시가 하락했다. 반면에 2차와 3차 유가 급등 시에는 IT 산업 성장과 미국과 중국 등 전 세계적인 경기 호조에 힘입어 증시가 상승했다. 특히 2002년 이후 3차 급등 시에는 유가가 18달러에서 76달러로 300%가 넘게 폭등을 하는 와중에서도 우리나라의 종합주가지수는 700대에서 1,289포인트까지 약 82%가 넘는 상승을 했다.

반면에 국제 유가가 급락했을 때는 그 자체는 증시에 매우 좋은 호재다. 그럼에도 2차 유가 급락 시에는 우리나라를 포함해서 동남아시아를 휩쓴 외환 위기로 인해서 우리 증시는 오히려 하락했다. 3차 유가 급락 시에는 외환 위기를 어느 정도 극복하고 국가 신용 등급도 향상이 되면서 종합주가지수가 537포인트에서 670포인트로 약 24.7% 상승하기도 했다.

이와 같이 국제 유가라는 변수는 급등 시에는 악재로, 급락 시에는 호재로 작용을 하면서 경제와 증시에 단기적으로는 큰 영향을 미치지만 그 여파의 기간과 폭은 정형화된 형태로 일괄적으로 작용을 하고 있지는 않다. 그리고 그 양태도 과거와는 사뭇 다른 양상을 보여 주고 있다.

최근 들어 국제 유가가 고공 행진 중임에도 2007년 7월에 종합주가지수가 사상 처음으로 1,900포인트를 돌파하기도 했다. 우리 경제와 증시의 체질이 개선되어 단기적인 충격은 받지만 금세 충격을 흡수하고 회복되는 등 체력이 강화됐기 때문이라고 볼 수 있다. 물론 원 달러 환율이 2002년에 1,300원대이던 것이 2007년에는 930원대가 되면서 원화 가치의 상승으로 고유가에 대한 부담이 감소하고 기업들의 수출 증가와 수익성 향상이 기여한 점도 한몫했다. 또한 석유 의존도가 상대적으로 낮은 전기·전자와 정보통신 등 IT 관련 산업이 국내 산업의 주력으로 자리 잡은 점도 있었다.

갈수록 단기적으로 끝나는 북한 관련 이슈의 충격파

호재와 악재가 항상 동일하게 증시에 적용되지는 않는 또 다른 예는 북한과 관련된 이슈가 있다. 과거에는 북한과 관련된 안보 문제가 발생하면 생필품을 사재기하느라 상점 앞은 장사진을 이루고 금방 전쟁이라도 날 것 같은 분위기에 증시는 폭락 속에서 헤어 나오지 못했다. 하지만 최근 들어서는 우리 경제의 토대가 건실해지면서 북한 관련 문제로 인한 증시의 충격파도 웬만해서는 단기적으로 끝나고 다시 원래의 분위기를 금방 회복하는 경우가 많아지고 있다.

북한이 2006년 7월에 미사일을 발사하고 10월에는 핵실험을 강행하면서 북핵 위기가 고조되었다. 핵실험 당일 유가증권시장은 -2.41%, 코스닥시장은 -8.21% 급락했다. 그렇지만 이내 증시는 회복세를 보였고 오히려 상승을 했다. 과거 기준으로 볼 때는 '슈퍼 악재'라고 볼 수 있는 북한의 핵실험은 결국 단기적인 충격으로 끝난 것이다. 물론 이런 결과는 햇볕 정책 등의 영향으로 우리 국민이 북한 문제에 대해서 갈수록 둔감해지는 것도 무시할 수 없는 이유이기는 하다.

이처럼 과거에는 큰 충격을 주었던 악재가 현재는 견딜 만하고 별 신경 쓰지 않는 악재가 되기도 한다. 반대로 과거의 호재가 항상 호재로서 큰 약효를 발휘하지 못하기도 한다. 호재와 악재라는 것도 시시각각으로 변화하는 시장 상황에 따라서 탄력적으로 달라지고 있다.

비가 와서 땅이 질퍽거리면 보통 때는 기분 나쁘지만 누군가와 우산을 같이 쓴 덕분에 좋은 인연이 시작될 수도 있고, 좋은 날씨도 한여름 땡볕이라면 일사병에 걸릴 수도 있는 것이다.

6

효과적인 투자 및 종목 선정 원칙

세상을 살아가는 데 필요한 진리는 어린 아이도 알 수 있는 지극히 상식적이고 간단한 것이다. 그럼에도 우리는 우리 눈앞의 진리를 못보고 무지개 너머 파랑새만을 꿈꾼다. 주식 투자에 필요한 분석과 전략도 알고 보면 인생살이와 다를 것이 없다. 그럼에도 우리는 투자의 비법을 찾아서 세상을 헤매고 다닌다.

"적당히 먹고 운동한다." 이보다 더 훌륭한 다이어트 방법이 있을까? 성공적인 투자 원칙은 누구나 알 수 있는 단순한 내용이다. 그러나 사람들은 자신이 아는 것도 제대로 실천하지 못하면서 항상 새로운 무언가를 찾는다.

추세 전략과
역추세 전략

주식 투자에 관한 기본적인 원칙과 전략은 여러 가지가 있는데 그중에는 추세를 기준으로 하는 추세 전략과 역추세 전략이 있다. 추세 전략(Momentum Strategy)이란 과거에 주가 상승률이 높은 종목을 매수하여 수익을 추구하는 전략이고, 역추세 전략(Contrarian Strategy)은 이와 반대로 과거에 주가 하락률이 큰 종목을 매수하여 수익을 추구하는 전략이다.

즉 추세 전략은 말 그대로 상승 추세를 이어 온 종목이 향후에도 상승할 확률이 높으므로 이러한 상승 종목을 골라서 투자하는 것이다. 가속이 붙은 자동차가 계속해서 빨리 달리게 된다는 것이다. 이에 비해서 역추세 전략은 많이 하락한 종목이 상승으로 반전할 것을 염두에 두고 길목에서 지키고 추세 전환을 노리는 것이다. 바닥에 공을 떨어뜨리면 바닥을 찍고는 결국 다시 공이 튀어 오르는 것을 염두에 둔 전략인 셈이다.

그렇다면 추세 전략과 역추세 전략 중에서 어느 것이 더 효과적일까?

추세 전략은 상승과 하락기에 유리, 역추세 전략은 보합기에 유리

2000년부터 2006년 5월까지 6개월 단위로 유가증권시장에 등록된 종목들을 대상으로 추세에 따른 투자 전략을 적용해 볼 경우, 업종 지수와 개별 종목 모두 추세 전략이 역추세 전략보다 훨씬 효과적이었다. 6개월간의 등락률을 기준으로 업종별로 상·하위 그룹으로 분류하여 상위 3개 업종과 하위 3개 업종을 비교한 결과, 과거 6개월간 상승률이 높은 업종이 향후 6개월 동안에도 상승률이 높았다. 주가 상승률이 높은 상위 3개 업종의 경우는 이후에도 평균 9.29% 상승하여 하위 3개 업종에 비해 10.03% 추가

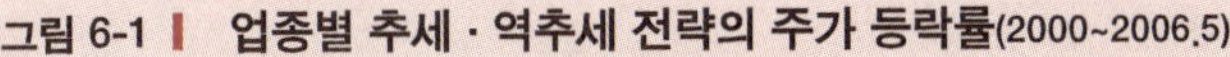

그림 6-1 ▌ 업종별 추세·역추세 전략의 주가 등락률(2000~2006.5)

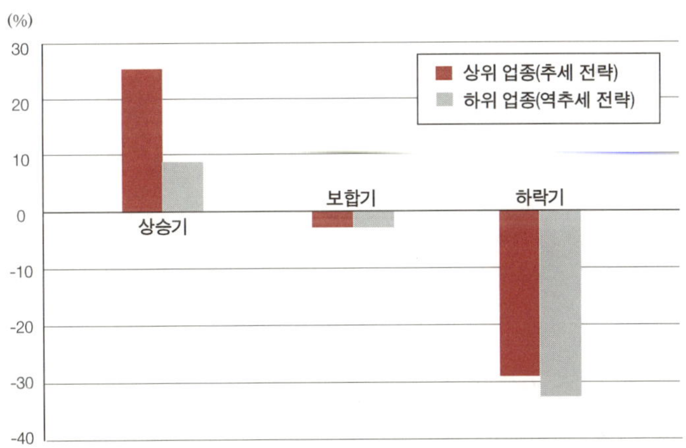

주) 보합기는 5% 이내 등락, 그룹별 3개 업종 기준.
* 자료 : 증권선물거래소.

구 분	각 상 · 하위 30개 종목	각 상 · 하위 10개 종목
상위그룹(추세 전략)	14.72%	20.25%
하위그룹(역추세 전략)	7.10%	7.10%

* 자료 : 증권선물거래소.

상승했다.

이를 주가의 흐름에 따라서 상승, 보합, 하락으로 구간별로 나누어서 비교해 본 결과는 더욱 흥미롭다. 그림 6-1에서 보듯이 주가 상승 상위 업종(추세 전략)은 주가 상승기에는 25.41%가 상승하여 9.15% 상승에 그친 하위 업종(역추세 전략)보다 훨씬 좋은 성과를 나타냈다. 주가가 하락하는 하락기에도 상위 업종은 -29.11%가 하락하여 -32.53%가 하락한 하위 업종에 비해서는 하락폭이 다소 적었다.

개별 종목에 대한 분석 역시 추세 전략이 역추세 전략보다 효과적인 결과를 보여 주었다. 표 6-1에서 나타나듯이 주가 상승률 상위 30개 종목은 이후의 기간에도 평균 14.72% 상승하여, 하위 30개 종목이 7.10%가 상승한 것에 비해서 두 배에 달하는 평균 상승률을 보였다. 그룹별로 상 · 하위 10개 종목으로 대상을 축소할 경우는 추세 전략을 적용한 주가가 역추세 전략을 적용한 종목들에 비해서 약 3배가량 더 상승했다.

이를 업종 분석과 마찬가지로 주가 상승기, 보합기, 하락기로 나누어서 분석한 결과 그림 6-2에서처럼 주가 상승기에는 상위 30종목의 경우 31.72% 상승했으며 하위 종목 그룹의 경우는 18.68% 상승했다. 하락기에는 상위 종목들이 -18.31% 하락한 반면 하위 그룹은 -25.74% 하락했다.

이와 같이 업종과 종목을 추세에 따라서 분석한 종합적인 결과는 주가

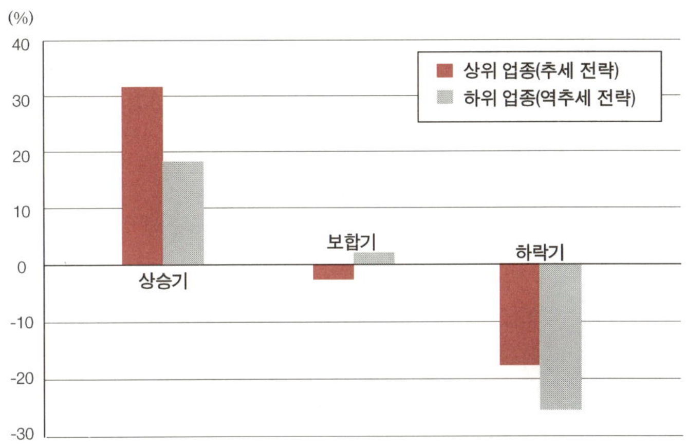

주) 보합기는 5% 이내 등락, 그룹별 30종목 기준.
* 자료 : 증권선물거래소.

상승기와 하락기에는 추세 전략의 성과가 훨씬 좋은 것으로 나타났고 보합기에는 역추세 전략이 다소 효과적이었다. 그렇다면 상승과 하락기에는 추세 전략, 보합기에는 역추세 전략을 취하면 되는 것인가?

이론적으로는 맞는 말이지만 현실적으로는 그렇게 간단하지는 않다. 기술적 분석에 대해 언급할 때에 설명한 것처럼 추세라는 것은 지나고 나서야 그 시점과 전환을 명확하게 알 수 있는 것이지, 진행 중인 상태에서는 정확하게 판단하기가 매우 어렵다. 그리고 보합기에 역추세 전략을 활용한 성과는 상승·하락기의 추세 전략의 수익률에 비해 매우 미미한 수준이다.

증시의 움직임에 따라서 모든 구간에서 성과를 내겠다고 추세 전략과 역추세 전략을 오고 가면서 욕심을 부리다가 오히려 화를 자초할 수 있다. 차라리 상승과 하락기에 유리한 추세 전략을 유지한다면 훨씬 안정적이고 좋은 성과를 거둘 수 있다.

평소에 성실한 자세로 열심히 노력한 사람이 성공할 확률이 높을까? 아니면 맨날 빈둥거리면서 말썽만 피우던 사람이 어느 날 갑자기 성공하게 될 확률이 높을까?

장기 투자와
분산 투자를 실천 못 하는 이유

'장기 투자와 분산 투자' 라는 말은 주식 투자를 하는 사람들이 귀에 못이 박히게 듣는 말이다. 그리고 효용성에 대해서도 많은 사람들이 공감하는 원칙이기도 하다. 그렇지만 실제 주식 투자를 하겠다고 나서기 시작하면 안타깝게도 가장 먼저 구겨져 휴지통에 처박히고 마는 것이 바로 이 장기 투자와 분산 투자이다.

투자 기간이 길어질수록 수익률이 꾸준하게 올라간다

표 6-2는 1990년부터 2005년 2월까지 15년 동안 다양한 업종의 11개 주요 종목에 1년~10년간 투자했을 경우의 결과를 분석한 자료이다. 삼성전자, POSCO, SK텔레콤, 농심, 태평양, 신세계, 한국전력, 현대자동차, S오일, SK, 하나은행 등 다양한 업종의 11개 개별 종목에 각각 1년, 3년, 5년, 10년 동안 투자했을 경우의 연평균 수익률을 보여 주고 있다.

표 6-2 ▌ 종목별 연평균 수익률(1990년 1월 ~ 2005년 2월)

종목	1년 투자시(%)	3년 투자시(%)	5년 투자시(%)	10년 투자시(%)
삼성전자	37.15	49.78	54.78	100.06
POSCO	23.69	25.36	22.35	32.32
SK텔레콤	54.02	84.06	108.53	397.60
농심	27.92	33.11	33.25	56.51
태평양	31.08	45.06	53.56	49.83
신세계	41.75	49.56	59.29	40.54
한국전력	7.33	6.06	4.19	3.41
현대차	18.04	16.16	11.67	7.44
S-oil	22.90	19.53	22.13	22.85
SK	23.30	9.76	1.50	-0.29
하나은행	17.49	10.12	7.16	0.03

* 자료 : 삼성증권.

대체로 1년이나 3년 동안 투자했을 경우보다 5년, 10년 동안 투자했을 경우의 연평균 수익률이 더 높은 것을 알 수 있다. 삼성전자의 예를 들면 1년을 투자했을 경우는 37.15%, 3년은 49.78%의 연평균 수익이 가능했던 데 비하여 10년 투자를 할 경우에는 100.06%로 연평균 수익률이 훨씬 올라가고 있다. 만약에 1,000만 원을 투자했다면 3년 투자의 경우는 연간 500만 원 정도의 수익이 가능했지만 10년일 경우는 연간 1,000만 원씩 수익이 불어나는 셈이다. 이처럼 장기 투자는 단기 투자에 비해서 연평균 투자 수익률이 높다.

분산 투자는 종목 선정 실패나 수익률 편차의 위험을 줄여준다

그렇다면 아무 종목이나 사 놓고 무조건 오래 기다리기만 하면 투자 수익률이 좋아질까? 물론 아니다. 아무 종목이나 장기 투자를 한다고 수익률이 높아지는 것은 아니다.

표 6-2에서 보듯이 업종별 우량주라고 할 수 있는 종목들을 추린 11개 종목 중에서도 현대차, SK, 하나은행 등의 경우는 장기 투자가 오히려 손해를 보기도 한다. 일반적으로는 장기 투자가 훨씬 유리하지만 모든 종목에 해당되는 것은 아니다. 위의 예에서와 같이 업종별 우량주만 골라서 장기 투자를 해도 기대에 미치지 못하는 종목들도 나오기 마련이다.

그렇다면 필요한 것은 무엇일까? 업종별 우량주를 골라서 장기 투자를 하되 한두 종목에 이른바 '몰빵'을 하는 우를 범하지 않는 것이 필요하다. 투자한 한두 종목이 운 좋게도 꾸준하게 주가가 상승을 해서 좋은 성과를 거둘 수도 있지만 그 반대의 경우도 가능할 수 있다는 것을 염두에 두고 위험을 분산해야 한다.

그렇다면 만약 11개 종목에 고르게 분산 투자했다면 어떻게 되었을까?

11개 종목에 고르게 분산 투자하는 포트폴리오를 구성해서 10년간 장기·분산 투자했을 경우는 연평균 64.9%의 수익이 가능했다. 삼성전자나 SK텔레콤에 '몰빵' 했을 경우보다는 연평균 수익률이 많이 떨어지지만 분산 투자는 절반의 성공만 해도 이 정도의 수익률을 올릴 수 있는 것이다. 이처럼 분산 투자는 일부 종목의 투자에서 실패를 하더라도 다른 종목에서 발생하는 수익으로 인해서 손해를 상쇄할 수 있으므로 결과적으로는 안정적으로 좋은 성과를 기대할 수 있다

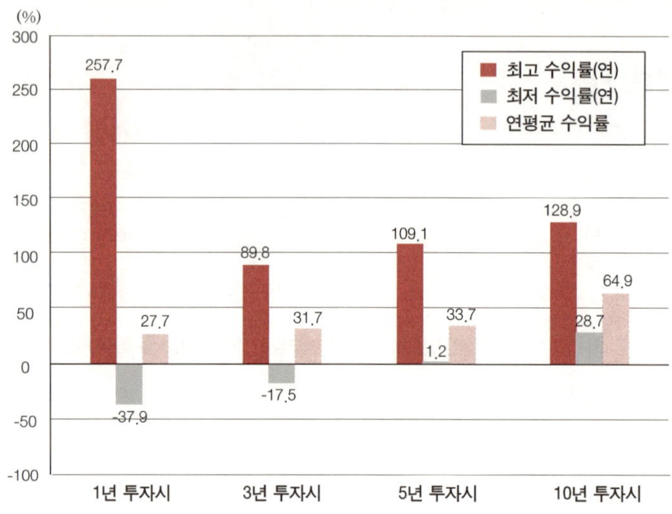

그림 6-3에서 보듯이 11개 종목에 분산해 1년간 투자할 경우는 연평균 최고 257.7%와 최저 -37.9%를 넘나들면서 연평균 295.6%에 달하는 수익률 편차를 보여 준다. 3년일 경우도 최저 수익률이 -17.5%에 달하는 위험에 노출이 되기도 한다. 그러나 기간이 길어질수록 이러한 편차는 크게 줄어들어 5년 이상의 경우는 연평균 최저 수익률도 플러스(+)로 돌아서면서 33.7~64.9%의 안정적이고 높은 연평균 수익률이 누적이 되기 시작한다. 여러 우량주에 고르게 분산 투자를 하고 투자 기간이 길어질수록 손실을 볼 위험성이 크게 낮아지면서 꾸준하고 안정적인 수익이 가능한 것이다.

이처럼 투자에서 고수익을 추구하는 것도 중요하지만 무엇보다도 투자

자금을 지키고 위험을 회피하는 것이 매우 중요하다. 왜냐하면 생존이 훨씬 중요하기 때문이다. 이런 점에서 위험 요소가 줄어들고 고수익이 가능한 장기·분산 투자야말로 단순하면서도 효과적인 투자라고 할 수 있다.

장기·분산 투자를 못한 이유는 피부로 실감할 수 없었기 때문

투자자들이 장기·분산 투자의 장점을 알면서도 이를 실천할 수 없었던 것은 이를 실제 증시에서 피부로 느낄 수가 없었기 때문이다. 왜냐하면 우리나라 증시는 10여 년 동안 꾸준하게 증시가 상승을 하는 과정을 겪기보다는 좁은 박스권에서 계속 오르락내리락하는 과정을 반복했으므로 주가가 쌀 때 사서 비쌀 때 팔아야 한다는 생각이 팽배할 수밖에 없었다.

투자자들에게 짧은 기간에 변동성이 큰 주가의 움직임 속에서 수시로 수익을 올릴 수 있을 것 같은 착각을 심어 주었던 것이다. 이런 이유로 투자자들이 장기·분산 투자를 하기보다는 항상 높은 변동성을 노린 단기적이고 투기적인 접근을 했기에 쓰라린 실패를 할 수밖에 없었다.

하지만 우리나라 증시는 이제 여러 가지 면에서 장기 투자가 가능한 환경이 조성되고 있다. 그러므로 이제는 롤러코스터를 타면서 음료수를 먹어보겠다고 무리하다가 온 몸에 그것을 뒤집어쓰고 마는 잘못에서 벗어나야 한다. 휴지통에 구겨 버린 '장기 투자와 분산 투자'라는 원칙을 꺼내서 가슴에 담아두어야 한다.

토끼의 걸음이 빨라도 결국 경주에서 승리한 것은 우직한 거북이였다. 하루이틀 사는 것도 아닌데 토끼처럼 마음만 급하게 버둥거려 봐야 제 풀에 지칠 뿐이다. 미련하고 답답해 보이는 거북이가 실제로는 성질만 급하고 '헛똑똑한' 토끼보다 훨씬 오래오래 잘산다.

싸구려 주식과 저평가 주식은 다르다

건교부의 2007년 공시지가에 따르면 전국에서 땅값이 가장 비싼 곳은 서울 중구 충무로 1가의 파스쿠치 커피 전문점으로 평당 가격이 1억 9,600만 원이다. 최저는 경남 산청군 삼장면 내원리의 임야로 평당 330원에 불과했다. 똑같은 땅인데 왜 어디는 평당 가격이 무려 2억 원에 이르고 어디는 단돈 300원에 불과한 것일까?

가치에 비해 저렴한 것과 단지 가격이 싸다는 것은 다르다

수많은 사람들이 지나다니는 서울 도심 한복판의 땅과 찾아가기도 힘들고 사람도 다니지 않는 산골짜기의 황무지는 차이가 날 수밖에 없다. 같은 땅이라도 '가치'가 다르니까 당연히 가격 차이가 난다.

그런데 이런 가격 비교를 할 때에 조심해야 할 점이 있다. 만약에 평당 10억 원을 벌어 줄 수 있다면 평당 2억 원이라는 엄청난 가격도 그 '가치에

표 6-3 ┃ 유가증권시장 종목의 가격대 · 투자자별 거래 대금 비중(2006.1.3 ~ 2006.9.6)

주가 구분	종목수	투자자별 거래 대금 비중(%)			
		기관	외국인	개인	기타
~ 5,000 원	170	1.37	1.25	96.46	0.92
5,000 ~ 1만 원 미만	111	6.68	5.63	85.48	2.21
1만 원 ~ 3만 원 미만	231	15.50	14.03	67.31	3.17
3만 원 ~ 5만 원 미만	63	21.41	26.34	48.72	3.53
5만 원 ~ 10만 원 미만	43	22.90	37.99	35.57	3.53
10만 원 이상	30	27.44	45.20	22.55	4.81
합계(평균)	648	(18.60)	(24.48)	(53.54)	(3.37)

* 자료 : 증권선물거래소.

비해서는 저렴한' 것이다. 반대로 아무짝에도 쓸모없고 도저히 개발될 가능성도 없는 땅이라면 단돈 300원도 아까울 수 있다.

더 현실적인 예를 들어 보자. 자연 방목을 하고 아주 정성을 들여 사육한 한우 갈비를 1Kg에 5,000원에 판다면 그 고기의 가치에 비해서는 가격이 저렴하므로 충분히 사먹을 만한 값어치가 있다. 그런데 누군가 광우병에 걸려서 살 처분된 고기를 1Kg에 1,000원에 싸게 파니까 사라고 하면 살 것인가? 아마도 말 같지도 않은 소리 말라고 할 것이다.

가격은 싸지만 사람이 먹었다가는 큰일 날 수 있는 위험을 고려할 때 단돈 100원에도 살 이유가 없다. 그런데도 많은 사람들이 주식 투자를 시작하면 평소의 건전한 판단력은 어느새 사라져 버리고 '병 걸린 주식'을 싸다는 이유로 덥석 사놓고는 얼빠진 누군가에게 비싼 값에 되팔 수 있을 것이라는 헛된 망상에 사로잡힌다.

외국인은 '고급' 주식, 개인은 '싸구려' 주식에 몰린다.

주가라는 것은 기업의 가치에 비해서 비싸고 싼 것을 판단해야지 무조건 가격 자체에만 집착해서는 안 된다. 주가가 수십만 원에 달해도 회사의 가치에 비해서는 저가일 수도 있는 것이고, 반대로 액면가에도 못 미쳐도 회사의 가치에 비해서는 가격이 비쌀 수도 있다.

표 6-3은 유가증권시장에 상장된 종목(관리종목 등 일부 종목 제외) 중 648개 종목의 가격대 분포와 투자자별 거래 대금 비중을 분석한 자료이다. 외국인은 10만 원 이상 고가주 거래 대금 비중의 45.2%를 차지하고 기관은 27.44%인데 비해, 개인은 5,000원 미만 저가주 거래 대금의 96.46%를 차지하고 있다.

외국인과 기관은 고가주 거래 대금의 비율이 높았으며 주가가 낮아질수록 비율이 급감하고 있다. 이와 반대로 개인은 고가주일수록 거래 대금 비중이 낮아서 10만 원 이상 고가주의 거래 대금 비중은 22.55%에 불과하고 저가주로 갈수록 비중이 큰 폭으로 늘어나고 있다. 이와 같이 기관과 외국인은 고가주에 몰리고 개인 투사사는 저가주에 몰리는 능 투자자별로 그 특성이 명확하게 드러나고 있다.

미운 오리 새끼가 어느 날 백조로 화려하게 변신해서 대박이 나기를 바라면서 개인들끼리 저가주에 몰려서 서로 열심히 치고받고 있는 셈이다. 물론 이런 종목들 중에서 가치에 비해서 저평가된 숨은 진주도 분명히 있다. 그렇지만 개인이 그런 종목을 찾아낸다는 것이 그렇게 간단한 일은 아니다. 많은 정보와 치밀한 분석력, 풍부한 자금이 있는 외국인과 기관들의 저가주 거래 비중이 낮은 것은 그들이 바보라서 그런 것일까?

주가 비교는 액면가를 기준으로 비교해야 한다

그리고 주가의 가치를 판단할 때 주의해야 할 또 한 가지는 액면가를 염두에 두어야 한다는 점이다. 종목마다 액면가가 다르기 때문에 액면가 5,000원인 종목의 주가가 10만 원 하는 것과 액면가 500원인 종목의 주가가 1만 원 하는 것은 따지고 보면 주가의 가치는 같다.

그렇지만 피부로 느껴지는 가격 차이는 10배가 나기 때문에 두 종목의 가격 차이가 많이 나는 것 같은 착시 현상이 벌어지기도 한다. 그러므로 종목 간의 가격 비교를 할 때는 액면가가 얼마인지를 알고서 액면가 대비 상대 비교를 해야 한다.

그림 6-4 ┃ 유가증권시장과 코스닥시장의 가격대별 종목 비중

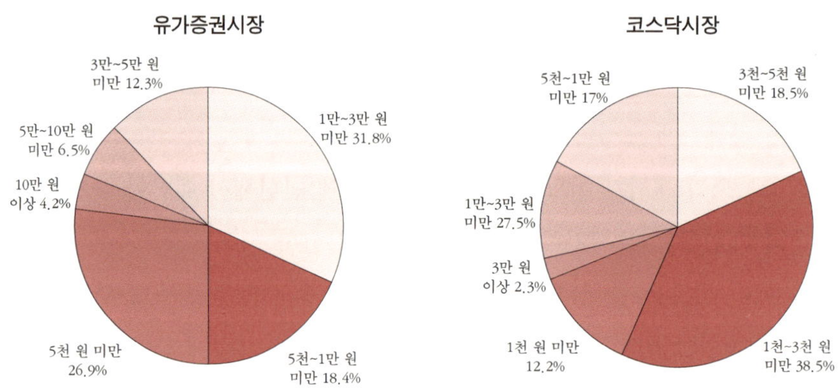

* 자료 : 증권선물거래소.

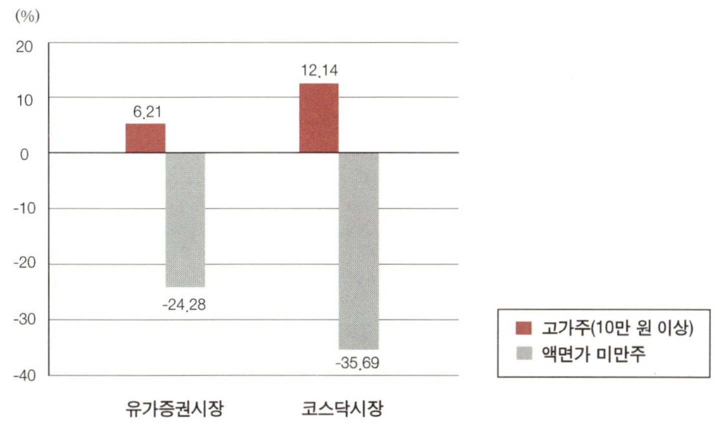

* 자료 : 증권선물거래소.

고가주와 저가주는 주가의 움직임도 다르다

2006년의 주가 움직임을 살펴보면 유가증권시장의 경우 10만 원 이상의 고가주는 평균 6.21% 상승한 데 반하여 액면가에도 못 미치는 액면가 미만주는 -24.28%가 하락했다. 코스닥시장은 고가주가 12.14% 상승했고 액면가 미만주는 -35.69%가 하락하여 유가증권시장보다 가격대별 주가 움직임의 편차가 훨씬 심했다.

이처럼 고가주와 저가주의 주가 움직임은 양극화가 심하다는 것을 알 수 있다. 물론 주가 상승기에는 상대적으로 고가주에 비해서 저가주의 상승률이 높은 현상이 발생하기도 한다. 이른바 '종목 순환의 효과' 덕에 상승 분위기에 휩쓸려서 저가주들도 덩달아서 상승하는 것이다.

저가주 중에서도 상대적으로 가치에 비해서 저평가된 저가주가 오르는 것이지 싼 주식이 무조건 오르는 것은 아니라는 것을 알아야 한다. 그러나 증시의 상승 추세가 다소 완화되거나 하락 추세로 반전하면 저가주는 고가주에 비해서 하락폭이 훨씬 커지고 끝없는 하락을 하기도 한다.

기업의 가치에 비해서 주가가 저렴할 경우 '주가가 저평가되었다'는 것이지 단지 주가가 낮다고 해서 매수할 만한 가치가 있는 것은 아니다. 눈앞에 보이는 기업 가치의 껍데기인 '가격표'만 보고서 주식의 가치를 판단하는 착시 현상으로 함부로 투자에 나서는 오류를 범하지 말아야 한다.

길거리 짝퉁 제품과 유명 회사의 정품은 품질과 A/S 등에서 많은 차이가 난다. 비싼 물건은 비싼 값을 하고 싼 제품은 싼 값을 한다. 품질 대비 가격을 따져보고 물건을 사야 후회하지 않는다. 평소의 이런 상식적인 기준을 주식 투자에 그대로 적용하면 된다. 그런데도 사람들은 주식 투자에만 나서면 이런 상식을 몽땅 잊어버리고 우왕좌왕하는 '금붕어 투자자'가 되고 만다. 참으로 안타까운 일이 아닐 수 없다.

시가 총액 상위 종목

시가 총액 상위 종목은 사상 최고가를 갱신 중

표 6-4는 2006년 4월 기준으로 유가증권시장의 시가 총액 상위 종목의 사상 최고(저)가를 달성한 시점과 주가, 그리고 최저가 대비 상승률을 나타낸 것이다. 우리나라 증시 시가 총액 1위인 삼성전자는 1975년에 5,000원대로 사상 최저가를 기록한 후 2006년에 70만 원이 넘는 사상 최고가를 기록하면서 12,811%가 상승했나. 그 외에 내부분의 종목들이 최저가 대비 수백~3만 %가 상승하면서 2004~2006년 사이에 사상 최고가를 기록했다. 그런데 한전과 KT는 1999년에 기록했던 사상 최고가를 갱신하지 못하고 버거워하는 모습을 보여 주고 있다. 1999년은 IT 광풍이 전 세계적으로 몰아쳐서 주가가 급등했던 해인데 그때에 기록한 최고가를 갱신하지 못하고 있는 실정이다.

전반적으로 살펴보면 우리나라 유가증권시장의 시가 총액 상위 종목들은 대부분 오래전에 사상 최저가를 기록한 후에 꾸준한 상승을 하면서 사상 최고가를 계속해서 갱신해 온 것을 알 수가 있다.

표 6-4 ┃ 유가증권시장 시가 총액 상위 종목의 사상 최고(저)가와 최저가 대비 상승률

시가 총액 순위	종목명	사상 최고가(원)	사상 최고일	사상 최저가 (원)	사상 최저일	최저가 대비 상승률(%)
1	삼성전자	743,000	2006-02-01	5,755	1975-06-18	12,811
2	국민은행	87,900	2006-04-03	28,350	2003-04-01	210
3	한국전력	51,900	1999-06-28	1,915	1975-05-03	2,610
4	POSCO	252,000	2006-04-04	16,300	1992-08-18	1,446
5	현대차	100,500	2005-12-14	2,650	1980-12-24	3,692
6	우리금융	21,300	2006-04-10	3,700	2003-03-13	476
7	신한지주	47,800	2006-04-10	9,050	2003-03-12	428
8	SK텔레콤	507,000	2000-02-11	2,200	1989-11-07	22,945
9	LG필립스LCD	54,000	2005-06-07	29,500	2004-07-23	83
12	롯데쇼핑	425,500	2006-02-09	370,000	2006-03-29	15
14	KT	199,000	1999-12-28	28,750	1998-12-23	592
15	하나금융지주	50,100	2005-12-13	38,200	2006-03-07	31
16	KT&G	60,500	2006-02-07	13,550	2001-03-13	346
17	SK	70,000	2004-12-02	5,890	2003-03-14	1,088
18	신세계	522,000	2006-01-31	6,400	1986-01-27	8,056
19	S-Oil	87,100	2005-03-07	2,650	1987-05-27	3,187
21	기업은행	18,500	2006-04-06	5,970	2004-06-18	210
22	현대모비스	96,200	2005-12-07	2,510	1998-06-16	3,733
24	현대중공업	90,200	2006-04-04	15,650	2000-12-21	476
25	삼성화재	140,500	2005-12-13	420	1976-06-26	33,352
평 균						4,789

* 시가 총액은 2006. 4.10. 기준, 하이닉스 등 5개 종목은 감자 등의 이유로 대상에서 제외됨.

* 자료 : 증권선물거래소.

코스닥시장 상위 종목은 IT 열풍 시절 사상 최고가

반면에 코스닥시장의 시가 총액 상위 종목의 사상 최고(저)가를 달성한

표 6-5 ┃ 코스닥시장 시가 총액 상위 종목의 사상최고(저)가와 최저가 대비 상승률

시가 총액 순위	종목명	사상 최고가(원)	사상 최고일	사상 최저가(원)	사상 최저일	최저가 대비 상승률(%)
1	NHN	344,900	2006-04-05	35,500	2002-11-14	872
2	LG텔레콤	17,400	2000-10-06	2,990	2004-05-17	482
3	아시아나항공	8,780	2006-01-12	1,140	2001-09-21	670
4	하나로텔레콤	25,500	1999-11-12	1,930	2001-09-17	1,221
5	CJ홈쇼핑	157,800	2006-01-09	12,000	2000-12-21	1,215
6	하나투어	78,000	2006-04-07	2,510	2000-12-22	3,008
7	포스데이타	100,700	2006-01-03	9,490	2003-03-17	961
8	동서	30,500	2005-12-14	1,500	1996-07-04	1,933
9	휴맥스	64,700	2002-04-04	565	1998-07-08	11,351
10	다음	406,500	2000-01-04	11,200	1999-11-11	3,529
11	네오위즈	260,000	2000-06-30	12,700	2004-10-22	1,947
12	GS홈쇼핑	187,500	2002-03-18	25,100	2001-01-02	647
13	CJ인터넷	37,650	2000-08-22	2,050	2000-01-18	1,737
14	인터파크	17,900	1999-11-17	710	2000-12-22	2,421
15	키움닷컴	45,500	2006-01-09	3,185	2004-06-23	1,329
16	서울반도체	42,500	2005-12-13	6,410	2002-01-18	563
17	메가스터디	74,500	2006-03-24	22,450	2004-12-28	232
18	파라다이스	7,220	2002-11-11	2,690	2003-03-17	168
19	LG마이크론	87,000	2004-04-26	9,100	2001-09-17	856
21	KTH	107,500	2000-02-14	2,030	2002-11-15	5,196
평균						2,017

* 시가총액은 2006.4.10. 기준, 쌍용건설은 감자로 대상에서 제외됨.

* 자료 : 증권선물거래소.

시점과 주가, 그리고 최저가 대비 상승률을 살펴보면 유가증권시장과는 사
뭇 다른 양상을 보이고 있다. 코스닥시장의 역사가 유가증권시장에 비해서
짧고 IT 광풍의 시작과 끝의 한가운데에 있던 종목들이 많아서 사상 최저
가를 기록한 시점과 사상 최고가를 기록한 시점의 시간적인 차이가 유가증
권시장에 비해서 훨씬 짧다. 그리고 일부 종목은 1999~2000년도의 IT 활

표 6-6 ❙ 유가증권시장 업종별 최고(저)가 종목과 가격 차이 비교(2006년 5월 기준)

업종	최고가		최저가		최고가/ 최저가(배)
	종목명	주가	종목명	주가	
전기전자	삼성전자	663,000	대우전자부품	1,940	341.8
금융업	삼성화재해상보험	1,475,000	제일화재해상보험	4,640	317.9
화학	태광산업	621,000	새한미디어	2,000	310.5
음식료	롯데제과	1,259,000	고려산업	4,520	278.5
유통업	신세계	466,000	미래와사람	2,830	164.7
통신업	SK텔레콤	2,350,000	데이콤	18,500	127.0
서비스업	엔씨소프트	638,000	우방타워랜드	5,500	116.0
섬유의복	VGX인터	261,500	성안	3,280	79.7
철강금속	포스코	287,000	남선알미늄	3,660	78.4
의약품	한미약품	243,000	삼성제약공업	4,585	53.0
운수창고	글로비스	390,000	세양선박	7,900	49.4
기계	S&TC	250,000	동양물산기업	5,780	43.3
운수장비	현대중공업	108,000	진도	4,880	22.1
건설업	태영	79,800	신한	5,100	15.7
종이목재	세림제지	44,150	대영포장	3,875	11.4
비금속	한일시멘트	68,000	일신석재	6,300	10.8
전기가스	삼천리	118,500	부산도시가스	20,750	5.7
의료정밀	케이씨텍	40,200	비티아이	7,950	5.1

＊ 주가는 액면가 5,000원 기준으로 환산한 것임.

＊ 자료 : 증권선물거래소.

황 시절에 사상 최고가를 기록한 뒤 거품이 빠지면서 아직까지 그때의 최고가를 갱신하지 못하고 있는 경우가 많다.

코스닥시장의 시가 총액 상위 종목들은 유가증권시장의 시가 총액 상위 종목들 보다 훨씬 짧은 기간 동안 화끈하게 오르내리면서 변동성이 매우 컸던 것이다.

업종별 최고 · 최저 주가 차이는 업종에 대한 시장 평가

유가증권시장의 업종별 최고가 종목과 최저가 종목의 가격 차이를 비교한 자료(2006년 5월)를 보면 업종별로 최고 · 최저종목의 가격 차이가 최고 10~341배에 이르고 있다(표). 전기 전자 업종의 삼성전자의 주가가 66만 원이 넘는데 비하여 같은 업종의 대우전자부품의 주가는 1,940원에 불과해서 그 가격 차이는 무려 341배에 달하고 있다.

금융업, 화학, 음식료, 유통, 통신, 서비스업종도 최고가 종목과 최저가 종목의 가격 차이가 100~300배에 달하고 있다. 그런데 아래로 내려올수록 운수장비, 건설업, 종이목재, 비금속, 전기가스 업종 등은 최고가와 최저가의 가격 차이가 현저하게 줄어들기 시작해서 심지어는 한 자릿수에 머물고 있다. 이런 사실은 무엇을 의미하는 것일까?

어느 업종이나 부실한 기업 활동으로 주가가 바닥을 치고 있는 종목은 있게 마련이다. 같은 업종에서 잘나가는 이른바 우량주로 불리는 종목의 주가가 높게 형성되면 최저가 종목과의 가격 차이가 현저하게 벌어지게 된다. 그런데 업종 내 최고 · 최저가 종목의 가격 차이가 작다는 것은 해당 업종의 우량주들이 시장에서 그다지 좋은 평가를 받지 못하고 있다는 것을 의미한다. 즉 그만큼 해당 업종에 대한 시장의 평가가 냉랭하고 그에 따라 상대적으로 가치를 높게 평가 받는 종목들이 적다는 것이다.

이와 같이 같은 업종 내에서의 최고가와 최저가 종목의 가격 차이를 가지고 순위를 매긴 표를 보면 현재 상황에서의 업종 간의 명암도 판단해 볼 수 있다.

영국 프리미어리그에서 뛰고 있는 축구 선수 박지성의 연봉은 수십억 원이 넘는 반면에 연봉 수백만 원도 채 안 되는 프로 구단의 후보 연습생들도 수두룩하다. 프로 축구 선수의 최고ㆍ최저 몸값 차이는 하늘과 땅 차이인 것이다. 반면에 역도 선수들은 최고의 기량을 가진 선수도 겨우 1~2억의 연봉을 받을 뿐이다. 프로축구 선수의 엄청난 몸값 차이와 역도 선수들의 상대적으로 적은 몸 값 차이에서 우리는 무엇을 알 수 있을까?

외국인이 사는 종목은 분명한 이유가 있다

우리나라 주식 시장은 외국에 개방되면서 외국인 투자자가 주요 세력으로 부상했으며 이제는 그 비중이 40%를 넘나들고 있다. 외국인 투자자는 전 세계에 퍼져 있는 글로벌 정보력과 선진 투자 기법, 그리고 막대한 자본력을 바탕으로 시장을 주도하고 있기에 그들의 투자동향은 언제나 시장에 큰 변수로 작용을 하고 있다.

이들은 대부분이 개인보다는 주로 투자 전문 회사라는 기관 형태로 투자하고 있으며 우리나라뿐만 아니라 전 세계적으로 다양한 국가에 투자를 하고 있다. 그래서 외국인 투자자들은 국내의 개인이나 기관 투자자와 달리 환율과 전 세계적인 금융 동향에 촉각을 곤두세우면서 고도의 정보력으로 항상 한발 앞서서 증시를 주도해 나가고 있다. 이러한 이유로 외국인 투자자들의 매매 동향과 어떤 종목을 집중적으로 매매하는지를 파악해서 투자에 참조하는 것이 이제는 새삼스러운 일도 아니게 되었다.

물론 외국인 투자자도 신이 아니고 사람인 이상 그들이 항상 수익을 낸다는 보장도 없고 그들 간에도 투자 전략은 가지각색이고 수익률도 천차만

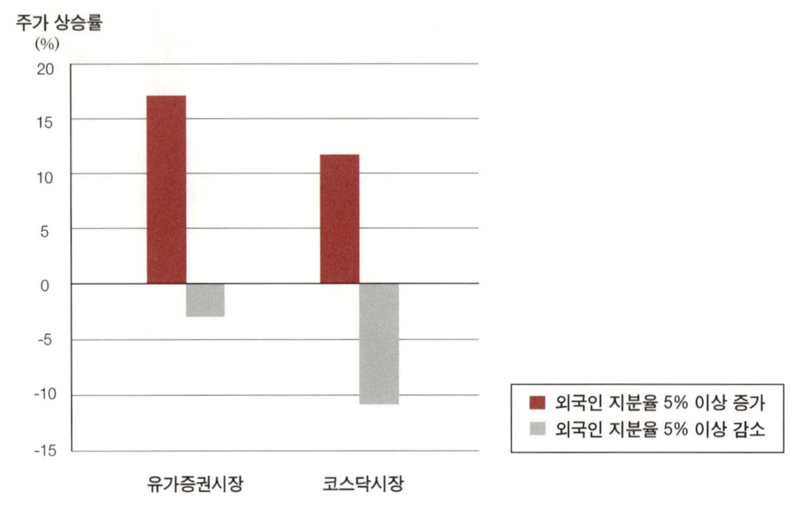

* 자료 : 증권선물거래소.

별이다. 그렇지만 일반적으로 외국인이 큰 관심을 가지고 집중적으로 매수를 하는 종목은 주가가 꾸준하게 상승을 하는 경향이 많다. 그리고 그렇게 상승한 종목은 나중에 보면 충분히 상승할 만한 나름대로의 근거와 조건이 충족되었다는 것을 알 수 있다.

이들은 일반적으로 단기적인 경제 동향이나 주가의 움직임에 연연하기보다는 장기적인 투자를 하고 있다. 우수한 기업을 발굴해서 몇 년 간 중장기적으로 투자하는 전략으로 수익을 올린다. 장기는 고사하고 몇 달 혹은 며칠도 못 참아서 수시로 투자 종목을 바꾸는 우리나라의 투자 행태와는 비교할 수 없을 정도로 장기적인 안목을 가지고 신중한 분석과 판단으로 투자를 하고 있다. 이러한 이유로 외국인들은 엄청난 규모의 큰 자산을 굴리면서도 꾸준하고 안정적인 수익이 가능한 것이다.

그렇지만 모든 외국인 투자자가 장기 투자를 하는 것은 아니다. 단기적인 시세 차익을 노리는 헤지 펀드나 경영권 장악을 목적으로 공격적인 기업 M&A에 나서는 투기적인 자본들도 있다. 이런 투기적 자금들은 엄청나게 빠른 순발력과 놀라운 정보력으로 우리나라의 허술한 금융 시스템과 기업의 안일한 지배 구조의 허점을 노려서 치고 빠지는 투자 기법으로 수익을 올리고 있다.

외국인 지분율과 주가는 밀접한 관계가 있다

그림 6-6에서는 외국인 지분율의 증감이 주가에 미치는 영향을 살펴보고 있다. 2005년 말에서 2006년 11월 사이에 외국인 지분율이 5% 이상 증가한 종목들의 경우 유가증권시장 종목은 평균 17.04%, 코스닥시장의 종목은 11.56% 상승했다. 반대로 외국인 지분율이 5% 이상 감소한 종목들의 경우 유가증권시장은 평균 -4.08%가 하락했고 코스닥시장은 -10.85% 하락했다.

이와 같이 외국인의 지분율 변동에 따라서 주가가 크게 출렁거리고 있어서 외국인 지분율의 증감은 바로 해당 종목의 주가에 매우 큰 영향을 미치고 있다는 것을 알 수 있다.

외국인 지분율 상위 기업들은 순이익률이 높다

2006년 3분기 사업 보고서를 제출한 12월 결산법인 중 관리종목, 금융업 등을 제외한 유가증권시장 522개사의 외국인 지분율에 따른 실적 현황은 그림 6-7과 같다. 그림 6-7에서는 외국인 지분율 상위사(지분율 40% 이상)는 총 45개사로 조사 대상 522개사의 8.62%에 불과하지만 이들 기업의 2006년 3분기 누적순이익 총계는 15조 8,139억 원으로 전체의 54.42%에 이르고 있는 것으로 나타났다. 반면에 외국인 지분율 하위사(지분율 10% 미만)는 총 326개사로 전체의 62.45%에 이르지만 이들 기업들의 2006년도 순이익 총계는 2조 1,739억 원으로 전체 순이익의 7.50%에 불과한 것으로

그림 6-7 ┃ 외국인 지분율에 따른 회사수와 순이익 비중(2006년 3분기)

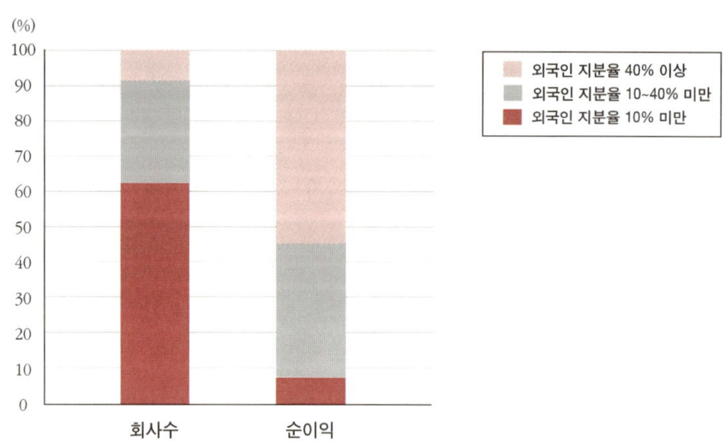

* 자료 : 증권선물거래소.

나타났다.

외국인 지분율이 40%가 넘는 소수의 기업들의 순이익이 유가증권시장에 상장된 기업 전체 순이익의 절반이 훨씬 넘고 있는 상황이다. 이처럼 외국인의 지분율이 높은 기업들이 숫자는 매우 적지만 대부분 건실한 기업 활동을 통해서 매우 높은 순이익을 올리고 있는 것이다. 반면에 순이익이 낮은 상당수의 기업들은 외국인들 관점에서는 투자 매력도가 떨어지기에 그들 기업에 대한 지분율은 10%에도 미치고 못하고 있다.

외국인은 기업이 영업 활동을 해서 수익을 잘 내는 기본기가 탄탄한 알짜 기업에 몰리고 있는 것이다.

외국인 지분율이 높은 종목은 기본기가 탄탄한 기업

또한 외국인 지분율이 높은 기업의 매출액 영업 이익률은 10.04%로 전체의 6.84%를 크게 상회했으며, 지분율이 낮은 기업은 3.73%에 불과하여 외국인 지분율이 높은 회사일수록 영업 활동에 의한 경영 성과가 매우 좋았다(그림 6-8). 부채 비율에서도 외국인 지분율 상위사는 평균 59.50%에 불과한데 반해, 하위사는 118.68%에 달하는 것으로 나타났다. 이런 점을 보면 외국인 투자자의 지분율이 높은 기업일수록 매출액 영업 이익률은 높고 부채 비율은 낮아서 재무 건전성이 좋은 것을 알 수 있다.

이와 같이 외국인의 투자 비중이 높은 종목은 기업의 수익성 지표인 순이익과 매출액 영업 이익률이 높고 안정성 지표인 부채 비율은 낮아서 실적 좋고 자산 건전성이 좋은 모습을 보여 주고 있다. 외국인 투자자의 투자

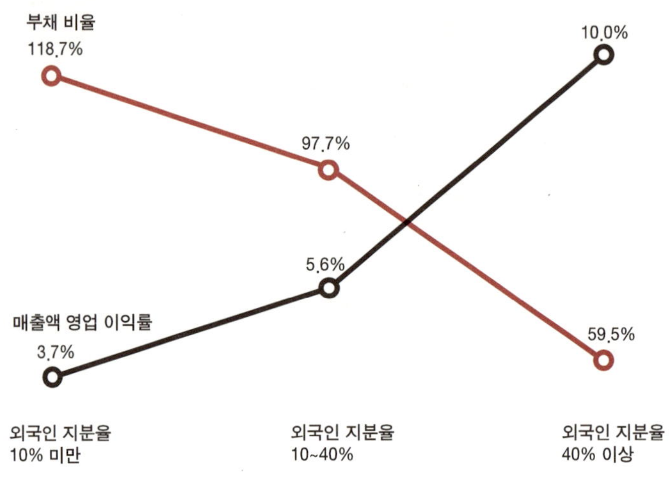

비중이 높은 종목은 기업으로서의 기본기가 탄탄하고 실력이 있다는 것을 검증받았으며 이런 우수한 자질은 바로 주가 상승이라는 성적으로 곧바로 이어지고 있는 것이다.

반면에 외국인의 투자 비중이 낮은 종목은 기업의 실적이 상대적으로 낮을 뿐만 아니라 재무제표도 부실한 모습을 보여 주고 있기에, 이런 기업들의 허약한 기본기는 바로 주가 하락으로 이어지고 있다. 이점은 최근 1~2년뿐만 아니라 그동안 누적된 수년간의 데이터로서도 얼마든지 검증이 되고 있다.

이처럼 외국인이 관심을 가지고 집중적으로 투자를 하는 종목들을 살

퍼보면 나름대로 투자할 만한 조건과 매력을 충분히 갖추고 있으며 외국인들이 외면하는 종목은 투자 대상으로의 매력이 상당히 떨어지고 있다. 그러므로 외국인 투자자의 투자 비율이 높은 종목에 투자한다는 것은 기업의 실적이 좋고 재무구조가 건전한 우량 기업에 투자하게 되는 셈이다.

그렇지만 무작정 외국인을 맹목적으로 따라하기보다는 왜, 무엇 때문에 특정한 종목에 투자 비율을 늘리거나 줄이는지를 분석해 보는 자세가 필요하다.

잘 몰라서 잘 아는 사람한테 한 수 배우는 것은 창피한 일이 아니다. 자존심 때문에 몰라도 아는 체하다가는 나중에 더 큰 문제가 될 뿐이다. 주식투자 우등생에게 배울 것은 배워야 한다.

펀드 투자는
주식 투자 종목을 고르는 것과 같다

펀드 초보인 박 과장은 은행에 용무가 있어서 들렀다가 창구 직원의 권유로 펀드 상품에 가입했다. 그러고는 그날 집에 와서 아내에게 자랑했다.

"여보! ○○은행 적립식 펀드에 가입했어, 설명 들으니까 지난 수익률이 좋더라고, 앞으로 그 사람들이 알아서 돈을 잘 불려 줄 거야!"

박 과장이 아내에게 설명한 짧은 한 문장 속에는 잘못된 내용이 꽤 여러 가지가 있다. 과연 그는 무엇을 어떻게 잘못 알고 있는 것일까?

박 과장이 펀드에 대해 잘못 알고 있는 내용

① '○○은행' → 은행은 운용 회사가 아니라 판매 창구일 뿐임.
② '적립식 펀드에' → 적립식은 납입 방법이지 펀드 운용 형태가 아님.

③ '지난 수익률이 좋더라고' → 수익률은 계산 기간과 방법에 따라 달라질 수 있음.

④ '그 사람들이 알아서' → 알아서 꼬박꼬박 수수료를 공제한다는 뜻임.

⑤ '잘 불려 줄 거야' → 은행 예금 같은 원금 보장 상품이 아니므로 손해날 수도 있음.

직접 투자는 본인의 책임 하에 판단하고 결정하는 등 모든 투자 과정을 직접 운용하는 것을 말한다. 반면에 간접 투자는 말 그대로 투자 전문가에게 돈을 맡겨서 전문가가 자신의 돈을 운용하도록 하고 운용 실적에 따라서 운용 수수료를 제한 뒤에 투자 수익을 돌려받는 것을 말한다.

그래서 간접 투자는 전문 지식이나 시간적인 여유가 부족한 개인 투자자들이 일정한 운용 수수료를 지불하고 투자 전문 기관에 자금을 맡기기 때문에 소액으로도 투자할 수 있다는 장점이 있다. 또한 전문가 집단에 의한 체계적인 자금 운영으로 위험 관리와 분산 투자 효과를 거둘 수 있다는 장점도 있다. 그래서 주식 투자에 대한 지식이 없는 초보 투자자가 처음부터 무리하게 직접 투자를 하다가 큰 손해를 보는 것보다 전문적인 회사에 자금을 맡겨서 운용을 위탁하는 것도 좋은 투자 방법이 될 수가 있다.

그렇지만 많은 사람들이 박 과장의 경우처럼 펀드의 가장 기본적인 개념부터 잘못 이해하는 경우가 많다. 위에서 예를 든 박 과장이 잘못 알고 있는 부분을 하나씩 설명해보면 다음과 같다.

- 펀드에 관한 첫 번째 오해, '○○은행'

은행은 펀드를 판매하는 판매 창구일 뿐, 은행이 직접 펀드를 운영하는 것은 아니다. 우리가 가게에서 잡화를 살 때 자세히 살펴보면 '제조원 ○○', '판매원 △△'라고 제조사와 판매사가 다른 경우가 있다. 이와 같이 펀드도 펀드를 설립해서 자산을 운용하는 운용 회사가 따로 있고 증권사나 은행은 이러한 펀드를 판매하는 판매 창구 역할을 하는 것이다.

그러므로 최 과장은 '△△ 자산 운용 회사에서 운용하는 펀드를 ○○은행에서 계좌를 개설해서 가입한 것'이라고 해야 정확한 것이다.

- 펀드에 관한 두 번째 오해, '적립식 펀드'

적립식이라는 말은 납입 방법이지 펀드의 운용 형태가 아니다. 펀드는 납입 방법, 투자 대상과 그 비율, 기타 운용되는 형태에 따라서 굉장히 복잡하게 종류가 나뉘어 있어서 많은 사람들이 펀드의 종류와 이름에 대해서 혼란스러워한다.

적립식 펀드는 단지 납입 방법이 은행 적금처럼 매월 일정 금액을 적립하기 때문에 부르는 이름일 뿐이지, 그렇게 적립한 돈을 어디에 어떻게 투자하느냐는 적립식과는 아무 상관이 없다. 적립한 돈을 어디에 어떻게 운용하느냐에 따라서 실제 펀드의 성격과 종류가 정해지는 것인데 최 과장은 그런 부분은 모른 채 단지 납입 방법만으로 자신이 펀드의 성격과 종류를 다 이해했다고 잘못 생각한 것이다.

- 펀드에 관한 세 번째 오해, '지난 수익률이 좋더라고'

수익률은 계산 기간과 방법에 따라 얼마든지 달라질 수 있다. 즉 가입 시점을 언제로 잡을 것인지, 그리고 계산 기간의 구간을 어떻게 조정하느냐에 따라서 펀드의 수익률은 크게 달라질 수 있기 때문에 광고에 나오는 '성적표'를 액면 그대로 믿어서는 안 된다. 항상 꼴찌를 도맡아 하던 친구가 어쩌다가 한 학기 장학금 받았다고 전체 졸업 성적이 우수하다고 말할 수는 없다. 성적 전체가 어떠한지를 알아야 한다.

이런 객관적인 자료는 펀드의 운용 실적에 관한 통계 자료를 제공하는 다음과 같은 인터넷 사이트를 참조해 보면 알 수 있다.

> 펀드닥터(www.funddoctor.co.kr)
> 한국펀드평가(www.kfr.co.kr)
> 모닝스타(www.morningstar.co.kr)

• 펀드에 관한 네 번째 오해, '그 사람들이 알아서'

알아서 한 치의 오차도 없이 처리해 주는 것은 수익에 대한 것이 아니라 수수료 공제에 대한 것이다. 펀드는 꼬박꼬박 운용 수수료가 공제된다. 수익이 나든 말든 운용 자산의 1~3% 정도의 수수료를 자산을 운용해 주는 비용의 명분으로 공제한다.

그래서 수익률이라는 것도 운용 수수료가 공제된다는 것을 감안해서 계산해야 한다. 그리고 수익이 많이 나는 경우야 그렇다고 쳐도 수익이 나지 않거나 손실이 나도 운용 수수료는 '그 사람들이 알아서' 가져간다.

• 펀드에 관한 다섯 번째 오해, '잘 불려 줄 거야'

펀드는 은행 예금 같은 확정형 상품이 아니기 때문에 손해가 날 수도 있다는 것을 항상 염두에 두어야 한다. 투자 전문가들이 운용한다고 해서 모든 펀드가 무조건 수익이 난다는 보장이 있는 것은 아니고 오히려 손실을 볼 수 있는 위험성이 엄연히 존재하고 있다.

그리고 펀드는 운용 자산이 적은 소형 펀드도 있고 자산이 큰 대형 펀드도 있다. 운용을 시작한 지 오래되어 몇 년 이상 시장에서 많은 풍파를 견디고 유지하는 펀드들이 있는 반면에 한때의 유행이나 반짝 테마에 의해 급조된 검증되지 않은 펀드들도 많다는 것을 알아야 한다.

간접 투자라고 해서 직접 투자와 달리 무조건 아무 펀드에나 가입해서 좋은 수익을 거둔다면 모두들 펀드에 가입하지 직접 투자할 사람은 하나도 없을 것이다. 그러므로 간접 투자도 본인의 판단과 책임 하에 신중하게 펀드를 고르고 선택해야 한다. 간접 투자라고 해서 아무 펀드에나 덥석 자신의 자금을 맡기는 것은 결국 남의 말만 듣고 아무 주식 종목에나 마구 투자하는 묻지마 투자와 하나도 다를 바 없는 것이다.

그래서 좋은 펀드를 고르는 것은 결국 좋은 주식을 고르는 것과 같이 신중한 분석과 판단이 필요하다. 좋은 펀드를 고르는 것은 결국 좋은 주식 투자 종목을 고르는 것과 같은 것이다.

피델리티는 1946년에 미국에서 설립된 세계적인 자산 운용 회사이다. 이 회사가 운용하는 펀드에 투자하는 고객은 전 세계적으로 2,000만 명이 넘고 있으며 운용하는 자산이 무려 1조 4,000억 달러(약 1,300조 원)에 달하고 있다. 이 회사는 이런 엄청난 돈을 전 세계의 주식과 채권 시장 등에 수년에서 10년 이상의 오랜 전통을 자랑하는 펀드들을 통해 투자하고 있다.

우리나라 자산 운용사의 경우는 이러한 헤비급 선수들에 비하면 아직까지 역사와 규모 면에서 한참 부족하다. 그렇지만 조잡한 트랜지스터 라디오를 조립하고 고철을 두들겨서 트럭을 만들던 대한민국의 기업들이 오늘날 관련 분야에서 세계적인 회사들과 어깨를 나란히 겨루고 있는 것처럼 금융 투자 산업도 그런 날이 오지 않으리라는 법은 없을 것이다.

7

주식이 아니라
기업에 투자하라

사람의 얼굴을 보면 그 사람의 건강 상태를 알 수 있다. 주가는 기업의 건강 상태를 나타내는 얼굴이다. 다소간의 시간 차이가 있더라도 결국 기업이 병들거나 건강해지는 모습이 주가라는 얼굴에 나타나게 된다. 따라서 주식에 투자하는 것이 아니라 기업을 보고 투자해야 한다.

주가는 기업 실적의 정직한 거울

운동선수는 운동을 잘해야 좋은 대접을 받을 수 있고 개그맨은 잘 웃겨야 인기를 끌 수 있다. 그렇다면 주식 시장에서 투자자들에게 인기를 얻고 주가가 상승하려면 기업들은 무엇을 잘해야 할까?

기업의 존재 이유는 이윤 추구이다. 즉 영업 활동을 잘해서 매출을 올리고 이익을 잘 내야 기업으로서 존재 가치가 있는 것이고 좋은 기업이 될 수 있는 것이다. 그리고 기업이 이 같은 기본적인 사항에서 좋은 성과를 거

표 7-1 ▌ 채권 수익률을 초과하는 총수익률을 기록한 기업 수(1994~2004)

구 분		1994년 이후	최근 5년간	최근 2년간	최근 1년간
유가증권시장	기업 수	37	174	239	208
	비율(%)	5.3	24.0	34.7	30.4
코스닥시장	기업 수	-	33	75	317
	비율(%)	-	7.3	8.9	36.6

* 최근 ⊿년이라는 것은 2005년 2월을 기준으로 산정한 것임.

* 자료 : 삼성증권.

두면 사람들은 해당 기업에 관심을 가지고 가치를 높게 평가하게 된다. 이러한 관심과 평가는 곧 사람들의 매수로 이어져서 주가는 상승을 하게 된다. 결국 주가라는 것은 기업 실적의 정직한 거울인 셈이다.

총수익률이 채권 수익률보다 높은 기업이 증가하고 있다

표 7-1은 채권 수익률을 초과하는 총수익률을 기록한 기업에 대한 자료이다. 1994년부터 2004년 말까지 주주 입장에서의 총수익(주가 상승 + 배당 수익)이 채권 수익률보다 높은 실적을 기록한 기업은 37개사로 유가증권시장에 상장된 기업의 5.3%에 불과했다.

이러다 보니 투자자들은 주식을 보유함으로써 수익을 내기보다는 사고 팔아서 단기 차익을 취해서 수익을 올리려는 투기적인 매매에 치중하는 행태가 만연했다. 그러나 IMF 이후 기업들의 구조 조정과 피나는 노력으로 이러한 상황은 많이 개선되었다. 경기 변동에 취약한 구조를 가졌던 기업들의 체질 개선으로 글로벌 경쟁 시장에서도 견고한 실적을 달성하는 기업들이 지속적으로 증가했다.

그 결과 최근 5년간 총수익이 채권 수익률을 초과하는 기업이 24%에 이르더니, 최근 1년간의 실적은 유가증권시장과 코스닥시장 모두 전체 상장 기업의 30%가 넘는 회사가 주주에게 채권 수익률보다 좋은 수익을 선사하고 있다. 총수익률이 채권 수익률보다 높은 안정적인 총수익률을 주주에게 안겨 주는 기업들은 2007년에도 지속적으로 꾸준하게 증가하고 있는 추세이다.

실적이 좋은 기업은 주가 상승으로 평가받는다

그림 7-1은 증권 시장에 상장된 기업들의 평균보다 3년 연속으로 초과 수익을 올린 주요 기업들의 주가 상승률을 나타내고 있다. 2004년부터 2006년까지 3년 연속으로 시장 평균보다 높은 수익을 올린 회사들 중에서 유가증권시장에 상장된 64개 회사의 주가 상승률은 평균 387%에 달했다. 같은 기간에 종합주가지수가 78% 상승한 것에 비하면 309% 초과 상승을

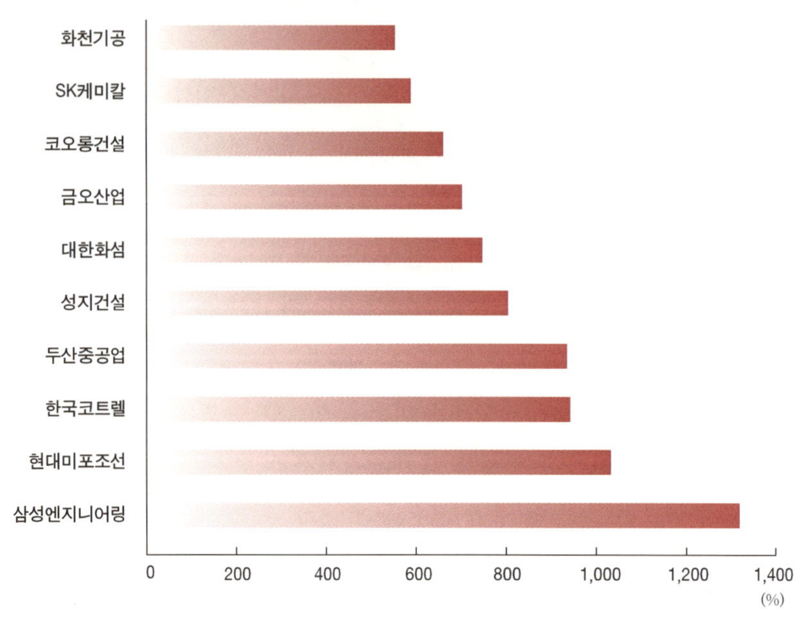

그림 7-1 ▌ 3년 연속 초과 수익 종목의 주가 상승률(2003.12.30~2007.3.26)

* 자료 : 증권선물거래소.

한 셈이다.

3년 동안 기업이 부단한 영업 활동을 통해서 꾸준하게 좋은 기업 실적을 거두자 이는 결국 높은 주가 상승으로 이어졌다. 특히 이들 기업들은 매출액 신장 비율보다 수익성 향상이 더 높았기 때문에 외형보다는 내실 위주의 경영 성과를 투자자들에게 인정받았다고 볼 수 있다.

표 7-2는 유가증권시장에 상장된 기업들의 실적 변화에 따른 주가 등락률을 분석한 내용이다. 전년도보다 매출액이 증가한 회사는 335개사로 이들의 주가는 -7.72%가 하락했는데, 같은 기간 종합주가지수가 -10.83% 하락한 데에 비하여 시장 대비 평균 3.12% 적게 하락했다. 반면에 매출액이 감소한 195개사의 경우는 주가가 -16.19%가 하락하여 시장 평균보다 -5.35%나 더 하락했다. 마찬가지로 영업 이익과 순이익이 증가한 기업들은 시장의 평균 주가 등락률보다 평균 7~8% 우수한 결과를 보여 주고 있다. 반면에 영업 이익과 순이익이 감소한 기업들의 경우는 시장의 평균 하락폭보다 6~7% 더 하락을 했다.

결국 매출액과 영업 이익, 순이익이라는 기업 활동에서 가장 기본적인 재무제표가 건실한 회사는 시장의 평균 주가보다 높게 주가가 형성이 되는

표 7-2 ▮ 회사 실적에 따른 주가 등락률 현황(유가증권시장, 2006년 1분기 기준)

구 분		매출액		영업이익		순이익	
		증가	감소	증가	감소	증가	감소
회사 수		335	195	245	285	252	278
주가 등락률 평균(%)	해당 회사	-7.72	-16.19	-2.62	-17.89	-3.69	-17.31
	시장 대비	3.12	-5.35	8.21	-7.06	7.15	-6.48

* 자료 : 증권선물거래소.

반면에 그렇지 못한 회사의 주가는 시장 평균보다 주가가 낮게 형성이 되고 있다.

현란한 복장과 율동으로 승부하는 가수들이 한때의 인기는 누릴 수 있지만 오랜 세월 동안 꾸준하게 사랑 받는 '펜클럽 회원'을 유지하는 가수는 노래를 잘하는 사람들이다. 마찬가지로 기업은 기업의 기본기에 충실해야 투자자들을 기업의 '투자 클럽 회원'으로 만들 수 있다.

업종 대표주의 우수성은 국내외적으로도 검증된다

같은 동네 친구인 김 씨와 황 씨는 술자리에서 주식 투자에 관해 언쟁이 붙었다. 김 씨는 길거리에서 싸구려 전자 제품을 샀다가 낭패를 당했던 경험을 이야기하면서 주식 투자도 업종의 대표 선수라고 할 수 있는 시가 총액 1위 기업에 투자해야 큰 위험 없이 좋은 성과를 거둘 수 있을 것이라고 주장했다. 반면에 황 씨는 덩치 큰 종목은 주가가 오르기 힘들기 때문에 시가 총액이 작은 종목에 투자해야 더 큰 수익을 거둘 수 있다는 것이다. 이렇게 언생이 붙은 두 사람은 드디어 같은 금액을 투자해서 누가 더 투자 성적이 좋은지 내기를 하게 되었다. 과연 그 결과는 어떻게 되었을까?

많은 사람들이 황 씨의 경우처럼 업종을 대표하는 업종별 시가 총액 1위의 업종 대표주는 안정성은 있겠지만 큰 수익률을 기대할 수 없다고 오해를 한다. 그래서 상대적으로 규모가 작은 중소형주에서 큰 수익을 내려고 한다. 그런데 과연 황 씨가 그렇게 쉽게 숨은 진주를 찾을 수 있을까? 그리고 업종 대표주에 투자한 김 씨는 내기에 지고 말 것인가?

대표주는 시장 평균보다 안정적인 주가 흐름을 보여 준다

2003년 3월에서 2004년 3월까지 1년 동안 업종별 대표주(시가 총액 1위 종목)는 업종에 따라서 수십에서 300%까지 상승했다. 또한 2004년 말에서 2005년 10월 20일까지 유가증권시장과 코스닥시장의 시가 총액 1위인 업종대표주의 주가 등락 현황을 비교한 자료를 보면 업종 대표주는 지속적인 주가 상승을 하고 있다.

표 7-3을 보면 유가증권시장의 종합주가지수가 같은 기간에 895.92에서 1,162.23포인트로 29.72%가 상승한 데 비하여 업종 대표주들은 평균 39.11%가 상승하여 종합주가지수보다 9.39% 초과 상승했다. 코스닥시장의 경우는 같은 기간 코스닥지수가 380.33에서 574.61포인트로 51.08% 상승하는 동안에 업종 대표주는 141.67%가 상승하여 코스닥시장 평균에 비해서 90.59%나 초과 상승했다.

이처럼 업종 대표주는 업종 대표라는 안정성 면에서 신뢰할 만한 모습을 보여 줄 뿐만 아니라 일반인들의 편견과는 달리 주가의 움직임도 굼뜨거나 답답하지 않게 시장 평균 상승률을 크게 상회하면서 증시의 상승세를 이끌고 있다. 이러한 분위기는 2006년에도 이어졌다. 2006년 12월 18일

표 7-3 ▎ 주가지수와 업종 대표주의 상승률 비교

구 분	2004년 12월 30일	2005년 10월 20일	지수 상승률 (%)	업종 대표주 상승률(%)	초과 상승률 (%)
종합주가지수	895.92	1162.23	29.72	39.11	9.39
코스닥지수	380.33	574.61	51.08	141.67	90.59

* 자료 : 증권선물거래소.

기준으로 유가증권시장의 18개 업종의 시가 총액 1위인 업종 대표주는 평균 12.45%가 상승하여 업종 평균 상승률보다 6.5% 초과 상승했다.

표 7-4 ▎ 업종 대표주의 주가 등락률(2004년 말 ~ 2005년 10월 20일)

업 종	유가증권시장			코스닥시장		
	종목명	시가 총액 (억 원)	주가 등락율 (%)	종목명	시가 총액 (억 원)	주가 등락율 (%)
건설업	대우건설	36,134	68.78	쌍용건설	3,503	79.43
기계	두산중공업	22,747	84.75	에스에프에이	2,278	51.52
비금속광물제품	쌍용양회공업	6,302	57.56	유진기업	1,246	284.78
서비스업	LG	43,571	49.41	파라다이스	4,820	35.38
섬유,의복	한섬	3,552	32.62	에머슨퍼시픽	552	254.63
운수장비	현대자동차	161,348	32.97	성우하이텍	1,522	411.29
운수창고업	한진해운	16,243	-5.63	아시아나항공	7,970	23.64
유통업	신세계	71,859	33.92	동서	5,945	66.25
음식료품	하이트맥주	26,588	61.99	매일유업	2,680	185.31
의료정밀	삼성테크윈	10,934	76.62	제넥셀	631	577.59
의약품	유한양행	10,745	52.87	코미팜	3,402	80.85
전기,전자	삼성전자	818,984	23.42	휴맥스	6,401	233.58
종이,목재	한솔제지	5,955	32.52	산성피앤씨	2,179	49.89
철강,금속	포스코	185,272	13.64	태광	2,177	73.64
통신업	SK 텔레콤	162,085	0.00	LG 텔레콤	14,446	30.25
화학	S-Oil	88,490	17.31	화인텍	1,650	110.33
금융업	국민은행	196,109	43.95	-		
전기,가스업	한국전력공사	218,816	27.19	-		
인터넷	-			NHN	25,840	99.64
홈쇼핑	-			CJ 홈쇼핑	7,546	53.78
디지탈컨텐츠	-			웹젠	2,711	10.11
평균			39.11			141.67

* 자료 : 증권선물거래소.

종합주가지수라는 착시에 조심해야 한다

우리나라 종합주가지수는 2003년 3월에 약 570포인트이던 것이 2007년 7월에 우리나라 증시 역사상 처음으로 1,900포인트를 돌파하면서 3배가 넘는 상승을 했다. 상식적으로 생각을 한다면 아무 주식이나 사두었다면 이 기간 동안 3배가량 상승을 했어야 한다. 그러나 종합주가지수의 상승에는 착시 현상이 있다는 것을 알아야 한다. 아무리 종합주가지수가 올라도 하락하는 종목들이 수두룩하고 반대로 증시가 조정기를 거쳐도 끝없

그림 7-2 ▌ 시가 총액별 회사 수와 비중(2007.3. 유가증권시장 기준)

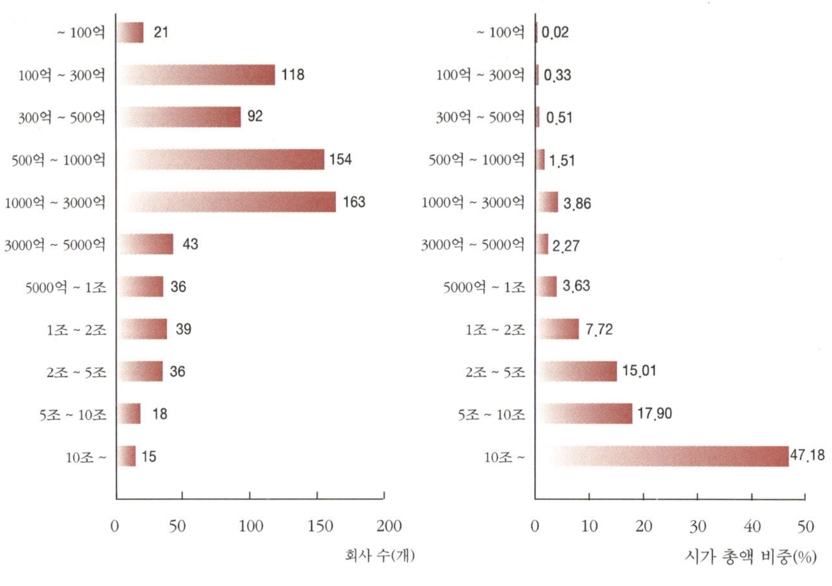

* 자료 : 증권선물거래소.

는 상승을 하는 종목들도 있다.

그리고 시가 총액 비중에 따라서 종합주가지수의 움직임은 큰 차이를 보이게 된다. 이와 같은 현상이 벌어지게 되는 것은 종합주가지수를 구성하는 유가증권시장에 상장된 약 700여 개에 달하는 종목 중에서 시가 총액이 10조 원이 넘는 상위 15위 종목의 비중이 전체 유가증권시장 시가 총액의 47%를 차지하고 있으며, 시가 총액이 1조 원이 넘는 100여 개의 종목까지를 포함할 경우 그 비중이 약 90%나 되기 때문이다. 그러므로 극단적으로는 시가 총액 상위 일부 종목이 상승을 하고 나머지 수백여 개의 종목이 모두 하락을 한다고 해도 종합주가지수는 수치상으로는 상승하게 될 수도 있는 것이다.

물론 반대로 시가 총액이 적은 수백여 종목들이 매우 큰 폭으로 하락해도 시가 총액 상위 종목들의 주가가 큰 흔들림이 없으면 종합주가지수는 다소간의 하락폭만 보여 주게 된다. 이럴 경우 시가 총액 상위 종목 위주로 투자한 외국인이나 기관의 경우는 그 피해가 적지만 시가 총액 하위 종목에 집중적으로 투자를 하는 개인 투자자들의 피해는 막심해지게 된다.

그래서 종합주가지수가 아무리 상승을 한다고 해도 나와는 상관없는 그들만의 잔치를 바라보면서 속이 쓰릴 수 있고, 반대로 종합주가지수가 조금만 하락해도 폭탄 맞고 쑥대밭이 되 버린 계좌 잔고를 보면서 하염없이 쓴 소주만 들이키게 될 수도 있다.

그러므로 회사가 속한 업종에서 1위의 규모를 유지할 뿐만 아니라 주가까지 높은 우량주는 다 이유가 있는 것이고 덩치가 작거나 주가가 낮은 주식은 이유가 분명히 있는 것이다. 회사에 대한 내용도 잘 모르면서 시가 총액 비중이 낮은 중소형주에 함부로 투자를 하기보다는 차라리 검증된 업

구 분		2005년 말	2006년 12월 5일	등락률 (%)	잔류 종목		신규 진입	
					종목수	상승률(%)	종목수	상승률(%)
한국	KOSPI	1,379.37	1,420.59	2.99	43	10.77	7	41.02
	KOSDAQ	701.79	619.87	-11.67	31	5.61	19	121.90
미국	NYSE	7,753.95	9,064.93	16.91	44	17.89	6	43.60
	NASDAQ	2,205.32	2,452.38	11.20	45	20.67	5	57.42
일본	Nikkei	16,111.43	16,265.76	0.96	47	4.32	3	32.80
영국	FTSE100	5,618.80	6,086.40	8.32	45	14.89	5	32.56
홍콩	HangSeng	14,876.43	18,944.19	27.34	45	42.40	5	131.37

* 자료 : 증권선물거래소.

종별 시가 총액 상위 종목 위주로 분산 투자를 하는 것이 훨씬 안정적인 수익을 기대할 수 있다.

이때에 유의해야 할 점은 업종별 시가 총액 1위라고 해서 언제나 1위의 자리를 지킬 수 있는 것은 아니며 2위 종목이 우수한 실적을 통해서 1위로 올라설 수 있으므로 1~2위 종목 모두 관심을 가지는 것이 바람직하다. 물론 투자를 할 때에는 일부 사양 업종이나 회사의 경영 상태가 불투명한 종목은 제외를 하고 매수시점을 달리하면서 골고루 분산 투자를 해야 한다.

시가 총액 상위 종목의 안정성은 외국에서도 검증된다

시가 총액 상위 종목의 투자성과는 국내 증시에만 해당되는 특이 사항이 아니라 외국의 경우에서도 비슷하게 검증된다.

표 7-5는 2005년 말에서 2006년 12년 6일까지 한국과 미국, 일본, 영

국, 홍콩 등 주요국의 대표 지수에 속한 시가 총액 상위 50위 종목의 주가 등락에 관한 자료이다. 이 기간 주요국의 시가 총액 상위 50종목 순위에 잔류한 종목들의 주가 상승률은 모두 시장 평균 상승률을 상회하고 있었다. 시가 총액 상위라는 대표주는 국내뿐만 아니라 외국의 경우에서도 그 '덩치' 값을 해 주고 있는 것이다.

그런데 특이한 것은 신규로 순위에 진입한 종목의 상승률이 매우 높다는 점이다. 주가가 크게 상승하면서 덩치가 커지자 시가 총액 상위 순위에 진입하는 종목들도 있고 이러한 '신인' 들의 기세에 눌려서 덩치 값을 제대로 못하는 종목들은 순위에서 밀려나고 있는 것이다. 우리나라 코스닥시장은 시가 총액 상위 50위에 신규 진입한 종목이 19개에 이르며 50위권의 순위를 지켜 낸 종목이 겨우 31개에 불과해서 다른 주요국의 증시에 비해서 시가 총액 변화에 따른 순위 변동이 매우 치열하다는 것을 알 수 있다.

이처럼 업종별 시가 총액 1~2위 종목에 골고루 분산 투자한 김 씨와 시가 총액 하위 종목에 집중적으로 투자한 황 씨와의 내기에서는 대부분 김 씨의 승리로 끝난다. 물론 증시가 과열되고 폭탄 돌리기를 하듯이 묻지마 투자가 난무하기 시작할 때는 황 씨가 짧고 화려한 승리를 하기도 하지만 말이다.

배당주,
두 마리 토끼 잡기

　우리나라 기업들은 IMF 사태를 겪은 후 재무 구조를 탄탄히 하고 이익 규모를 키우는 데 많은 노력을 기울였다. 또한 최근 들어서는 외국인 투자자의 고율 배당 요구와 소액 주주들의 집단 움직임으로 인해서 기업들이 주주를 중시하는 경영 분위기가 확산되고 있다. 이러한 이유로 배당을 실시하는 기업도 많아지고 배당 비율도 높아지고 있는 추세이다.

　유가증권시장에 상장된 회사들은 2001년에 3조 8,000여 억 원을 현금 배당으로 지급한 이래 2006년까지 최근 6년 동안 총 47조 원에 달하는 돈을 배당금으로 주주에게 지급했다(그림 7-3).

외국인의 주머니로 고스란히 들어가는 배당 수익

　이러한 배당금의 상당수는 외국인 주주에게 지급되어 국부 유출이 되고 있는 실정이다. 표 7-6에서 보듯이 삼성전자, 포스코, SK텔레콤 등 우리

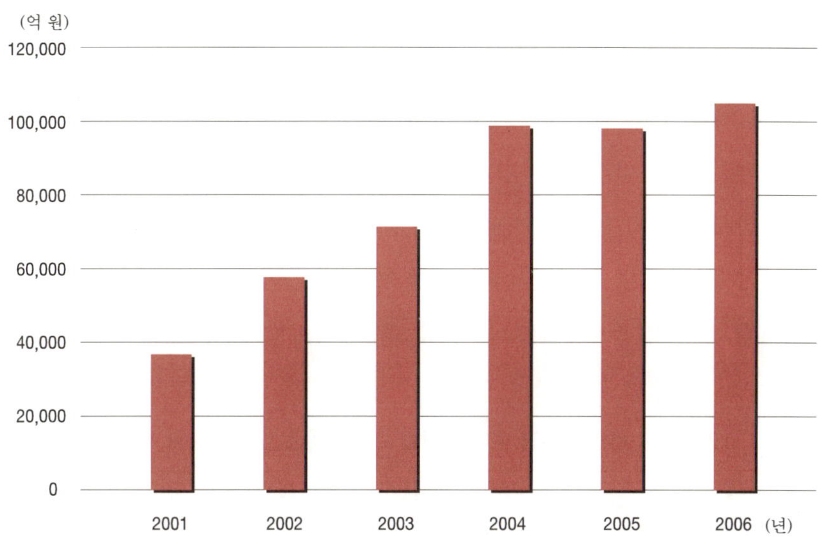

나라를 대표하는 기업들이 국내외에서 힘들게 벌어서 수익을 낸 이익의 상당수가 고스란히 외국인에게 현금 배당금으로 넘어가고 있다.

그렇다면 외국인 투자자들은 배당 수익만을 바라보고 배당을 실시하는 이러한 기업들에 투자한 것일까? 외국인은 배당 수익뿐만 아니라 배당 수익과 주가 상승이라는 두 마리의 토끼를 잡을 수 있기에 이러한 배당주에 집중적으로 투자를 하고 있다.

시장 평균보다 안정적인 움직임을 보이는 배당주

2000~2005년 유가증권시장에 상장된 배당실시 기업의 주가 등락률을 조사한 자료에 의하면 배당을 실시하는 종목에 투자했을 경우에는 종합주가지수의 등락보다 훨씬 안정적인 투자 수익을 거둘 수 있었다(그림 7-4). 배당을 실시하는 기업의 주가는 6년간 종합주가지수 대비 16%를 상회하고 있다. 또한 2005년 배당 실시 기업의 2006년 주가 등락 현황을 보면 2006년 10월 10일 기준으로 배당금 총액 평균(261억 원) 이상인 대형 법인의 경

표 7-6 ▌ 12월 결산 법인 배당금 총액 상위사(2005 사업년도에 의한 2006년 지급)

순 위	회사명	배당금 총액 (100만 원)	외국인배당금 총액 (100만 원)	외국인배당금 비율(%)
1	삼성전자	834,055	436,080	52.3
2	한국전력공사	731,535	220,669	30.2
3	SK텔레콤	662,528	362,478	54.7
4	포스코	638,445	473,784	74.2
5	케이티	636,872	395,305	62.1
6	신한금융지주회사	385,049	163,960	42.6
7	현대자동차	342,310	123,483	36.1
8	케이티앤지	249,702	173,046	69.3
9	SK	239,600	127,978	53.4
10	LG전자	199,955	73,360	36.7
11	국민은행	184,888	158,055	85.5
12	현대모비스	127,993	62,349	48.7
13	한국가스공사	123,233	14,537	11.8
14	케이티에프	120,688	16,741	13.9
15	강원랜드	112,565	37,418	33.2

* 자료 : 증권선물거래소.

우 종합주가지수와 비교했을 경우 8.18% 추가 상승했다.

　배당을 실시한다는 것은 회사의 실적이 좋고 회사 내에 여유 자금이 많은 등 재무 내용이 건전하다는 것을 의미하기 때문에 투자자의 관심이 높아지면서 주가가 상승하게 된다. 그리고 배당 수익이라는 보너스가 주가 하락 시에는 손실을 보전해 주고 주가가 상승을 할 때는 수익을 더해 주는 역할을 하기 때문에 배당을 실시하는 종목들의 주가는 이처럼 종합주가지수에 비해 하락할 때는 덜 빠지고 상승할 때는 더 많이 상승하게 된다.

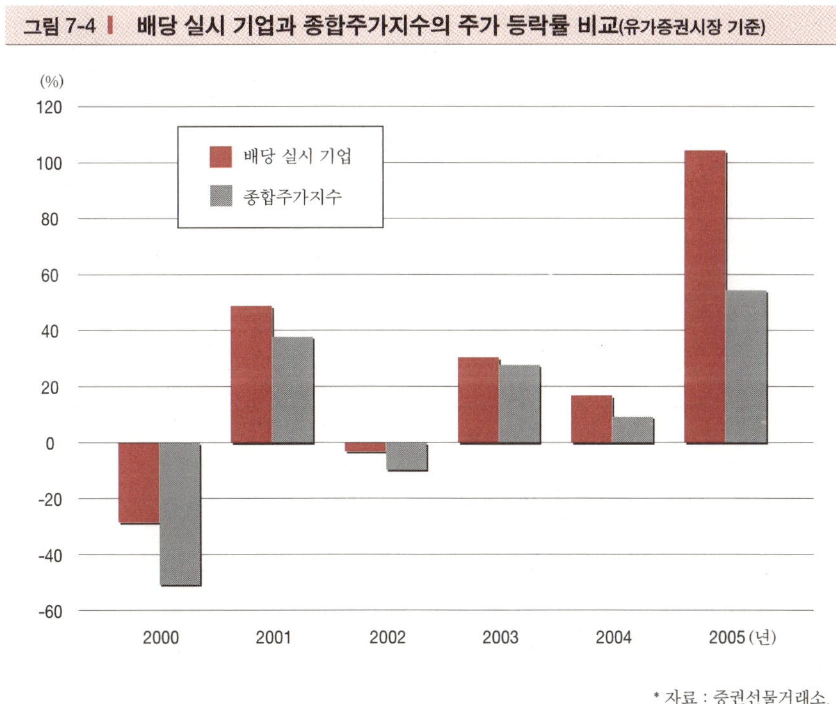

그림 7-4 ▐ 배당 실시 기업과 종합주가지수의 주가 등락률 비교(유가증권시장 기준)

* 자료 : 증권선물거래소.

고배당 종목은 배당 수익과 주가 상승이라는 이중의 즐거움을 준다

개별 기업을 분석해 보면 배당 종목의 가치를 더욱 명확하게 알 수가 있다. 2004년도에 배당을 실시한 기업 중에서 2005년도에 주가 등락률 상위 종목들을 살펴보면 시가 배당률이 시중 은행 금리보다 높은(5~10%) 기업들이 100~400%에 달하는 주가 상승을 했다는 것을 알 수 있다(표 7-7). 2005년의 경우는 증시 자체가 활황이었기에 그런 분위기의 혜택을 봤다고

표 7-7 ▎2004년 배당 실시 기업 중 2005년 주가등락률 상위 종목

종목명	주가(단위 : 원, %)			2004년 시가 배당률
	2005년 1월 30일	2005년 9월 6일	등락률	
세림제지	5,030	28,200	460.64	5.00
세원 E&T	800	3,550	343.75	6.13
대호에이엘	310	1,230	296.77	8.06
DSR 제강	575	2,045	255.65	4.39
한라건설	7,900	27,300	245.57	5.63
대상팜스코	995	3,150	216.58	5.35
삼호	5,370	16,650	210.06	4.64
중앙건설	5,980	18,500	209.36	9.84
화성산업	3,565	10,900	205.75	6.86
모나리자	540	1,645	204.63	12.84
광주신세계백화점	36,850	107,000	190.37	2.70
종근당	9,620	27,700	187.94	3.25
SIMPAC	475	1,345	183.16	5.38
무학주정	11,900	32,800	175.63	8.40
삼성엔지니어링	7,350	19,800	169.39	3.35

* 자료 : 증권선물거래소.

할 수도 있다.

그렇다면 증시가 제자리 걸음을 반복하며 횡보를 했던 2006년의 경우는 어떠했을까? 2005년도에 배당을 실시한 기업들의 2006년도의 주가 움직임을 보면 증시 자체는 제자리걸음을 했음에도 불구하고 이들 종목들은 50~100%의 주가 상승을 했다는 것을 자료로서 확인할 수가 있다(표 7-8).

또 다른 예로 최근 5년(2001~2005년)간 연속으로 꾸준하게 고배당을 실시한 기업에 장기 투자했다면 어떠한 결과가 나왔을까? 최근 5년간 연속으

표 7-8 ▎ 2005년 배당실시 기업 중 2006년 주가 등락률 상위 종목 현황

종목명	주가(단위 : 원, %)			2005년 시가 배당률
	2005 년 2 월 29 일	2006 년 10 월 10 일	등락률	
삼성테크원	18,050	36,850	104.16	1.70
한솔 LCD	27,950	53,200	90.34	0.90
현대미포조선	61,300	116,500	90.05	2.50
웅진씽크빅	10,950	20,050	83.11	2.30
현대중공업	76,900	138,500	80.10	1.90
심양중기	18,100	31,500	74.03	1.90
SKC	11,950	20,300	69.87	2.10
한국카본	4,420	7,310	65.38	1.10
동양제철화학	27,050	44,650	65.06	2.40
데이콤	13,800	22,700	64.49	1.80
동일방직	48,700	79,800	63.86	2.56
고려아연	51,000	82,200	61.18	1.80
영풍	133,500	207,500	55.43	0.76
삼성엔지니어링	28,500	44,200	55.09	1.40
현대제철	20,950	31,650	51.07	2.40

* 자료 : 증권선물거래소.

로 시가 배당률 4% 이상을 실시한 상장 법인은 27개사로서 이들 기업의 주가는 같은 기간에 81% 상승했다. 여기에 배당 수익률까지 포함할 경우 투자 수익률은 119%로서 같은 기간 종합주가지수 상승률 77%보다 42%를 초과하는 수익을 올릴 수 있었다.

이와 같이 배당을 실시하는 기업에 투자하는 것이 좋은 투자 수익이 가능하다는 것을 알았는데 그렇다면 어떤 기업이 배당을 실시하는지 그리고 배당을 실시하는 기업들 중에서 어느 종목을 선택해야 할까?

배당 종목의 검증된 대표주자, 한국배당지수 종목

배당을 실시하는 많은 종목들 중에서 특히 증권선물거래소에서 발표하는 한국배당지수(Korea Dividend Stock Price Index, KODI)에 속하는 종목에 주목을 하는 것이 좋다. 한국배당지수는 배당 실적이 우수한 기업을 대상으로 구성된 주가지수인데 장기 투자의 활성화를 위해 기업 가치에 기준하여 2003년 7월 21일부터 운영되고 있다.

이 지수에 포함이 되는 종목들은 시가 총액 상위 30% 이내, 자기자본 순이익률(ROE) 60%이내, 일평균 거래 대금 40% 이내의 기업 중에서 배당 성향(순이익 대비 배당을 얼마나 하는지)과 배당 수익률(1주당 배당으로 인한 수익이 어느 정도 인지) 등이 높은 기업으로 구성된다.

이처럼 까다로운 조건과 다양한 재무 건전성을 검증받아야 하기 때문에 한국배당지수에 속한다는 것은 수능 성적과 내신, 논술 등의 다면 평가를 통해서 '우수 학생' 의 기본 조건을 검증받은 종목이라고 볼 수 있다. 그래서 배당을 실시한다는 것은 기업의 실적이나 재무 건전성이 그만큼 좋다는 것을 의미하고, 이러한 배당실시 기업들 중에서도 배당 지수에 속하는 종목은 투자 매력도 면에서 더욱 알찬 종목이라고 할 수 있는 것이다.

최근 들어 주주의 이익을 위해서 배당을 실시하는 기업이 많아지고 배당 규모도 커지는 것은 우리 증시가 체질 개선을 하고 선진화되고 있는 긍정적인 면이라고 볼 수 있지만 한편으로는 우려가 되는 면도 있다.

왜냐하면 기업 활동으로 발생한 이익이 신기술 개발을 위한 신규 투자에 투입되지 못하고 배당으로 빠져나간다는 것은 향후 우리 경제의 성장 동력 창출과 기업의 경쟁력 제고의 관점에서 볼 때는 문제가 될 수도 있기 때문이다. 더구나 주주들에게 많은 배당금을 지급하는 기업들 중의 상당수는 앞에서 본 바와 같이 외국인 투자자의 비율이 월등하게 높기 때문에 배당 수익이 고스란히 외국인의 수중에 들어가고 있는 실정이다. 그러므로 개인 투자자들이 배당을 실시하는 종목에 투자하는 것은 개인의 재테크뿐만 아니라 국부 유출의 국내 환수라는 관점에서도 바람직한 일이라고 할 수 있을 것이다.

자사주 매입 종목은
주가 상승의 이유가 있다

자사주 매입은 기업이 자기 자본으로 회사의 주식을 매수하는 것을 의미한다. 그런데 왜 회사가 직접 나서서 자신의 주식을 돈을 들여가면서 사들이는 것일까?

경영권 방어, 주식가치 상승이 목적

자사주 매입을 하는 이유는 회사의 오너나 경영진 등의 최대 주주가 보유한 회사 지분이 적어서 M&A(인수합병)에 쉽게 노출이 되는 경우이다. 이럴 경우 특정한 세력이 주식을 집중적으로 매수해서 지분율을 높이면 이들의 발언권이 강해져서 경영에 간섭을 하거나 심할 경우는 경영권을 빼앗길 수도 있다.

또 다른 이유는 시중에 유통 중인 주식의 양을 줄이기 위해서이다. 2005년부터 시행되기 시작한 집단 소송 제도에 의해서 소액 주주들이 기업에게 투명한 경영을 요구하고 주식의 가치를 높이도록 압력을 가하는 경우가 많아지고 있다. 이런 요구의 일환으로 자사주 매입을 통해서 주식의 물량을 줄여서 주당 가치를 향상시키려 하는 것이다. 유통 중인 주식의 물량이 많을 경우는 주가 상승에 부담스럽게 작용을 하기 때문에 유통 주식 수를 줄여 주식의 가치를 높여서 주가 상승을 용이하게 하기 위해서 자사주 매입을 해서 주식을 소각하기도 한다.

자사주 매입 종목은 시장 평균보다 안정적인 주가 흐름을 보여 준다

기업이 자사주 매입을 하려면 무엇이 있어야 할까? 바로 현금이 있어야 한다. 그래서 기업이 자사주 매입에 나서게 되면 회사의 현금 유동성이 좋다는 것을 의미한다. 돈을 써가면서 유통되는 주식수를 줄이거나 경영권 방어라는 중요한 이유가 걸리게 되면 결국 주식 매수의 수요가 많아지기 때문에 자연스럽게 주가는 상승을 하게 된다.

그림 7-5는 2000년부터 2006년 9월까지 자사주 매입을 하는 종목과 종합주가지수의 등락률을 비교한 것이다. 2000년에 종합주가지수가 -52.3% 하락할 때에 자사주 매입 기업들의 주가는 -39.4%가 하락하여 시장 평균보다 12.9% 적게 하락했다. 그리고 2001년부터 2004년까지도 종합주가지수보다 약 10% 내외의 추가 상승을 했으며 종합주가지수가 크게 상승한 2005년의 경우는 시장 평균보다 79.3%나 추가적인 상승을 했다. 2000년부터 2006년 9월까지 평균적으로 17.7% 초과 상승을 한 셈이다.

이처럼 자사주를 매입하는 기업의 주가는 종합주가지수가 하락할 때는 상대적으로 덜 하락하고 반대로 종합주가지수가 상승할 때는 시장 평균보

다 더 많이 상승하고 있다.

자사주 매입은 개인이 아무 때나 주식을 살 수 있는 것과는 달리 공시라는 방법을 통해서 미리 매입을 하려는 수량과 가격을 사전에 공개적으로 알려야 한다.

그림 7-6은 2004년 1월부터 2006년 4월까지의 기간 중에 자사주를 매입하거나 처분을 한다는 공시를 한 후의 주가 움직임이다. 자사주 매입을 하겠다는 공시를 낸 당일에 주가는 시장 평균 대비 2.4%, 20일 후에는 5.5%, 60일 후에는 9.4% 추가적인 상승을 했다. 반대로 자사주 처분을 하

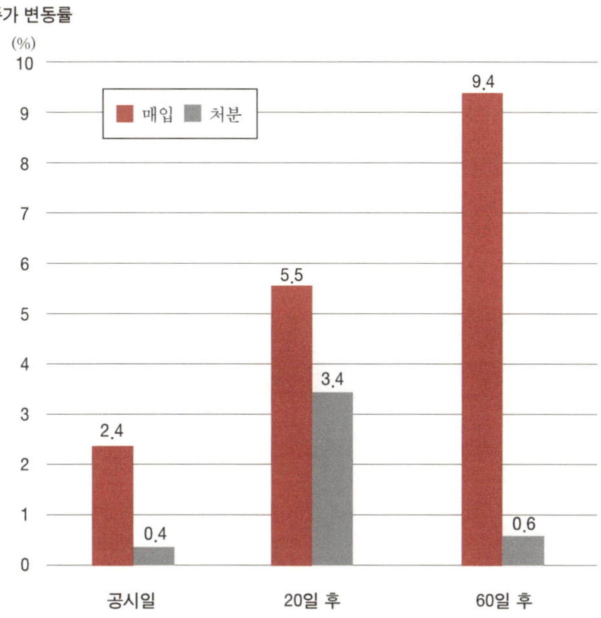

* 자료 : 증권선물거래소.

는 공시의 경우에도 수가는 크게 하락하거나 동요함이 없이 시장 평균 보다 다소의 상승폭을 유지하고 있다.

이와 같은 자료를 보면 자사주 매입이 주가에 적지 않은 영향을 미치는 것을 알 수 있다. 그리고 자사주를 매입한다는 공시가 나간 이후에 꾸준하게 주가가 상승을 하고 있다. 반면 자사주 처분 공시에도 불구하고 주가가 크게 하락하지 않는 이유는 처분 방법이 장내를 통해서 일반인에게 매도를 하는 것이 아니라 직원 대상의 우리사주조합출연이나 임직원 상여금 등의 용도로 처분되기 때문이다.

이처럼 자사주 매입을 하는 종목은 공시가 나간 후에 시장 평균보다 초과적인 상승을 하며 장기적으로도 시장 평균보다 높은 상승을 하고 있는 것을 알 수 있다. 그러나 이는 평균적인 통계 자료이기 때문에 자사주 매입을 하는 종목이 무조건 주가가 상승을 한다는 보장이 있는 것은 아니다. 그러나 적어도 통계 자료에서는 자사주 매입을 하는 종목들이 평균적으로 종합주가지수 이상의 상승을 통해서 수익을 더해 주고 있다. 그러므로 자사주 매입을 하는 종목은 투자자에게는 또 다른 투자 기회를 제공해 주고 있는 셈이라고 볼 수 있다.

자기 회사 제품을 자기도 안 산다면 일반 소비자가 신뢰할 수 있을까? 자사주 매입, 제3자 입장에서는 주목할 만한 사항이다.

주식 프리미엄을 얻을 수 있는 공모주 청약

많은 사람들이 주택 청약과 관련된 예금·적금에 가입하고 내 집 마련의 꿈을 꾼다. 입지 조건이 좋은 곳의 경우는 프리미엄도 많이 붙고 향후에도 가치 상승이 기대되기 때문에 이런 곳의 주택이 분양하게 되면 청약 경쟁률이 치열하다. 주식 시장에도 이러한 주택 청약과 같은 개념인 공모주 청약이라는 것이 있는데, 기업을 주식 시장에 신규로 상장하면서 일반인들에게 청약을 받아서 주식을 배정하는 것이다.

기업이 이러한 공모주청약을 통해 증시에 상장을 하려면 관련된 일련의 업무와 절차를 맡아서 처리해 주는 주간 증권사를 선정하게 된다. 그리고는 상장하려는 기업의 가치가 어느 정도 되는지를 분석해서 이를 토대로 공모하는 주식의 가격(공모가)과 공모하려는 주식의 수량을 결정한다. 이러한 내용을 공식적으로 발표해서 개인 투자자나 외국인, 기관 투자자를 대상으로 공모를 실시해서 청약을 받게 된다.

이때 청약을 하려면 아무 증권사를 통해서나 가능한 것이 아니라 공모를 맡은 주간 증권사나 물량을 배정 받은 증권사를 통해서 해야 한다. '신제품을 배정 받아 한정 판매하는 특판 대리점’에서만 예약 신청이 가능하다는 것이다. 자신이 거래하는 증권사가 A라는 회사의 공모 주간사가 아니고 물량도 배정 받지 못했다면 청약을 신청할 수가 없게 된다. 이럴 때는 해당 주간 증권사에 계좌를 개설해서 청약 신청을 해야 하는데 증권사마다 그 자격 기준과 청약 한도가 다소 상이하기 때문에 사전에 청약 자격에 대한 확인을 증권사에 해야 한다.

그리고 청약자가 원하는 수량만큼 다 배정 받을 수 있는 것이 아니라 비율에 따라서 배정을 받게 된다. 만일 1,000주를 신청했는데 청약 경쟁률이 10대 1이라면 배정 받게 되는 주식은 100주밖에 되지 않는다. 청약을 위해서는 공모가×청약신청 주식수×0.5의 금액을 청약증거금으로 납입해야 한다. 공모가 1만 원의 주식을 100주 신청한다면 50만 원을 증거금으로 납부해야 한다. 물론 공모주 배정 후에는 배정 받은 수량의 금액만큼의 차익을 정산해서 되돌려 받거나 추가 납입을 하게 된다.

증시가 활황일 때는 공모주 청약 프리미엄이 높게 형성된다

2006년에 신규 상장된 법인은 유가증권시장 25개, 코스닥시장 51로 총 76개사이며 2005년의 경우는 총 98개의 법인이 신규로 상장되었다. 이처럼 증권 시장에는 항상 신규로 진입하는 회사가 존재하기 마련이다. 특히 증시가 활황이고 주가가 상승을 하는 시기가 되면 이런 분위기에 편승해서 많은 기업들이 신규로 상장을 하려고 한다. 증시 활황 시에는 많은 유동성 자금이 증시에 몰리고 투자자들의 관심이 높아지게 된다. 그래서 프리미엄

구분	회사명	공모가(원)	상장일 종가(원)	수익률(%)
유가증권시장	온미디어	5,200	6,900	32.7
	미래에셋증권	48,000	65,500	36.5
	인천도시가스	19,000	28,950	52.4
	현대 EP	18,500	42,550	130.0
	삼정펄프	29,000	48,500	67.2
	주연테크	6,400	11,700	82.8
	롯데관광개발	18,000	26,000	44.4
	롯데쇼핑	400,000	407,000	1.8
코스닥시장	젠트로	2,200	2,760	25.5
	엘씨텍	1,500	3,450	130.0
	한국전자금융	20,500	28,050	36.8
	팬엔터테인먼트	7,000	8,420	20.3
	크레듀	24,000	55,200	130.0
	제이브이엠	17,000	15,200	-10.6
	넥스턴	4,100	5,290	29.0
	한국컴퓨터	23,500	42,550	81.1
	팅크웨어	10,000	12,050	20.5
	다사테크	12,000	27,600	130.0
	모건코리아	1,600	3,680	130.0
	트리이콤	4,800	3,675	-23.4
	휴온스	9,300	14,550	56.5
	평산	15,500	21,400	38.1
	MDS 테크	13,000	20,100	54.6
평균		30,874	39,177	26.9

* 자료 : 증권선물거래소.

이 높게 형성되어 원래 기업의 가치보다 고가로 공모가를 책정할 수 있을 뿐만 아니라 청약 경쟁률도 높아져서 상장하려는 주식 물량을 모두 소화할 수 있기 때문이다.

표 7-9는 2006년에 공모주 청약을 통해서 신규로 증시에 상장된 주요 종목들의 공모주 청약 수익률을 보여 주고 있다. 공모가에 비해서 상장 첫날 종가는 평균 26.9%가 상승하여 공모주 배정 자체만으로 적지 않은 투자 수익이 가능한 것을 알 수 있다. 물론 공모가에 비해서 하락한 경우도 있지만 공모가 대비 100% 내외의 높은 수익률을 보여 주는 종목들도 적지 않다. 상장 후에는 각 기업이 시장에서 검증을 받으면서 상장 첫날보다 더 많이 상승한 경우도 있고 반대로 하락하기도 하지만 일반적으로는 공모가 대비 상승을 하고 있다.

이런 점을 보면 공모주 청약은 증시가 활황일 때에는 그 자체로서 좋은 투자 수단이라고 볼 수 있다. 하지만 이러한 공모주 청약도 증시가 침체되어 있을 때에는 수익을 거두기가 어렵고 오히려 손해를 볼 수 있다는 점을 알아야 한다. 여름에 무더위가 기승을 부릴 때에는 시원한 음료와 빙과가 없어서 못 팔 정도로 동이 나지만 이내 날이 선선해지면 관련 상품의 매출은 뚝 떨어지게 된다. 메뚜기도 한철인 것이다.

그리고 모든 종목이 공모주 청약을 통해서 수익의 기회를 제공해 주는 것은 아니기에 옥석을 가리는 안목이 필요하다.

2000년에 자본금이 잠식되어 부실한 재무 구조 상황이었던 ○○사는 주당 6,000원으로 공모주 청약을 실시했다. 이에 2만여 명의 투자자가 몰려 3,500억 원이 넘는 금액이 유치되었다. 그런데 회사의 자산 중에서 이미 부실 채권이 되어 버린 손실 부담액을 재무제표에 제대로 반영하지 않은 채 주식 가치를 산정해서 공모를 한 것이 나중에 밝혀졌다. 결국 그 후 무상 감자를 통해 당시에 공모가 되었던 주식은 모두 휴지 조각이 되어 버리고 말았다.

이 사건으로 피해를 본 투자자들이 소송을 제기했지만 법원은 투자자에게도 주의 의무를 소홀이 한 책임이 있으므로 회사는 피해금의 40%만 보상을 하라고 판결했다. 결국 묻지마 공모주 청약에 나섰던 투자자는 본인이 옥석을 제대로 가리지 못했다는 이유로 60%의 책임을 떠안게 되고 만 것이다.

8

기업의 향기를
느낄 수 있는
기업 분석 지표

향수 싼 종이에서는 향기가 나고 생선 싼 종이에서는 비린내 난다. 기업의 체취를 느낄 수 있는 분석으로 향기 나는 기업을 고를 수 있다.

PER,
저평가된 기업의 체취를 느낀다

① 마늘을 까서 팔면 하나에 1원 남는다. 마늘 까는 기계 값은 10원이다.
② 밤을 까서 팔면 하나에 2원 남는다. 밤 까는 기계 값은 200원이다.

여러분이라면 마늘 까는 기계를 사서 장사를 할 것인가? 아니면 밤을 까는 기계를 사서 장사를 할 것인가?

위의 질문에 아마도 많은 사람들은 마늘 까는 기계를 사서 장사를 하겠다고 대답을 할 것이다. 왜 그런 선택을 하는 것일까? 마늘 하나 까서 팔면 1원이 남는데 비해서 밤을 까서 팔면 그 두 배인 2원이 남으니까 밤 까는 장사를 해야 하지 않을까?

1개당 판매 이익은 밤 까는 장사가 좋지만 기계 값이 비싼 것이 문제이다. 1개당 이익은 2배 차이밖에 나지 않는 데 비해서 기계 값은 20배의 차이가 난다. 즉 1개당 이익이 차이 나는 것에 비해서 밤 까는 기계의 가격이 훨씬 비싸기 때문에 결과적으로는 가격이 저렴한 마늘 까는 기계를 사서 장사를 하는 것이 투자 대비 효과가 훨씬 좋기 때문이다.

주가수익비율로 주가 수준이 어떤지를 판단한다

기업이 1년간 기업 활동을 통해서 벌어들인 이익에서 각종 비용 등을 공제하면 당기순이익이 나온다. 이것을 발행된 주식수로 나누면 주당 순이익(Earning Per Share, EPS)이 나오게 되는데 현재의 주가를 이 주당 순이익으로 나누면 주가수익비율(Price Earning Ratio, PER)이 산출된다.

주가수익비율(PER) = 주가 / 주당 순이익(EPS)
: 낮을수록 저평가되어 있다

마늘 까는 기계의 가격 10원(주가)을 마늘 하나당 수익 1원(EPS)으로 나눈 것이 바로 주가수익비율(PER)이 되는 것이다. 그래서 마늘 까는 장사는 10/1=10이 되고 밤 까는 장사의 주가수익비율(PER)는 200/2=100이 되는 것이다. 결국 주가수익비율(PER)이 100인 밤 까는 장사보다 10인 마늘 까는 장사가 훨씬 짭짤한 투자 대상인 것이다.

이와 같이 주가수익비율(PER)은 기업이 영업을 해서 남긴 순이익을 주식수로 나누어서 한 주당 이익을 얼마나 남기는지를 계산한 다음에 그 수치를 현재 주가와 비교해 보는 것이다. 1주당 이익에 비해서 주가가 높으면 주가수익비율(PER)의 수치는 높아지게 되는 것이고 반대로 1주당 이익에 비해서 주가가 낮으면 주가수익비율(PER)이 낮아지게 되는 것이다. 그래서 주가수익비율이(PER)의 수치가 높으면 기업이 영업 활동으로 벌어들인 이익에 비해서 주가가 높게 고평가되었다는 것이며, 반대로 낮으면 이익에 비해 주가가 저평가되어 있으므로 향후 주가 상승이 예상된다는 것이다.

그래서 주가수익비율(PER)이 낮은 종목은 주가가 저평가되어 있으므로 좋은 투자 대상이라고 볼 수 있다.

이처럼 주가수익비율(PER)은 투자 종목을 선정하기 위해서 활용하는 많은 지표 중에 가장 기초가 되고 대표적인 것이라고 할 수 있다. IMF 이후 외국인 투자자들이 본격적으로 우리나라 증시에 진출하면서 대두되기 시작해서 한때는 크게 각광받았던 지표이다.

초기에는 주가수익비율(PER) 자체가 마치 대박 종목을 찾아내는 요술 방망이 같은 신기한 비법으로 여겨지기도 했고 당시에 외국인들이 주가수익비율(PER)에 의해서 발굴해 낸 기업들이 큰 각광을 받기도 했다. 물론 지금도 주가수익비율(PER)은 훌륭한 투자 분석 지표이기는 하지만 시장이 어느 정도 성숙이 되면서 다른 지표와 같이 비교해 분석해야 하는 복합적인 요소 중의 하나가 되었다. 따라서 무조건 주가수익비율(PER)만 보고서 투자를 하지는 말아야 한다.

그리고 주가수익비율(PER)을 분석할 때는 주의할 점이 있다. 성장 업종이냐 사양 내지는 정체 업종이냐에 따라서 업종별로 평균 주가수익비율(PER)이 다르기 때문에 업종 평균과 해당 종목의 수치를 비교해 보는 것이 필요하다.

그리고 간혹 주가수익비율(PER)의 수치가 채 1도 되지 않게 낮은 종목들도 있다. 이럴 경우 상당수는 채권단이 부실 기업의 채무 면제나 부채 자본의 전환을 해 주어서 주당순이익(EPS)이 급증하고, 이에 따라서 주가수익비율(PER)이 크게 낮아진 상황이다. 그래서 심할 경우 수치가 1 내외가 되기도 한다. 이런 것은 장부상의 정산에 의한 착시 현상을 보여 주는 수치이기 때문에 유의해야 한다. 그래서 주가수익비율(PER)이 너무 낮다고 판단될 경우는 다른 지표들과 병행해서 꼼꼼하게 비교를 해 봐야 한다.

주요국에 비해 저평가된 대한민국 증시

그림 8-1은 주요국의 주가수익비율(PER)을 비교한 자료이다. 우리나라 증시의 주가수익비율(PER)은 2006년 6월 기준으로 10.0으로 주요국 중에서 가장 낮은 수준이다. 증시 활황으로 인해서 2007년 3월에는 11.23으로 다소 높아졌지만 미국의 20.53과 일본의 18.40 등에 비하면 여전히 격차가

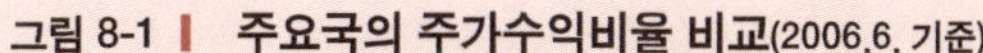

그림 8-1 | 주요국의 주가수익비율 비교(2006.6. 기준)

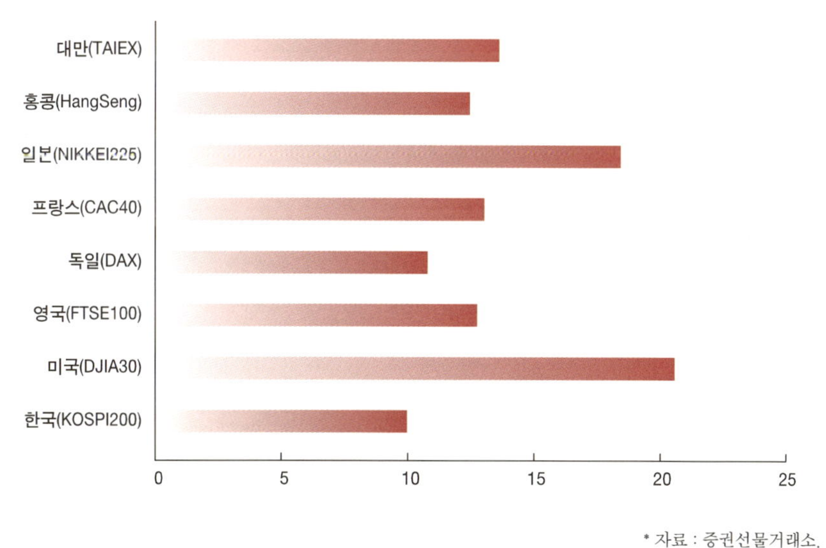

* 자료 : 증권선물거래소.

있는 상황이다. 따라서 우리 증시는 아직까지 주가수익비율(PER)이라는 관점에서는 저평가된 면이 있다고 볼 수 있다.

개별 종목의 주가수익비율은 업종 평균과 비교해야 한다

그림 8-2는 유가증권시장의 업종별 주가수익비율(PER)의 2007년 3월 자료이다. 최근 들어 주가가 급등한 업종의 주가수익비율(PER)이 가파르게

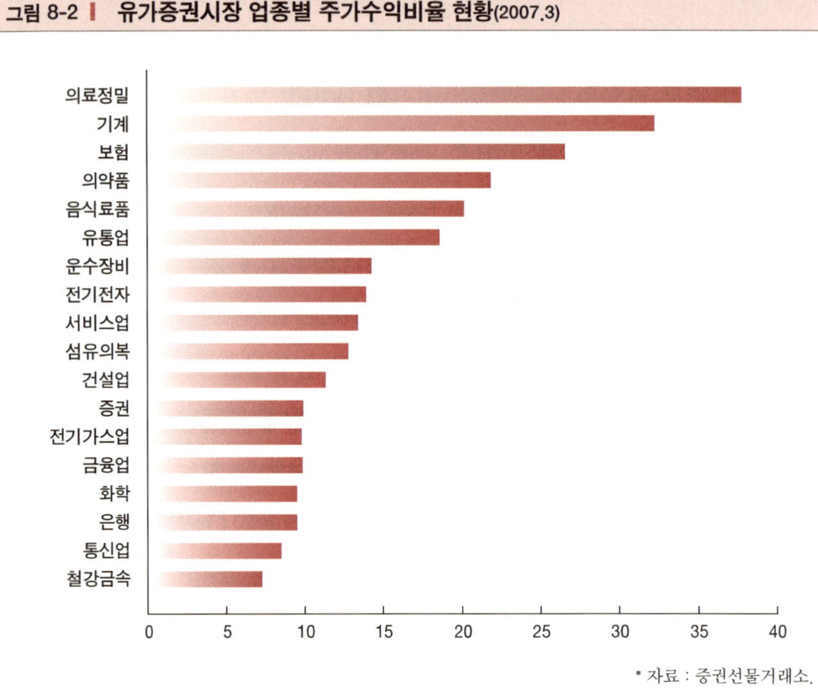

상승했다. 그러므로 투자를 하려는 종목의 주가수익비율(PER)이 해당 업종 내에서는 어느 정도의 위치에 있는지, 그리고 해당 업종 자체는 증시 전체에서 어느 정도나 고평가 내지는 저평가되어 있는지를 판단해 보아야 한다.

주가는 기업의 이미지나 브랜드 가치, 기타 역량에 의해서 종합적으로 판단해야지 한 가지 지표만으로 해당 종목의 투자 매력도의 좋고 나쁨을 판단하지 말아야 한다. 단순히 주가수익비율(PER) 하나만 보면 저평가되어 좋은 투자 대상이라고 볼 수 있지만 뒤에서 설명할 주가순자산비율(PBR), 자기자본이익률(ROE) 등 다른 지표가 나쁠 수도 있다. 그러므로 한 가지 지표로 판단하지 말고 종합적으로 판단해야 한다.

훌륭한 식당에 대한 평가는 좋은 재료와 조리 방법, 서비스와 분위기, 그리고 맛과 가격이라는 종합적인 요소에 의해서 결정되는 것처럼, 좋은 투자 종목의 판단 여부도 여러 지표의 종합적인 자료를 참조해야 한다.

ROE,
알짜 기업의 향기를 알려 준다

고등학교 동창생 5명이 모여서 1인당 1,000만 원씩 투자해서 5,000만 원으로 음식점을 창업했다. 그런데 음식점을 운영하다 보니 점포 임대료와 인건비, 재료비 등을 제한 순이익이 연간 50만 원이 남았다. 돈을 투자한 동창생들 입장에서는 이 사업이 매력이 있는 것일까? 만약에 여러분에게 투자를 하라고 하면 투자하고 싶은 생각이 들까?

대부분의 사람들은 "내가 왜 그런 한심한 곳에 투자를 하느냐?"면서 펄쩍 뛸 것이다. 왜 그런 것일까?

이 식당의 연간 순이익 50만 원을 전체 투자 자금 5,000만 원으로 나누면 1%가 된다. 1인당 1,000만 원씩을 투자했으니 한 사람당 1,000만 원 투자금의 1%인 10만 원을 연간 투자 수익이라고 나눠 갖게 된다. 투자자 입장에서는 수익이 1%인 셈이므로 은행 금리에도 훨씬 못 미치니까 이 사업은 영양가가 전혀 없는 투자가 되고 만다. 그래서 동업자들끼리 서로 자기 자본을 빼서 그만두겠다고 싸움이 나고 식당은 조만간 문을 닫게 될 것이다.

그런데 만약에 순이익이 연간 50만 원이 아니라 1,000만 원이 발생한다면 어떻게 될까? 이때의 자기자본에 대한 수익률은 1,000만 원(순이익) / 5,000만 원(자기자본) = 20%가 된다. 1인당 1,000만 원을 투자해서 은행 예금 이자의 몇 배가 되는 연간 20%의 수익을 거둘 수 있으니, 이때의 투자 자금대비 수익은 매우 짭짤하다. 이런 음식점이라면 주변에서 돈을 투자하겠다는 사람들이 줄을 설 것이다. 이게 바로 자기자본이익률(Return On Equity, ROE)의 개념이다.

투자 자금 대비 이익의 수준을 알 수 있는 지표

기업은 주주들이 출자한 자본금을 가지고 사업을 해서 각종 비용을 제한 순이익이 남게 되며, 이 순이익을 자본금으로 나누면 투자 자금 대비 이익률이 나오게 되는 것이다. 동창생끼리 투자해서 음식점을 동업했을 경우와 다를 바가 없다.

자기자본이익률(ROE) = 당기순이익 / 자기자본
: 높을수록 좋다

어떤 회사의 자기자본이익률(ROE)이 시중 금리 수준인 5% 정도에도 미치지 못한다면 차라리 회사를 접고 은행에 예금을 맡기고 편하게 놀고먹는 게 나을 수도 있을 것이다. 반면에 이 비율이 높으면 회사는 자본을 제대로 활용해서 '가치' 창출을 잘하고 있는 것이다. 그래서 자기자본이익률이 높

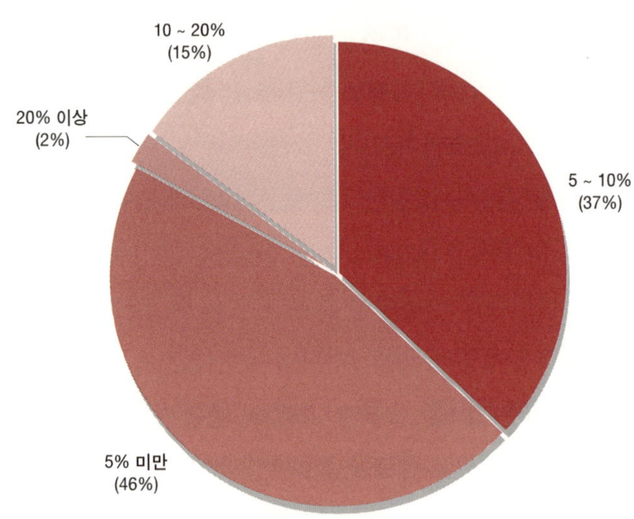

으면 투자자들이 해당 기업에 매력을 느끼고 그에 따라서 주가도 상승을 하게 된다.

결국 자기자본이익률(ROE)이란 기업의 당기 순이익을 자기 자본으로 나눈 비율을 말하는 것으로, 이 비율은 주주들 입장에서는 회사에 투자된 자금의 수익 정도를 측정하는 지표가 된다. 이 수치는 정기 예금 금리 이상은 되어야 가치가 있다고 볼 수 있다.

증시에 상장된 우리나라 기업들의 자기자본이익률은 최근 몇 년 들어서 꾸준하게 상승을 하고 있는 추세이다. 그림 8-3은 코스닥시장에 등록된 기업들 중에 486개 기업의 자기자본이익률(ROE)을 조사한 결과이다. 자기

자본이익률(ROE)이 20% 이상인 기업은 조사 대상 486개 회사 중에 11개로 약 2%였다. 10% 이상 20% 미만은 75개(15%), 5% 이상 10% 미만은 178개 (37%), 5% 미만은 222개(46%)였다. 자기자본이익률이 20% 이상인 기업들도 있고 채 5%도 넘지 못하는 기업들도 꽤 많이 분포하고 있다.

자기자본이익률이 높을수록 주가는 상승한다

그렇다면 자기자본이익률(ROE)의 비율에 따른 해당 회사들의 주가 등락률은 어떠할까? 그림 8-4는 자기자본이익률(ROE)에 따른 해당 기업들의 주가 상승률을 나타낸 것이다.

그림 8-4 ┃ 자기자본이익률에 따른 주가 상승률(2005.1~8, 코스닥시장)

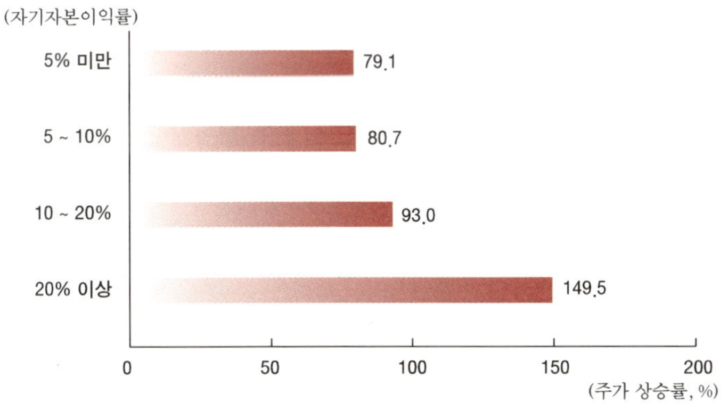

* 자료 : 증권선물거래소.

2005년 1~8월에 코스닥지수는 390.40포인트에서 518.30포인트로 약 32.7%가 상승했다. 그런데 같은 기간에 자기자본이익률이 5% 이상 10% 미만인 기업들은 주가가 80.7% 상승했으며 자기자본이익률이 20% 이상인 기업들의 주가는 그보다 훨씬 많은 149.5% 상승했다.

자기자본이익률(ROE)이 높은 종목들은 코스닥시장 평균 상승률 32.7% 보다 48~117%나 초과 상승한 것이다. 이와 같이 자기자본이익률과 주가 등락률은 상관관계가 매우 높고 자기자본이익률(ROE)이 높은 종목들의 주가 상승률은 시장의 평균 상승률보다 훨씬 높다.

여러분이라면 1,000만 원 투자해서 1년에 달랑 10만 원의 이익을 창출하는 음식점에 투자하고 싶은가? 아니면 200만 원의 이익을 창출하는 음식점에 투자할 것인가?

꽤나 복잡해 보이는 기업 분석도 알고 보면 이런 단순한 원리만 이해하면 할 수 있다. 성공적인 주식 투자는 복잡하고 현란한 분석과 용어로 하는 것이 아니라 지극히 상식적인 평소의 판단력만 있어도 가능하다. 그런데도 우리는 항상 단순한 진리를 등잔 밑에 두고서 요술방망이 같은 비법이 어디선가 뚝딱하고 나타나기를 바란다.

PBR,
담보 가치와 청산 가치를 나타낸다

남의 말에 잘 넘어가서 별명이 '얇은 귀'로 통하는 박 부장은 일련번호가 빠른 신권 화폐를 수집하면 많은 돈을 벌 수 있다는 말에 대출을 받아서 투자하기로 작정했다. 그런데 은행은 1억 원하는 집을 담보로 5,000만 원만 대출해 줬다. 그는 대출 받은 돈으로 일련번호가 빠른 1만 원 신권을 장당 50만 원의 프리미엄을 지불하고서 샀다.

그러나 시간이 흐르고 신권에 대한 호기심이 사라지면서 아무도 박 부장의 화폐를 사려는 사람이 없었다. 설상가상으로 대출금을 갚지 못해서 은행에서 차압이 들어와서 집은 경매로 넘어갔고 은행은 자신들이 빌려 준 돈을 한 푼도 손해 보지 않고 고스란히 찾아갔다. 반면에 그는 1장당 수십만 원 주고 산 1만 원 권을 가게에서 생필품을 사면서 1만 원이라는 액면가대로 계산할 수밖에 없었다.

위의 사례를 통해서 무엇을 알 수 있을까? 빚 얻어서 함부로 투자하지 말라고? 물론 그것도 옳은 말이다. 그러나 여기서 중요한 점은 집과 지폐의 순자산 가치와 그것을 얻기 위해 지불한 돈에 관한 내용이다.

박 부장의 집은 원래 1억 원의 자산 가치가 있는 집이다. 그런데 은행은 집을 담보로 잡고 가치의 50%인 5,000만 원만 대출해 주었다. 그래서 최악의 경우에라도 은행은 손해를 보지 않은 것이다. 반면에 박 부장은 사용 가치가 1만 원인 1만 원 권 지폐를 그보다 훨씬 비싼 50만 원을 지불하고 샀다가 아무도 그 가치를 인정해 주지 않자, 큰 손해를 보고 결국 동네 슈퍼에서 평범한 1만 원 권으로 사용했다.

주가순자산비율은 기업의 청산 가치를 나타낸다

기업의 회계 장부인 대차대조표에서 자산에서 부채를 차감한 순자산을 전체 주식수로 나누면 회사가 청산될 때 주주에게 돌아갈 수 있는 1주당 자산 가치가 나온다. 즉 회사가 문을 닫게 될 경우 주식을 보유한 주주에게 나누어 줄 수 있는 자산을 말한다. 주가순자산비율(Price Book value Ratio, PBR)은 주가를 1주당의 자산 가치로 나눈 것으로 현재 주가가 자산 가치에 비해서 몇 배로 거래되고 있는지를 측정하는 지표이다.

주가순자산비율(PBR) = 주가 / 1주당 자산가치
: 높을수록 고평가되어 있다.

이를 앞의 예에 다시 적용하면 은행은 1채에 1억 원하는 아파트의 순자산 가치의 0.5배(대출금 5,000만 원 / 순자산 가치 1억 원 = 0.5)의 대출을 해 줬기에 담보로 잡은 아파트를 팔아도 손해 보지 않고 대출금을 회수할 수 있어서 자산 가치 대비 안정적인 투자를 한 것이다. 반면에 박 부장은 순자산 가치에 비해 50배(1장당 구매 가격 50만 원 / 1장당 순자산 가치 1만 원 = 50)나 부풀려진 가격으로 투자를 했다가 결국 1만 원이라는 청산 가치밖에 돌려받지 못해서 큰 손해를 본 것이다.

이런 점을 보면 주가순자산비율(PBR)이 높을수록 회사의 청산 가치에 비해서 주가가 높게 형성되어 있으므로 재무 지표를 기준으로 한 안정성 면에서는 위험성을 내포하고 있다고 볼 수 있다. 그러나 이 지표는 무조건 아무 업종, 종목에나 맹목적으로 적용했다가는 오류를 범할 수 있는 여지

표 8-1 ▮ 시가 총액 상위 기업들의 주가순자산비율과 주가 등락률(유가증권시장)

순위	회사명	2005년 말	2006년 6월 13일	증감	주가 등락률(%)
1	삼성전자	2.45	1.98	-0.46	-16.69
2	한국전력공사	0.57	0.55	-0.03	-4.50
3	POSCO	0.90	0.96	0.06	7.67
4	SK 텔레콤	1.80	2.16	0.35	17.68
5	현대자동차	1.43	1.07	-0.36	-25.90
6	하이닉스반도체	2.54	1.99	0.55	-18.13
7	KT	1.45	1.39	-0.07	-4.28
8	LG 필립스 LCD	2.00	1.32	-0.68	-33.18
9	LG 전자	2.06	1.43	-0.63	-31.24
10	KT&G	2.12	2.62	0.50	14.10
11	신세계	3.49	3.25	-0.24	-3.39
12	현대중공업	1.55	2.04	0.49	29.91
13	SK	0.83	0.92	0.10	9.98
14	S-Oil	3.09	2.71	-0.38	-14.02
15	KTF	1.08	1.51	0.43	27.38

* 우선주 및 금융 회사는 제외되어 있음.
* 자료 : 증권선물거래소.

가 있다.

각종 설비가 많이 들어가는 제조업에 비해서 고정 자산이 상대적으로 적은 서비스나 소프트웨어 개발 관련 업종의 경우는 순자산 가치가 낮게 나오기 때문이다. 그래서 이런 업종은 주가순자산비율(PBR)의 수치가 높게 나올 여지가 많아 주가가 고평가되었다는 왜곡된 판단을 할 수 있다. 반면에 업무상 상관없는 부동산이나 악성 재고 물건이 과도하게 많을 경우 자산이 많게 잡히기 때문에 주가순자산비율이 상대적으로 낮게 나타나기 때문에 저평가되었다고 판단할 수도 있다. 그래서 주가순자산비율(PBR)은 매출이나 손익과 관련된 기업 활동 본연의 성적표를 나타내는 지표들과 같이 대조해 보고 판단해야 정확성을 높일 수 있다.

닭이 먼저냐, 알이 먼저냐?

표 8-1은 유가증권시장에 등록되어 있는 시가 총액 상위 기업들의 주가순자산비율(PBR)의 변화와 주가 등락률의 상관관계를 나타내 주고 있다. 삼성전자와 현대자동차, LG전자, LG필립스LCD 등 2005년 말에 비해 주가순자산비율(PBR)이 많이 하락한 종목들은 주가도 상대적으로 많이 하락했다. 주가순자산비율(PBR)이 고평가되었다가 하락하면서 주가도 같이 하락한 것이다. 반면에 SK텔레콤, KT&G, 현대중공업, KTF 등 주가순자산비율(PBR)이 큰 폭으로 상승한 종목들은 주가도 많은 폭으로 상승했다. 저평가되어 있던 주가순자산비율(PBR)이 주가 상승을 통해서 그 수치가 올라간 것이다.

　이렇듯 주가순자산비율(PBR)과 주가 등락률 간에는 묘한 상관관계가 있다. 자산 부문에서는 변동이 없는데도 다른 요인에 의해서 주가가 등락하면 주가순자산비율(PBR) 역시 주가에 연동이 되어 계산되는 지표이기 때문에 같이 등락을 하게 된다. 그래서 닭이 먼저냐 알이 먼저냐 하는 논쟁처럼 주가순자산비율(PBR)과 주가 등락률과는 선후의 관계를 논할 때 다소 논란의 여지가 있는 것이 사실이다.

　주인이 즐겁게 손님을 맞이해서 장사가 잘되는 것인지, 장사가 잘되니까 주인이 즐거운 것인지를 따지기 이전에, 어쨌거나 그런 집을 찾아서 즐겁게 식사를 하는 게 더 현명한 일이 아닐까?

9

세상은 넓고
투자 대상은 많다

쌀농사만 농사가 아니다. 비가 오기만 하염없이 기다려야 하는 천수답에서 눈을 돌리면 특용 작물 재배라는 또 다른 기회가 있다. 주식이라는 고정 관념에서 벗어나면 비가 오건 눈이 오건 전천후로 투자할 수 있는 다양한 투자 상품들을 접할 수 있다.

우물 안 개구리에게 하늘이란 우물을 통해서 바라보는 작은 공간일 뿐이다. 그러나 우물 밖으로 나오면 세상은 넓고 놀라움으로 가득 찬 경이로운 곳이 된다. 휴전선이라는 철책에 막혀 있는 대한민국. 그러나 투자의 세계에는 아무런 철책선도 존재하지 않는다. 좁은 땅을 넘어서면 이제 투자의 신천지가 눈앞에 펼쳐진다.

선물

주가가 오르거나 내리거나 수익의 기회가 있다

주식을 샀는데 하락하면 손해를 보게 된다. 그렇다고 팔기도 뭐 하고 보유하자니 속수무책이고 오로지 상승하기만을 바라야 한다. 이럴 때 주가 하락의 위험에 대비할 수 있는 어떤 방법이 있다면 마음 편하게 주식 투자를 할 수 있지 않을까?

이러한 필요성으로 등장한 것이 바로 선물, 옵션을 비롯한 파생 금융 상품이다.

농촌의 밭떼기 거래를 표준화한 선물 거래

우리가 일상생활에서 돈을 지불하고 현물(상품, 서비스 등)을 받는 일반적인 거래 방식을 현물(現物) 거래라고 하고, 이러한 현물 거래에 대비되는 개념으로서 선도 거래(Forward Transaction)라는 것이 있다.

현물 거래는 그 자리에서 물건을 주고받고 결제도 그 시점에 한다. 반면에 선도 거래는 현물 거래와 달리 계약 시점과 결제 시점이 서로 다르다. 즉 현물 거래는 계약과 동시에 상품 인도와 대금 결제가 동시에 이루어지고 종료되지만, 선도 거래는 특정한 물건을 미래의 정해진 시점에 얼마에 사고팔기로 미리 계약해 놓았다가 정해진 만기 일자가 되어야 실제 거래와 결제가 이루어진다. 이러한 선도 거래의 대표적인 예가 바로 농촌에서 흔히 이루어지는 '밭떼기'이다.

일반적으로 농사는 병충해와 풍수해 등으로 인해 수확량이 매우 불규칙하고 시세도 상당히 불안정하다. 그래서 생산자인 농부들은 미래의 불확실한 수익보다는 안정적인 수익을 올리고자 한다. 중간 상인 입장에서도 안정적인 가격에 물건을 확보해서 장사를 하고자 한다. 그래서 결국 두 사람은 미래의 안정적인 수익을 보장하기 위해서 미리 일정한 가격으로 거래를 하기로 사전에 계약을 하고는, 실제 수확 시점에서 농산물을 정해진 가격으로 거래를 하게 된다.

하지만 이러한 거래가 두 사람 간에 이루어지면 나중에 약속을 이행하지 않거나 처음과는 다른 조건을 요구하는 등 문제가 발생할 수 있다. 그래서 개별적인 사람들끼리의 거래로 인해서 발생할 수 있는 여러 문제나 불합리한 요소를 지닌 선도 거래의 문제점을 해결하기 위한 필요성이 대두되었다. 거래되는 상품의 종류, 수량, 품질, 인도 시기 등의 계약 내용을 표준화하고 규격화하여 공식적인 거래소를 통해 거래할 수 있도록 함으로써 계약의 철저한 이행을 보장하는 제도가 필요해진 것이다.

그래서 이러한 선도 거래를 표준화하여 공신력 있는 기관이 정한 규정과 절차에 따라 거래하도록 하고 이 기관이 거래의 이행을 보증하는 역할을 수행하게 하는데, 그게 바로 선물 거래소이고 선물 거래소를 통해서 이루어지는 거래를 선물 거래라고 한다. 2007년 현재 우리나라의 선물 거래소는 증권선물거래소에 통합되어 있다.

이처럼 선물 거래는 불안정하고 불규칙한 자산의 수요와 공급을 효율적으로 조절하여 가격을 안정시키고, 객관적인 거래 규정을 통해서 시장의 유동성을 향상시킬 뿐만 아니라 해당 자산에 투자된 자산을 위험으로부터 헤지(Hedge)하는 기능을 수행한다. 밭떼기 같은 선도 거래에 비해서 제도적으로 안전장치가 마련되어 공신력이 높아지면서 참여자도 늘어나고, 유동성이 풍부한 투자 상품의 거래 시장으로 발전한 것이 바로 선물 시장이다.

위험 회피보다 투기적 거래가 만연하는 선물 시장

선물 시장에서 거래되는 선물의 종류는 크게 금융 선물과 상품 선물로 구분할 수 있다. 상품 선물은 농축산물, 석유, 광물 자원 등이 있고 금융 선물은 주가지수, 외환, 금리 등이 있다. 수출입이 빈번한 기업체의 경우는 환율의 변동이 큰 변수로 작용을 하기 때문에 환율 변동에 의한 피해를 사전에 방지하고 안정적인 기업 활동을 영위하기 위해 달러 선물 같은 외환 선물 상품을 거래하기도 한다.

선물 거래는 처음에는 이와 같이 위험을 회피하고자 하는 목적으로 파생되었지만 차츰 그와는 달리 투기적인 목적으로 이용되기 시작하면서 투기적인 목적의 투자자들이 크게 늘어났다. 위험을 회피하라고 만들어진 선물 시장이면 그런 목적의 투자자들이 거래를 해야지, 왜 투기적인 투자자들이 몰리는 것일까? 그것은 선물 거래가 다음과 같은 이유로 주식 투자에 비해서 투기적인 사람들에게 매력적인 이유가 있기 때문이다.

• 주가가 하락해도 수익을 올릴 수 있는 양방향 구조

주식 투자는 주가가 올라야지만 수익이 발생하지만 선물은 주가가 하락하는 쪽으로도 투자할 수 있는 양방향 구조이다. 그래서 증시가 상승세이거나 하락세이거나 상관없이 투자의 기회가 있다.

• 현물 거래보다 훨씬 큰 지렛대 효과

100만 원 상당의 주식을 매수하려면 100만 원이 필요한데 비해서 선물은 15%의 증거금만으로 거래할 수 있다. 그래서 같은 투자 자금으로 주식에 비해 6배나 많은 규모의 '베팅'이 가능하다. 이 때문에 투기적인 목적으로 접근하는 사람들은 주식 투자보다 6배로 판돈을 키울 수 있는 화끈한 선물 시장에 몰린다.

• 풍부한 유동성으로 언제라도 치고 빠지는 것이 용이하다.

우리나라에서 가장 대표적인 선물 상품이고 가장 많이 거래가 되고 있는 주가지수 선물인 코스피200선물은 2006년 기준으로 일일 평균 거래 대금이 16조 원에 이르고 우리나라 선물 시장은 2005년 기준으로 세계 5위이다. 이와 같이 풍부한 유동성으로 인해서 아무리 많은 투자금일지라도 언제든지 진입과 청산이 용이하다.

• 세금 비과세 혜택

선물은 원래 투자의 위험을 회피하기 위한 수단으로 파생된 것이기 때문에 주식과는 달리 거래에 따른 세금이 한 푼도 부과되지 않는다. 단지 거래 수수료만 증권사에 지급하면 되기 때문에 세금 혜택 면에서도 매우 유리하다.

위와 같은 이유로 선물 시장에는 위험을 회피하기 위한 수단으로서가 아닌 투기적인 목적으로 시장에 참여하는 투자자들이 매우 많다. 하지만 이러한 장점은 반대로 투자를 잘못할 경우에는 주식 시장보다 훨씬 위험한 단점으로 작용할 수도 있다.

투기적인 매력 이면에 도사린 무서운 위험성

주식 투자는 사 놓고 오르기를 기다리면 되는 데 반해서 선물은 주가가 오르는 쪽에 베팅하느냐 내리는 쪽에 베팅하느냐를 수시로 바꿔 가면서 거래할 수 있다. 그래서 시도 때도 없이 반대로 들락거리다 보면 순식간에 계좌가 깡통이 되고 만다.

그리고 지렛대 효과 때문에 손실로 인해 시장에서 퇴출되는 기간도 주식보다 6배나 빠르다. 묻지마 투자자가 주식 투자로 계좌의 돈을 모두 날리는 데 6개월 걸린다면 선물 시장에서는 구조적 특성으로 인해서 단 1달 만에 다 날릴 수 있다는 것이다. 뒤에서 설명할 옵션의 경우는 이보다 더 심해서 불과 하루 만에도 다 날릴 수 있다. 화끈한 맛에 멋모르고 덤볐다가 는 수익은커녕 눈 깜짝할 새에 코 베어 가는 곳이 바로 선물 시장이다.

선물 시장은 주가가 올라야지 웃을 수 있는 단방향 게임에만 익숙하던 주식 투자자들이 처음에 발을 들여 놓으면 주가가 올라도 벌고 내려도 벌 수 있는 시스템으로 인해 "세상에 이런 오묘한 요술 방망이가 있었나?"라는 환상에 빠져든다. 선물의 짜릿한 맛에 반해서 탐욕으로 대박의 꿈을 꾸다가는 순식간에 계좌의 잔고를 거덜 내고 마는 것이다.

그래서 이러한 묻지마 투자자의 무분별한 시장 참여를 제한하기 위해서 금융 당국은 투자금액 제한이 없는 주식과는 달리 최소한의 기본 증거금이 1,500만 원이 있어야 선물 계좌를 개설해서 거래할 수 있도록 제도를 운용하고 있다. 적지 않은 금액을 일종의 담보 내지 참가비 명목으로 요구해서 참여자의 자격을 제한하고 있는 것이다(2006년 말부터는 개인의 거래 실적과 신용도에 따라서 금액을 다소 차등적용하고 있다).

선물 거래의 무서움을 알려주는 유명한 일화가 있다. 1994년 말 베어링 은행 싱가포르 사무소 펀드매니저인 약관 28살의 리콜라스 리슨은 가명 계좌로 일본의 선물 시장에 거금을 투자했다. 그러나 이듬해인 1995년 1월 고베에서 대지진이 일어나면서 일본 주식 시장이 폭락하는 바람에 순식간에 13억 달러가 넘는 손실을 기록하고 말았다.

이 여파로 223년의 전통을 자랑하던 베어링 은행은 파산하고 단돈 1.6 파운드(약 2,900원)에 ING 그룹에 넘어가고 말았다. 이 사건으로 리콜라스 리슨은 위조와 사기 등의 혐의로 3년 6개월을 복역했다. 그러나 그 후에 그는 자신의 경험담을 살린 '투자 실패학' 강의로 인기 강사가 되었다. 223년의 역사를 하루아침에 잿더미로 만들어 버린 비극의 주인공이 또 다른 비극의 희생자가 나오지 않게 한다는 명분 하에 TV 광고를 찍고 고액의 강연료를 받으며 귀하게 모셔 가는 인기 강사가 된 것이다.

참으로 요지경 세상이 아닐 수 없다.

옵 션

하루에도 수십 수백 배의 가격 변화

옵션은 개념과 원리가 매우 생소하고 복잡한 파생 금융 상품의 하나다. 그리고 가격 구조와 움직임에 대한 분석을 제대로 해서 투자하려면 주식 투자에 비해서 꽤나 전문적인 지식이 요구된다. 그래서 주로 기관이나 외

표 9-1 ▌ 주식과 선물 · 옵션의 거래 개념 및 투자 전략

구 분	거래 개념 및 가능한 투자 전략					
주 식	매 수 (지수 상승 예상 시 주식을 산다)			매 도 (지수 하락 예상 시 보유 주식을 판다)		
선 물	매수 (지수 상승 예상 시)	청산 (매수한 물량을 털어냄)		매도 (지수 하락 예상 시)	청산 (매도한 물량을 털어냄)	
옵 션	콜(Call)옵션			풋(Put)옵션		
	매수 (지수 상승 예상 시)	매도 (지수 하락 예상 시)	청산 (매수 매도 물량 청산)	매수 (지수 하락 예상 시)	매도 (지수 상승 예상 시)	청산 (매수 매도 물량 청산)
선물+옵션	지수 상승, 하락, 보합 예상에 따라서 선물과 옵션을 조합한 수십 가지 이상의 합성 전략이 가능함					

국인 투자자들이 현물 자산(주식)의 위험 회피 수단으로 거래해야 하는 것이 정상이다.

그러나 화끈한 것을 좋아하는 우리나라 사람들의 성격과 딱 들어맞는 옵션의 엄청난 투기적인 특성 때문에 현물 자산의 위험 회피 수단으로 옵션을 운용하는 것이 아니라 옵션 거래 자체에서 투기적 수익을 거두려는 투자자들이 몰리고 있다. 그래서 우리나라 주가지수 옵션 시장의 규모는 전 세계에서 타의 추종을 불허하는 부동의 1위 자리를 고수하고 있다.

옵션의 기본 개념은 프리미엄에 대한 투자

부동산 시장에는 아파트라는 실물 자산이 있고 아파트의 분양권이 1차 파생 권리가 되어 거래된다. 그리고 이 분양권에는 다시 2차 파생 권리로 프리미엄이 붙게 된다. 이를 주가지수 옵션에 적용해 보자.

유가증권시장에 상장된 모든 종목의 평균 지수를 종합주가지수라고 한다. 그리고 이들 중에서 200개 종목을 추려서 도출한 지수를 코스피 (Kospi)200지수라고 한다. 이 코스피200지수가 현물 자산이며 여기에서 파생된 1차 파생 권리가 선물이 되고, 선물에서 파생된 2차 권리가 바로 옵션이 된다.

그래서 옵션은 부동산으로 치면 분양권에 대한 프리미엄을 거래하는 것이라고 볼 수 있다. 그리고 선물이 주가가 오르는 쪽이나 내리는 쪽, 양 방향으로 투자가 가능한 것처럼 옵션도 주가가 오르거나 내리는 쪽 양방향 모두 투자가 가능하다.

옵션은 주식과 달리 복잡한 전략과 만기라는 개념이 있다.

선물·옵션에는 주식 투자와는 다른 용어가 쓰인다. 주식에서 사는 것이 매수, 팔아서 처분을 하는 것을 매도라고 한다. 그런데 선물은 오르는 쪽에 투자하는 것을 매수, 내리는 쪽에 투자하는 것을 매도라고 하고 주식을 팔아 버리듯이 보유 물량을 털어 내는 것을 청산이라고 그런다. 같은 용어임에도 주식 거래할 때와는 의미가 전혀 다르게 쓰인다.

그래서 선물·옵션 초보자는 처음에 당황하고 잦은 실수를 하기도 한다. 매수한 것이 있어야 매도를 할 텐데, 주가가 내려가는 쪽으로 매수(투자)하는 것을 매도라고 하니까 그 개념과 의미가 헷갈리는 것이다.

그리고 옵션에는 만기라는 것이 있다. 그래서 주가지수 옵션의 경우 만기일에 권리 행사 가격과 현물 자산인 코스피200과의 차이를 계산해서 정산하게 된다. 예를 들어 권리 행사 가격이 210인 콜옵션이 있는데 만기에 코스피200지수가 210이 넘으면 그 차이만큼 수익을 거둘 수 있지만, 반대로 210을 넘지 못하면 휴지 조각이 되어 버린다.

주식이야 회사가 망하거나 해서 상장 폐지가 되기 전까지는 만기라는 개념이 없지만 옵션의 생명은 한 달에 불과하다. 그래서 매월 3월물, 4월물 하는 식으로 새로운 옵션이 생겨나는데 실제로는 매월 '월'이라는 껍데기만 바꿔 입는 셈이라고 볼 수 있다. 로또가 1주 단위로 발행되어 당첨이 되거나 휴지 조각이 되거나 하는 것과 같은 개념이라고 이해하면 된다.

표 9-1은 주식과 선물·옵션의 거래 개념 및 투자 전략을 정리한 내용이다. 주식의 경우는 주가가 오를 것 같다고 예상하면 매수했다가 아니다 싶으면 매도하면 모든 게 끝이 난다. 아주 단순한 거래 개념이다. 그런데

선물은 지수가 상승할 것으로 예상되면 매수를 하고 이 물량을 주식처럼 매도하는 것이 아니라 청산을 하게 된다. 이때에는 매수한 수량만큼을 매도해야 청산이 된다. 만약에 매수한 수량보다 더 많이 매도를 하게 되면 매수한 물량을 다 청산함과 동시에 지수 하락에 투자를 하는 '매도' 상태가 되고 만다. 주식과 다른 점이 바로 이 부분이다.

그런데 옵션은 선물보다도 더 복잡해진다. 옵션은 종류가 크게 두 그룹으로 나누어지고 각 그룹 내에서 매수 매도 전략을 각각 취할 수가 있다. 즉 지수가 상승할 것으로 예상이 되면 콜(Call) 옵션을 매수하거나 풋(Put) 옵션을 매도해도 된다(여기에 콜과 풋은 다시 프리미엄 정도와 만기 일자에 따라서 다양한 종류로 나뉜다). 하나의 예상을 가지고 두 가지의 거래 형태로 접근이 가능한 것이다.

거기다가 선물과 옵션을 조합할 경우는 수십 가지 이상의 합성 전략이 가능하게 된다. 이쯤 되면 주식 투자처럼 오를 것 같으면 매수하고, 아니다 싶으면 매도하는 단순한 개념에 익숙한 투자자들은 머리에 쥐가 나기 시작한다. 뭐가 이렇게도 복잡하고 난해한 것인지? 그럼에도 불구하고 개인 투자자들이 이렇게 복잡하고 어려운 파생 금융 상품인 선물과 옵션 시장에 뛰어드는 이유는 바로 이들 상품이 가지는 투기성 때문이다.

사실상 가격 제한폭이 없는 폭탄

앞에서 선물이 현물(주식)보다 6배 이상의 지렛대 효과가 있다고 했는데 옵션은 선물보다도 레버리지 효과가 크고, 주식과 달리 가격 제한폭이 거의 없다시피 할 정도다. 심할 경우는 하루에도 가격 변동폭이 수십 배나 되기도 한다. 이런 놀라운 가격 변동폭의 대표적인 사례가 9·11 사태이다.

미국에서 9·11 테러가 일어난 다음날에 지수가 하락하면 수익이 발생하는 풋(Put) 옵션 일부 종목의 매수 가격이 불과 하루 만에 최고 600배까지 상승하기도 했다. 100만 원으로 하루 만에 무려 6억 원을 벌 수도 있다는 것이다. 최근에는 2006년 12월에 장중에만 100배가 넘는 가격 변동폭을 보이기도 했다.

그래서 간혹 언론에서 옵션 시장에서 하루 만에 수십 배의 대박이 터졌다 하는 기사를 보고 혹해서 덤벼드는 사람들이 많다. 2006년 말부터 옵션 매수 전용 계좌를 개설하면 선물과는 달리 초기 증거금 없이 몇만 원 내지 몇십만 원의 소액으로도 얼마든지 옵션 매수 거래가 가능하기 때문에 주식 투자로 실패해서 자금력이 모자라는 사람들이나 '짧고 굵은 승부'를 원하는 투자자들이 옵션 시장으로 몰려들고 있다.

주식은 주가가 상승하면 해당 회사의 가치가 상승하는 것이므로 파이의 크기가 커져서 주식을 보유하고 있는 사람 모두 수익이 나는 윈윈(Win-Win) 구조이다. 그러나 선물이나 옵션은 시소 게임처럼 한쪽에서 수익이 발생하면 정확하게 그 금액만큼 반대로 투자한 누군가가 손해를 보게 되는 구조이다. 즉 윈윈이 아니라 제로섬(Zero Sum) 게임인 것이다. 그래서 나의 불행은 남의 행복이고 남의 불행은 곧 나의 행복이 되는 구조이다. 50%가 웃으면 50%는 울어야 되는 아주 비정한 승부의 세계가 바로 선물·옵션 시장이다.

특히 옵션은 하루에도 수십 배의 수익이 가능하기도 하지만 반대로 자신의 투자 자금을 하루 만에 몽땅 날릴 수도 있기에 투기적인 매력만 보고 초보자가 함부로 달려들면 순식간에 전 재산을 날릴 수도 있다. 그러므로 주식 투자에 대한 위험 회피 수단이 아닌 투기적인 목적으로 접근을 하면 가공할 만한 메가톤급 폭탄을 안고 불구덩이에 뛰어드는 것이 될 수도 있다는 것을 잊어서는 안 된다.

화끈한 만큼 가슴 쓰린 상처를 안겨 줄 수도 있는 것이 바로 옵션인 것이다.

상장지수펀드

시장 수익률만큼의 안정적인 수익

김 과장 : 나 원 참, 종합주가지수는 연일 신기록 행진이라는데, 왜 내
　　　　　가 산 종목들은 이렇게 비실비실 대는 거야?

박 과장 : 그러게 종목을 잘 선택해야지.

김 과장 : 나는 큰 욕심 없어, 그냥 종합주가지수 상승하는 만큼만 수익
　　　　　이 나면 좋겠는데, 그렇다고 전 종목을 매수할 수도 없고.

박 과장 : 그러면 주가지수와 똑같이 움직이는 상장지수펀드를 사면 되
　　　　　잖아?

김 과장 : 펀드는 중간에 해지하면 환매 수수료도 나가고, 연간 운용 수
　　　　　수수료도 내야 되잖아?

박 과장 : 이런, 상장지수펀드는 일반적인 펀드가 아니라 주식하고 똑
　　　　　같아. 증시에 상장되어 있기 때문에 일반 주식 종목 사듯이
　　　　　아무 때나 사고팔 수 있고 펀드처럼 수수료 비용이 드는 것도
　　　　　아니라구.

김 과장 : 아니, 그런 게 다 있나?

김 과장은 투자할 주식 종목을 선택하는 것이 항상 부담스러웠다. 그리고 어쩌다가 나름대로 고민해서 종목을 선정해 투자하면 종합주가지수 상승하는 것보다 못한 성적을 거두곤 한다. 그래서 그는 평소에 더도 말고 종합주가지수와 같이 움직이면서 종합주가지수 상승폭 정도, 즉 시장의 평균 수익만 안정적으로 올릴 수 있으면 좋겠다고 생각했다.

이런 김 과장에게 필요한 것이 바로 상장지수펀드(Exchange Traded Fund, ETF)이다.

주식 거래하듯이 종합주가지수를 통째로 거래할 수 있다

가끔 TV에 무늬는 동물인데 하는 짓은 사람 같은 희한한 애완동물들이 화제가 되어 소개되듯이, 상장지수펀드(ETF)는 무늬는 펀드이지만 실제로는 주식과 동일한 성질을 가지고 있다.

펀드 중에는 인덱스 펀드(Index Fund)라는 것이 있다. 특정한 주가지수와 연동하여 동일한 움직임으로 수익 구조가 결정되도록 포트폴리오(투자 종목과 비율)를 구성하여 시장의 평균 수익을 실현하는 것을 목표로 하는 펀드이다. 상장지수펀드(ETF)는 일종의 인덱스 펀드인 셈인데 다른 인덱스 펀드와는 달리 펀드 자체가 하나의 주식 종목처럼 시장에 상장되어 있다는 점이 특징이다. 그래서 일반 주식과 똑같이 펀드의 가격(주가)이 오르내리며 개인이 아무 때나 마음대로 사고팔 수가 있다.

예를 들면 유가증권시장에 상장된 종목들 중에서 대표적인 200종목을 추린 코스피200지수와 연동하여 움직이는 KODEX200라는 종목이 있는

데, 이게 바로 대표적인 상장지수펀드(ETF)의 하나이다. 김 과장처럼 더도 말고 덜도 말고 시장의 평균 수익률 정도를 안정적으로 추구하고자 하는 사람들이 환매 수수료나 운용 수수료 같은 펀드의 비용부담 없이 경제적으로 편하게 투자할 수 있는 것이 바로 상장지수펀드(ETF)이다.

KODEX200종목에 투자를 하면 결국 코스피200지수에 포함된 200개 종목에 골고루 분산 투자를 하게 되는 것과 같은 효과를 상장지수펀드(ETF) 한 종목으로 실현할 수 있다. 또한 상장지수펀드(ETF)는 주식을 팔 때 부과되는 0.3%의 증권 거래세도 면제되어 세제 면에서 유리하다. 만약에 코스피200종목을 일일이 사고판다고 한하면 거기에 필요한 무수한 시간과 노력뿐만 아니라 각 종목을 사고팔 때마다 드는 증권사 수수료와 거래세만 해도 엄청나다. 거기에 비하면 상장지수펀드(ETF)는 정말로 간단하고 편리하면서 경제적인 측면에서도 매우 유리한 '고마운 종목'이 아닐 수 없다.

표 9-2 ❙ 섹터 지수 종류와 구성

섹터 지수 종목명	업종	구성 종목 수
KRX Autos	자동차	20
KRX Semicon	반도체	20
KRX Health Care	건강	20
KRX Banks	은행	10
KRX IT	정보통신	30

국내외적으로 점점 다양화되고 증가하는 상장지수펀드

최근에는 지수를 좀 더 세분화하여 업종 지수에 연동하여 움직이는 이른바 섹터 지수도 속속 등장하고 있다. 섹터 지수란 자동차나 반도체, 건강 등 특정한 업종에 속한 종목들을 추려서 이들의 주가 움직임과 연동하여 동일하게 움직이는 지수이다. 따라서 이들 종목에 투자할 경우는 성장 산업이나 테마를 형성하는 업종의 대표 종목들에 분산 투자하는 효과를 얻을 수가 있다. 섹터 지수는 코스피200종목보다 좀 더 세분화하여 특정한 업종의 성장이 기대될 때에 한두 종목의 등락으로 인한 위험을 피하면서 성장하는 업종 평균 수익률과 동일한 수익을 추구할 수 있다는 장점이 있다.

상장지수펀드(ETF)가 가지는 특징과 장점 때문에 주요 국가에서는 이들의 거래가 활발하고 규모 또한 증가세에 있다. 표 9-3에서 보듯이 미국 최대 규모의 상장지수펀드(ETF)인 SPDR S&P 500는 2006년의 하루 평균 거래 대금이 91억 5,600만 달러에 이르고 있을 뿐만 아니라 일본의 경우는

표 9-3 ▮ 해외 주요국의 상장지수펀드 일평균 거래 대금

종목명	2004년	2005년	2006년
SPDR S&P 500(미국)	4,865	7,424	9,156
Nasdaq-100TrustSeries1(미국)	3,559	3,453	4,369
iShares FTSE 100(영국)	16	24	32
Nomura Nikkei 225(일본)	27	35	65
Tracker Fund of HK(홍콩)	8	5	7

* 단위 : 100만 달러.
* 자료 : 증권선물거래소.

구 분	종목명	일평균 거래량 (1,000주)	일평균 거래대금 (100만 원)
대표지수 ETF	KODEX200	653	11,635
	KOSEF200	178	3,135
	KODEXKRX100	170	471
	TIGERKRX100	176	4,863
	KODEX스타	115	147
	대표지수ETF 전체	1,207	17,889
섹터지수 ETF	KODEX자동차	108	798
	KODEX반도체	112	1,075
	TIGER반도체	220	2,183
	KODEX은행	139	1,383
	KOSEFBanks	119	1,193
	TIGER은행	296	2,946
	KOSEFIT	51	444
	섹터ETF 전체	1,045	10,022

* 자료 : 증권선물거래소.

Nomura Nikkei 225가 6,500만 달러를 기록해서 2005년에 비해서 각각 23%와 86%가 증가하는 등 세계 주요국의 상장지수펀드(ETF)의 거래가 증가되는 추세이다.

참고로 우리나라 상장지수펀드(ETF)의 종목별 거래 규모는 표 9-4와 같다. 코스피200지수에 연계되어 움직이는 KODEX200종목이 2006년에 하루 평균 65만여 주가 거래되어 거래 대금은 하루 평균 116억여 원에 이르고 있다. 업종에 따른 섹터 지수 종목들도 거래가 활발하게 이루어지면서 그 규모가 점차 증가하고 있는 추세이다.

이제 주식 투자는 개별 종목만을 사고팔 수 있다는 틀에서 벗어나야 한다. 개인 투자자도 소액으로 얼마든지 상장지수펀드(ETF)를 이용해서 우리나라 증시 전체나 특정한 업종 지수에 속한 수십 종목의 포트폴리오를 구성해 투자하는 것과 같은 효과를 기대할 수 있는 것이다.

주가연계증권,

원금 보장+α로 유혹한다

중국 초나라의 어떤 상인이 시장에서 자신의 창과 방패가 세상에서 최고라고 자랑하면서 장사하고 있다. "이 창은 세상의 어떤 방패라도 뚫을 수 있는 최고의 창입니다. 창 사세요! 그리고 이 방패는 그 어떤 창이라도 막을 수 있는 최고의 방패입니다. 방패사세요!"

그러자 시장에 있던 누군가가 "그러면 그 창으로 방패를 찌르면 어떻게 되는 겁니까?"하고 묻자 그 상인은 아무 대답을 하지 못했다.

이는 누구나 알고 있는 모순(矛盾)에 관한 이야기이다. 모순은 논리적으로 앞뒤가 맞지 않을 때 쓰는 말이다. 이런 모순 같은 금융 상품이 바로 주가연계증권(ELS)이다.

주가연계증권(Equity Linked Securities, ELS)은 자산의 일정 부분을 국채 등 안정적인 수익이 가능한 자산에 투자하여 원금을 보존하면서 일부를 주가지수 옵션 등의 파생 금융 상품에 투자해서 고수익을 노리는 금융 상품이다. 2003년에 개정된 증권거래법 시행령에 따라 상품화되어 일반에게 보급되기 시작했다.

많은 사람들을 혼란스럽게 만든 모순 같은 상품

원금 보장이 되면서 +α의 고수익이 가능하다고 관련 회사들이 대대적인 광고를 하자 일반인들은 "오호라! 은행 예금처럼 안전하면서 고수익도 가능한 이런 좋은 투자 상품이 나오다니?"하며 내용 확인도 제대로 하지 않고 가입했다. 그런데 원금 보장도 되면서 고수익이 확실하게 가능하다면 사람들이 돈을 싸 들고 줄을 서서 투자하고 모두들 부자가 될 텐데, 그런 꿈 같은 일이 현실에서 가능하겠는가? 위에서 설명한 모순처럼 모든 방패를 뚫을 수 있는 창과 모든 창을 막을 수 있는 방패가 동시에 존재한다는 식이다.

주가연계증권(ELS)도 겉에서 보이는 화려한 모습의 내면에는 이런 모순이 분명히 존재하고 있다. 그래서 광고만 보고 아무 생각 없이 주가연계증권(ELS)에 가입한 사람들은 기대 수익과 실제의 운용 결과의 차이가 심해서 수많은 분쟁과 민원을 제기하기도 했다. 모순의 설명을 덜컥 믿었다가 뒤늦게 그 자체가 모순이라면서 항의를 하는 것이다.

주식연계증권(ELS)은 여러 가지 방식으로 수익 구조를 설계하여 다양한 가능성을 염두에 두고 운용된다. 쉬운 예를 들면 종합주가지수가 가입 시의 기준 가격보다 10% 이상 하락하지 않으면 원금을 보장해 주고, 만약에 20% 이상 상승하면 연 7%의 수익을 보장해 주는 등 사전에 약정된 범위 내에 지수의 움직임에 따라서 손익을 확정하고 조기에 환급해 주는 형태다. 몇 달 만에 증시가 -9%까지 하락하다가 반등해서 가입 시보다 20%이상 상승하면 미리 7%의 수익을 확정해서 지급해주는 식이다. 얼핏 보면 최적의 조건인 것 같지만 다른 관점에서 보면 주가가 10% 이상 하락하면 원금 보장이 안 되기도 하는 것이고 반대로 주가는 20% 이상 올라도 겨우 7%의 수익이 확정될 뿐이라는 것이다.

실제 사례를 보자. 모 증권 회사가 판매한 주가연계증권(ELS)은 2004년 5월 이후 2007년 4월까지 -60%의 손실을 기록하고 있다. 왜 이런 현상이 발생했는가? 이 상품은 삼성전자의 수익률이 코스피200의 수익률보다 높으면 연 8%의 수익률로 조기 상환해주는 수익모델을 채택하고 있다. 그러나 이 기간 삼성전자의 상승률보다 코스피200지수가 더 상승을 했기 때문에 수익률이 마이너스가 되어 버린 것이다.

더 황당한 경우도 있다. 주가지수가 하락할 경우에 수익이 발생하는 역추세 전략을 추구하는 수익 구조로 설계된 주가연계증권(ELS)들은 손실률이 무려 80% 내외에 이르러서 거의 1/5 토막이 나고 말았다. 종합주가지수가 크게 상승을 했는데도 종합주가지수와는 반대로 가는 역추세 전략을 기반으로 수익 모델이 설계되었기 때문에 이러한 현상이 발생한 것이다. 물론 이런 경우는 소수이긴 하지만 주가연계증권(ELS)이 가지는 구조적인 문제점과 발생 가능한 위험성이 분명히 존재한다는 것이다.

원금 보장이라는 것도 100% 원금 보장일 경우에는 +α의 고수익을 올릴 수 있는 수익 구조의 확률 자체가 매우 낮기 때문에 고수익의 기대값이 낮게 된다. 반대로 +α의 고수익을 추구하는 수익 구조를 채택할 경우는 무조건 원금 보장이 아닌 조건부 원금 보장이 되고 원금을 까먹을 수 있는 확률도 높아지기 때문에 말 그대로 고위험 고수익 상품이 되어 버리고 만다.

그래서 주가연계증권(ELS)은 고도로 전문화된 지식을 갖춘 금융 전문가가 각종 분석과 모의실험, 향후의 전망 등을 예측해서 상품 설계를 한다. 그래서 주가연계증권(ELS)은 상품 종류도 매우 많고 일반인은 수익 구조 자체도 제대로 이해하기가 어려울 뿐만 아니라 일선 창구에서 상담해 주는 담당자 역시 해당 상품의 운용과 수익 구조의 금융 공학적인 원리와 개념을 제대로 이해하지 못하고 단지 팸플릿 내용을 읽어 주는 수준인 경우가 많다.

이처럼 주가연계증권(ELS)은 한편으로는 매우 매력적인 상품이기도 하면서 매우 모순적인 구조를 가지고 있다. 그래서 일반인이 제대로 된 주가연계증권(ELS)을 선택해서 투자를 하려면 적지 않은 노력이 요구된다.

모순이라는 단어의 깊은 의미와 세상에 공짜 점심은 없다는 말을 실감하게 만드는 것이 바로 주가연계증권(ELS)이라는 애물단지인 것이다.

주식워런트증권

원하는 예상 가격에 사고판다

주식워런트증권(Equity Linked Warrant, ELW)이란 주식이나 지수 상품을 특정한 가격에 사거나 팔 수 있는 권리로서 주식 종목처럼 거래가 되지만 실제로는 앞에서 설명한 옵션과 성격이 비슷하다. 주식워런트증권(ELW) 시장은 2005년 12월에 개설된 이래 그 규모가 계속 확대되어 2007년 4월 24일 기준 하루 거래량은 3억 8,000여만 주로 유가증권시장 대비 97.3%에 이르고 있으며, 하루 거래금액은 3,000억 원이 넘어서고 있다.

옵션상품과 비슷한 개념의 주식워런트증권

그림 9-1은 주식워런트증권(ELW) 종목 상세 정보이다. 주식 종목 상세 보기와는 내용이 다름을 알 수 있다. 우선 종목명이 '대신7005국민은행콜' 이라고 되어 있다. 이는 대신증권에서 발행한 국민은행의 콜행사종목이라는 것이다. 그리고 세부 내용을 살펴보면 발행 가격은 1,100원인데 프리미

[7714] ELW 종목상세정보			
517005 정 대신7005국민은행콜			
기초자산	국민은행		
가　격	2,575	0 (0.00%)	
권리유형	표준형	상장일	2007/01/19
행사방식	유럽형	최종거래일	2007/05/18
결제방법	현금	만기일	2007/05/22
행사가격	74,000	지급일	2007/05/25
전환비율	0.2000	잔존일수	25
발 행 사	대신증권(주)	LP회원사	대　　신
발행수량	1,900,000	LP주문가능	불가
발 행 가	1,100	LP보유수량	1,887,850
		LP보유율	99.36%
권리내용	만기평가가격이 행사가격 이상인 경우, 1워런트당(만기평가가격-행사가격)*전환비율		
평가방법	최종거래일포함 직전5일영업일종가 산술평균(2007.5.14, 5.15, 5.16, 5.17, 5.18)		

* 자료 : 대신증권.

엄이 붙어서 현재 가격이 2,575원이고 전환 비율은 0.2이다. 전환비율이 0.2라는 것은 이 종목 5주(개)가 있어야 만기 시에 국민은행 1주와 동일한 권리를 가질 수 있다는 것이다.

그리고 만기가 2007년 5월 22일이고 행사 가격은 74,000원이다. 4월 24일 기준으로 만기까지는 잔존일자가 25일 남았다. 즉 이제 이 종목은 남은 인생이 25일밖에 없다는 것이다. 만기일인 2007년 5월 22일에 국민은행의 주가가 74,000원이 넘으면 차이만큼 이익이 생기는 것이고 74,000원을 넘지 못하면 권리 행사를 할 수가 없어서 휴지조각이 된다는 뜻이다.

구 분	유가증권시장	주식워런트증권
거래량(1만 주)	39,347	38,286
거래대금(100만 원)	5,455,456	315,340
상장 종목수	회사수 : 736 종목수 : 891	1,547

* 자료 : 증권선물거래소.

그렇다면 만약에 만기일에 국민은행의 주가가 10만 원이 된다면 이 주식워런트증권(ELW)종목을 매수한 사람의 수익은 어떻게 될까? 화면에서 보듯이 권리 행사 가격이 74,000원인 '대신7005국민은행콜' 1주(개)는 2007년 4월 24일 현재 가격이 2,575원이다. 그리고 만기일에 국민은행의 주가가 10만 원이 되면 권리 행사 가격과의 차이는 26,000원이 된다. 그래서 26,000원(권리 행사 가격 차이) × 0.2(주식전환비율) = 5,200원이 만기 정산 금액이 되고 여기에서 2,575원(구매가격)을 뺀 2,625원이 수익이 된다. 투자 자금 대비 102%의 수익이 발생하게 되는 것이다.

그렇다면 이번에는 이 투자자가 주식워런트증권(ELW) 대신에 국민은행 주식을 매수했다면 어떻게 되었을까?

같은 날인 2007년 4월 24일 기준으로 국민은행의 주가는 81,700이다. 만약에 만기일인 2007년 5월 22일에 위의 경우와 같이 주가가 10만 원이 된다면 수익은 100,000 − 81,700 = 18,300원이 되어 투자 자금 대비 수익률은 22%가 된다. 투자 자금 대비 효율성은 주식워런트증권(ELW)이 102%로 주식 투자의 22% 비해서 5배나 높게 된다.

이쯤 되면 아마도 무릎을 치면서 "그러면 똑같은 돈으로 주식을 매수하느니 같은 종목의 주식워런트증권(ELW)에 투자하면 몇 배나 더 많은 수익을 낼 수 있는 것 아닌가?"하는 사람이 있을 것이다. 그런데 동전에는 언제나 앞면과 뒷면의 양면이 있는 것처럼 이렇게 '짭짤한' 주식워런트증권(ELW)의 이면에서 '쓰라린' 위험이 도사리고 있다.

만일에 국민은행의 주가가 계속 하락하여 만기일에 7만 원에 불과하다면 어떤 일이 벌어질까? 81,700원에 국민은행주를 매수한 사람은 70,000 − 81,700 = -11,700원이 되어 투자 자금 대비 -14%의 손해를 보게 된다. 그러나 '대신7005국민은행콜'이라는 주식워런트증권(ELW)을 매수했던 사람은 기초 자산인 국민은행의 주가가 행사 가격에 도달하지 못했기 때문에 권리 행사를 할 수 없게 되어 매수한 종목은 휴지조각이 되어 버리고 투자 자금 전액을 날리게 된다. 이래도 주식워런트증권(ELW)이 마냥 짭짤하게만 느껴질까?

주가 하락을 대비해서 보험을 드는 투자

앞에서 설명한 선물이나 옵션처럼 주식워런트증권(ELW)도 지렛대 효과가 커서 투기적으로 접근할 경우는 투자 대비 많은 수익을 올릴 수도 있지만 반대로 한 순간에 투자 자금 전액을 날릴 수도 있다. 그래서 원래는 자신이 매수한 주식이 하락할 경우를 대비해 투자 자금의 일정 범위 내에서 주가 하락 시 수익이 발생하는 주식워런트증권(ELW) 종목을 매수해서 위험 회피를 하는 것이 정석적인 투자 방법이다.

우리가 보험을 드는 이유는 각종 불의의 사고나 질병 등으로 발생하게

되는 경제적인 부담을 줄이기 위해서 소액의 보험료로 이를 대비하기 위함
이다. 만약에 불행한 일이 발생하면 보험 덕을 보는 것이고 아니면 기회비
용으로 보험료를 지불했다고 생각하면 된다. 마찬가지로 주식워런트증권
(ELW)을 이용해서 자신이 매수한 주식 종목이 하락할 경우를 대비해서 일
종의 보험을 들 수 있다. 왜냐하면 앞에서도 설명한 것처럼 소액으로도 몇
배의 수익이 날 수 있기 때문에 자신이 매수한 주식 종목이 하락할 경우는
주식워런트증권(ELW)의 수익으로 손실을 상쇄하고, 반대로 주가가 상승을
하면 수익 중에서 일부를 위험 회피를 위한 기회비용으로 지불한 것으로
치면 되기 때문이다. 이처럼 주식워런트증권(ELW)은 잘만 활용하면 든든한
주식 투자의 보험 역할을 할 수 있다.

헤지 펀드

금융 시장의 하이에나

헤지 펀드는 국제 금융 시장의 주식, 채권, 외환, 각종 파생 금융 상품 등 다양한 투자 상품을 대상으로 치고 빠지기 식으로 고위험 고수익을 추구하는 다소 투기적인 형태로 자산을 운용하는 펀드이다.

헤지(Hedge)란 원래 위험을 회피한다는 뜻이다. 하지만 헤지 펀드는 그 이름과는 반대로 위험을 회피하기보다는 오히려 투자 자금의 지렛대 효과를 최대한 살려서 위험 요소가 있는 투자 대상에 공격적인 투자를 하는 경향이 강하다. 또한 소수의 투자들로부터 개별적으로 투자 자금을 조달해서는 카리브 해의 버뮤다 제도 같은 곳에 서류상의 근거를 두어 조세부담을 피하기도 한다. 그래서 회피해야 할 위험에는 오히려 공격적으로 덤비고 정작 회피하는 것은 세금 부담이라는 비아냥을 듣기도 한다.

이러한 특성 때문에 헤지 펀드는 앞에서 설명한 선물 옵션 같은 다양한 파생 금융 상품의 지렛대 효과를 최대한 활용해서 자본금보다 몇 배 이상의 '베팅 효과'로 국제 금융 시장을 뒤흔들기도 한다.

영국을 공습해서 굴복시킨 헤지 펀드

일반인에게는 세계적인 투자자인 조지 소로스의 퀀텀 그룹이 대표적인 헤지 펀드의 대명사로 여겨지고 있다. 이러한 헤지 펀드의 가공할 만한 공격성과 투기성을 잘 알 수 있는 아주 유명한 일화가 있다.

1992년에 조지 소로스의 퀀텀 펀드는 오랜 역사와 전통으로 세계 금융 시장에서 영향력을 행사하는 영국의 중앙은행인 영란은행(Bank of England, BOE)을 상대로 파운드화에 대한 무차별 폭격을 감행했다. 막대한 자본을 동원한 기급 공격에 영란은행이 파운드화 안정을 위해서 팔을 걷어붙이고 나섰지만 속수무책으로 당하기만 했고, 결국 파운드화 가치가 20%나 하락하면서 그에게 무릎을 꿇고 말았다.

이 '영란은행 공습' 작전의 성공으로 조지 소로스는 단 2주일 만에 10억 달러가 넘는 돈을 벌었고, 그 수익의 일부는 영국 여왕의 수중에 들어갔다. 이게 무슨 소리인가? 퀀텀 펀드에는 영국 왕실의 자산도 일부 투자되어 있었기 때문이다. 그래서 결국 자기 살을 베어 삼겹살 파티를 한 셈이 되어 버렸으니, 이 일로 인해서 당시 영국과 왕실의 자존심은 무참하게 짓밟히고 말았다.

이처럼 헤지 펀드는 적군도 아군도 없고 심지어는 투자자 모국의 은행까지도 공격 대상으로 삼는 등 수익을 위해서라면 수단과 방법을 가리지 않는 정글의 법칙이 통하고 있다.

점점 증가일로에 있는 헤지 펀드 시장

헤지 펀드 전문 조사 기관인 헤지 펀드 리서치 등의 자료에 의하면 헤지 펀드는 2005년에는 연평균 9.3%, 2006년에는 11%의 수익률을 기록하는 등 최근 몇 년 동안 최소한 연간 10% 이상의 수익률을 올린 것으로 나타났다. 이러한 이유로 전 세계적인 저금리 기조와 기존의 안정적인 투자 자금의 낮은 수익률에 만족하지 못하는 많은 자금들이 몰려들면서 헤지 펀드의 운용 자산 규모와 그 수는 계속해서 증가하고 있는 추세이다.

그림 9-2에서 보듯이 1995년에 2,800여 개의 펀드 수에 970억 달러였던 헤지 펀드의 운용 자산 규모는 10년 동안 꾸준하게 늘어나서 2006년에

그림 9-2 ┃ 전 세계 헤지 펀드 운용 자산 규모 및 펀드 수(1995~2006년)

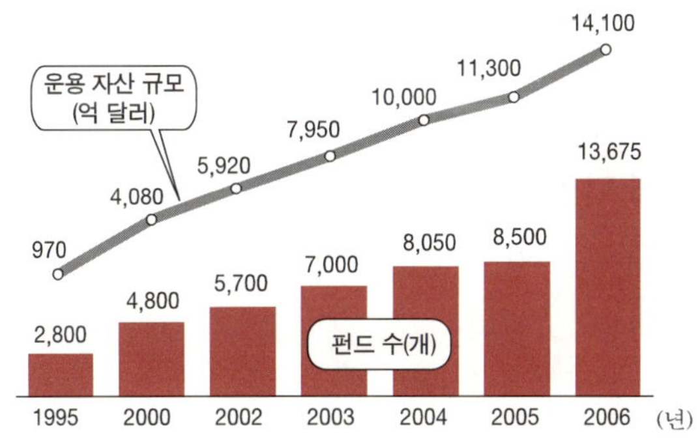

* 자료 : : International Financial Service.

는 1만 3,000여 개가 넘는 펀드 수에 총 1조 4,000억 달러가 넘는 자산이 운용되고 있다.

헤지 펀드는 끊임없는 사고를 치는 사고뭉치인가?

헤지 펀드는 고위험 고수익을 추구하기 때문에 운용 수수료 역시 다른 펀드에 비해서 높은 편이며 운용 수수료 외에 수익의 일부를 가져가는 이른바 '성공 보수'를 따로 챙기고 있다. 그래서 잘나가는 헤지 펀드의 매니저들은 수백 내지 수천억 원의 천문학적인 연봉을 받기도 한다. 헤지 펀드는 자금을 운용하는 매니저의 개인적인 투자 방법론에 크게 의존하기 때문에 투자 대상과 방법, 그리고 위험 회피에 대한 투자 정보의 공개를 꺼려하는 폐쇄적인 성향이 있다.

이런 특성 때문에 헤지 펀드는 손실을 은폐하거나 회계 감사 보고서를 조작하기도 하고 심지어는 투자 대상의 상대편 거래담당자를 매수해서 사기 거래를 하기도 한다. 그래서 매년 수천 억 원이 넘는 대규모 사건 사고가 끊이질 않고 있다. 2005년에는 필라델피아 매니지먼트 펀드가 회계 장부를 조작해서 2억 달러가 넘는 손실을 은폐했다가 발각되었고 2006년에는 아마란스(Amaranth) 투자 자문이 천연 가스 선물에 투자했다가 60억 달러 이상의 손실을 보고 도산해서 금융계에 큰 충격파를 날리기도 했다.

한국도 이제 헤지 펀드의 세상이 열리고 있다

세계적으로 헤지 펀드 시장이 증가 일로에 있는 데 비해서 우리나라의 경우 2006년까지 국내 자산 운용사들이 판매한 헤지 펀드 상품은 약 5,000억 원 정도에 불과하다. 그나마 이것도 직접 헤지 펀드를 설립해 운용하는 상품이 아니라 해외의 헤지 펀드 여러 개에 분산 투자하는 일명 '펀드 오브 헤지 펀드' 형태의 펀드로 운용이 되고 있는 상황이다. 그러나 최근 들어 국내에서도 헤지 펀드에 대한 관심이 높아지고 있다. 지금까지는 주로 보험 회사들이 보험 가입자들의 보험료를 운용하면서 헤지 펀드에 투자했지만 최근 들어 연기금 같은 보수적인 각종 기금들도 관심을 보이고 있다.

그러나 관련 법규와 제도의 규제 등으로 인해서 '펀드 오브 헤지 펀드'가 아닌 일반인을 대상으로 하는 공모형 헤지 펀드 상품을 국내에서 출시하는 것은 사실상 어려웠다. 2007년부터 이러한 규정을 비켜나갈 수 있는 틈새형 헤지 펀드 상품들을 자산 운용 회사들이 준비하고 있기 때문에 조만간 본격적인 헤지 펀드 상품이 출시될 것으로 전망되고 있다. 또한 해외의 세계적인 헤지 펀드 운용 회사들이 속속 국내에 진출해서 물밑 작업을 하고 있다. 이러한 분위기로 인해서 조만간 관련 법규의 개정을 통해서 헤지 펀드 상품을 개발하고 출시하는 것이 지금보다 훨씬 수월해질 것으로 예상되고 있다. 이러한 움직임이 본격화되면 우리나라도 헤지 펀드 관련 상품들이 봇물 터지듯이 쏟아져 나오면서 적지 않은 시장을 형성하게 될 것이다.

화끈한 것을 좋아하는 우리나라 사람들이 "수익만 올릴 수 있다면 전 세계 어디에서 무슨 짓(?)이라도 한다!"는 슬로건으로 유혹하는 헤지 펀드의 달콤한 유혹을 외면하기는 어려울 것이다. 그러나 투기적이고 공격적으로 고수익을 추구하는 헤지 펀드의 성향 때문에 그만큼 위험에 노출될 확률도 높다. 앞서 언급했듯이 선물 투자 실패로 233년 전통의 베어링 은행을 파산시킨 당사자는 몇 년 형을 살고 나와서는 고액을 받는 인기 강사로 인생을 살고 있지만 피해를 떠안은 투자자들에게는 남는 것은 고통뿐이다.

'고위험 고수익'. 그럴듯하고 가슴이 요동치면서 뭔가 뜨거운 것이 용솟음치게 만드는 말이다. 그러나 고수익은 투자자와 투자 회사 및 담당자가 같이 나눠 갖지만 고위험은 엄밀하게는 투자자 혼자 떠안을 수도 있는 냉정한 현실을 망각해서는 안 될 것이다.

실물 펀드

물·고철·부동산·유전 개발 등에 투자한다

실물 펀드란 주식이나 채권 같은 유가 증권이 아닌 부동산이나 금, 석유, 선박, 미술품 등 다양한 실물 자산에 투자하는 펀드를 의미한다. 그렇다면 돈이 된다면 어디에건, 어떤 대상에나 투자하는 헤지 펀드와 비슷한 개념이 아닐까? 헤지 펀드와 실물 펀드는 얼핏 비슷한 듯하지만 기본적인 사항에서 분명히 다르다.

헤지 펀드는 투자 자금을 모으는 방법과 투자 성향에 따라 일반적인 펀드와 구분하는 명칭이기 때문에 헤지 펀드가 투자 대상의 하나로 실물에 투자할 수도 있다. 반면에 실물 펀드는 헤지 펀드가 아닌 일반 펀드와 투자 자금의 모집 방법이나 자금 운용 전략은 같지만 투자 대상이 유가 증권이 아닌 실물일 경우에 특별히 구분해서 지칭하는 펀드이다. 따라서 실물 펀드 자체는 헤지 펀드처럼 투기적이지 않으면서 기존의 펀드가 갖는 정형화된 자산이 아닌 다양한 실물 자산에 투자한다는 점에서 틈새시장을 노린 펀드라고 볼 수 있는 것이다.

해외에서는 이미 오래전부터 다양한 실물 자산에 투자하는 실물 펀드가 활성화되어 있지만 우리나라는 2006년에 간접투자 자산운용업법의 시행으로 기존의 펀드 투자 대상에 대한 제한이 대폭 완화되면서 비로소 활성화되기 시작했다.

실물 자산이 주는 심리적 안정감

주식이나 채권은 가치를 나타내는 일종의 서면상의 권리일 뿐이므로 최악의 경우는 말 그대로 휴지 조각이 될 수 있다. 하지만 부동산이나 금, 석유 등은 '실물로 실재 존재하는 자산'이 있기 때문에 최악의 경우에라도 뭔가를 건질(?) 수 있다는 심리적인 안정감이 작용한다. 그래서 특히 우리나라처럼 뭔가 손에 잡히고 눈에 보이는 부동산 같은 실물 자산에 강한 집착을 하는 정서에는 실물 펀드가 꽤나 매력적인 투자 상품으로 부각이 되고 있다.

실제로 부동산 펀드 같은 경우는 부동산에 관심은 있지만 여유 자금이 부족해서 엄두를 내지 못하던 사람들에게 소액으로도 부동산 투자에 동참할 수 있는 길을 열어 주는 역할을 하고 있다. 이러한 이유 때문에 짧은 기간임에도 불구하고 다양한 대상에 투자를 하는 실물 펀드들이 대거 출시되고 있다. 그래서 관련 금융 기관들은 소액으로는 불가능하지만 많은 투자자들을 통해서 대규모의 자금을 조성하면 가능한 뭔가 돈이 될 만한 실물 자산을 찾기 위해 고심하고 있다.

이러한 상황을 반영해서 최근 들어서는 표 9-6에서 보듯이 매우 다양한 실물에 투자를 하는 실물 펀드 상품이 등장하고 있다.

표 9-6 I 실물 펀드 종류 및 투자 대상

실물 펀드 종류	실물 투자 대상
부동산	상가, 토지 등 다양한 부동산
금/귀금속 펀드	금을 비롯한 각종 귀금속 및 금광 개발
경비정 펀드	해양경찰의 경비정 교체
와인 펀드	해외의 고급 와인
기숙사 펀드	대학의 기숙사 설립
유전개발·펀드	해외 유전 개발 사업
고철펀드	고철

목이 좋은 지역의 상가 건물을 사서 임대를 하려고 할 경우 개인이 가진 자금으로는 엄두를 낼 수 없지만 부동산 펀드에 투자하면 얼마든지 큰 상가 건물에 투자를 할 수 있다. 또한 여태까지 해외의 유전 개발은 공기업이나 대기업이 했지만 이제는 일반인들로부터 자금을 투자 받아서 해외 유전개발에 투자하는 유전 개발 펀드도 나오고 있다. 거기에다 중국의 산업화로 철강 수요가 높아지면서 국제 고철 값이 상승하자 고철에 투자하는 고철 펀드까지 나왔고 대학의 기숙사 건립 자금에 투자하는 기숙사 펀드도 등장했다.

와인 수요가 높아지자 고급 와인에 투자를 하는 와인펀드, 유가 상승으로 오일 머니가 두둑해진 중동이나 러시아 등에서의 금과 귀금속의 수요가 많아지면서 가격이 치솟자 금과 귀금속에 투자하는 금이나 귀금속 펀드들도 나오고 있는 상황이다.

심지어는 국가 예산으로 시행되어온 해양경찰 경비정을 교체하는 비용에 투자하는 일명 경비정 펀드가 나오기도 했다. 이제는 개인 투자자들이 경비정 교체에도 투자를 하는 세상이 된 것이다.

투자 수익과 지적 만족을 동시에 추구할 수 있다

몇 년 전에는 영화 제작 회사가 일반인들에게 투자 자금을 모아서 영화 제작을 해서 이익금을 배분하는 일이 유행한 적도 있었다. 이것은 영화라는 엔터테인먼트 저작물에 투자하는 영화 펀드라고 볼 수 있을 것이다. 이처럼 다양한 실물 자산을 대상으로 하는 펀드가 등장하고 활성화되는 것은 여러모로 바람직한 면이 있다.

우선 투자자들 입장에서는 뭔가 실제로 존재하는 실물 자산에 투자한다는 심리적인 안정감을 충족시켜 주면서 안정적인 수익의 기회를 찾을 수 있는 새로운 개념의 투자 상품의 등장이 반갑지 않을 수가 없다. 그리고 투자 수익이라는 재테크와 지적 만족이라는 두 가지 목적을 동시에 달성할 수도 있다. 예를 들면 와인에 관심이 있는 사람이 와인이라는 실물 자산 투자로 수익도 올리면서 자연스럽게 관련 분야의 정보 습득으로 와인에 대한 안목도 높일 수 있으니까 일석이조의 즐거움을 만끽할 수도 있다.

사회경제적으로는 주로 주식과 채권으로 국한되었던 자본 시장의 영역이 다양한 분야로 확대되면서 자금이 흘러 들어와서 투자 대상이 되는 실물 자산 관련 산업의 활성화에 기여할 수 있는 촉매 역할을 톡톡히 한다는 장점도 있다.

이처럼 실물 펀드는 경제적으로 가치가 있는 실물 자산을 발굴해서 다양한 상품을 만들 수가 있기 때문에 향후에도 톡톡 튀는 기발한 아이디어로 틈새시장을 발굴하는 투자 상품이 선보일 것이다. 물론 실물 자산의 범위 역시 국내뿐만 아니라 해외를 포함해서 말이다. 기존에 주식이라는 유가 증권 투자에만 익숙했던 개인들에게는 실로 격세지감이 아닐 수 없다.

해외 금융 시장으로
달려가는 자본

1997년 외환 보유고가 바닥나서 국제통화기금(IMF)에 구제 금융을 신청하는 등 국제적인 수모를 겪어야 했던 우리나라가 10년이 지난 지금은 해외 투자에 적극적으로 나서고 있다.

자동차나 반도체를 수출해서 달러를 벌어오는 것에 익숙해 있던 우리가 이제는 IMF 이후 외국인 투자자들이 우리나라에 진출했던 것처럼 금융 시스템을 이용해서 달러를 벌어 오겠다고 해외로 진출하고 있다. 후진적인 금융 시스템으로 인해서 수많은 토종 기업들을 외국인 투자자들에게 헐값으로 넘기면서 국부 유출이라는 가슴 쓰리고도 혹독한 수업료를 치르며 배운 경험을 토대로 이제는 해외 투자에 나서고 있는 것이다.

이런 변화 자체는 매우 긍정적인 모습이라는 평가를 할 수 있다. 조만간 자본시장통합법이 실행이 될 경우 국내의 금융 회사들이 대형화와 투자 은행으로서의 변신을 꾀해야 하는 것이 불가피한 현실이 되는 만큼 좁은 국내에서의 경쟁에서 벗어나 더 넓은 세상에서 블루오션 시장을 개척하는 것은 매우 고무적이라고 할 수 있을 것이다.

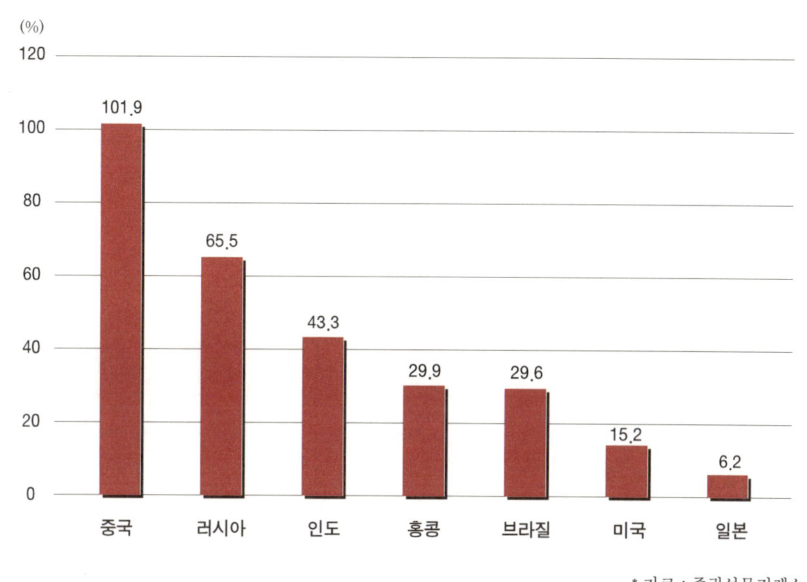

그러나 국내가 아닌 해외에 투자를 하는 것은 현지의 문화와 제도, 경제 상황에 대한 정보가 상대적으로 부족하고 송금이나 세금, 환율에 대한 리스크가 있다는 것을 염두에 두어야 한다.

최근에 외국에 대한 주식 투자가 급증하는 것은 전 세계적으로 주가가 동반 상승을 하고 있으며 그중에서도 특히 새롭게 떠오르는 국가들의 경우 그 상승률이 폭발적이기 때문이다. 그림 9-3에서 보듯이 중국, 인도, 러시아 등 새롭게 떠오르는 국가들은 최근 들어 경제가 고속 성장을 하면서 증시 역시 고공 행진을 계속하고 있다. 2006년에만 해도 중국의 주가 상승률은 101.9%, 러시아 65.5%, 인도 43.3% 등 폭발적인 성장을 했다.

구 분	2005 년	2006 년	증가액	증가율(%)
중국	7,338	65,245	57,907	789
인도	12,779	17,356	4,577	36
일본	12,047	26,076	14,029	116
친디아	110	3,003	2,893	2,630
아시아	6,306	13,337	7,031	111
브릭스	1,335	21,018	19,683	1,474
유럽	5,396	13,724	8,328	154
중남미	1,319	3,147	1,828	139
미국	712	381	-331	-46
글로벌	11,648	26,776	15,128	130
합계	58,990	190,063	131,073	222%

* 단위 : 억 원.
* 자료 : 자산운용협회.

폭발적으로 증가하는 해외 주식형 펀드

이러한 이유로 2005년에 약 6조 원 남짓했던 해외 주식형 펀드의 규모는 불과 1년이 지난 2006년에는 20조 원에 육박하며 폭발적으로 증가하고 있다. 이러한 추세는 2007년에 들어서도 이어지고 있는 상황이다.

외국에 대한 금융 투자는 예전에는 주로 외국계 은행을 통해서 일부 부유층이 해외 운용사의 펀드 상품에 투자하는 경우들이 많았다. 그리고 국내의 자산 운용 회사들 역시 해외에서 이미 운용이 되고 있는 펀드에 재투자를 하는 일명 '펀드 오브 펀드'(Fund of Fund) 형태로 투자를 했다. 그러나 이제는 해외에 사무소를 설치하고 해외 증시에 직접 투자를 하는 펀드들이 대거 등장하기 시작했다.

중국과 일본, 인도 등 특정한 1개의 나라에만 집중적으로 투자를 하는 펀드도 있고 친디아, 브릭스 등 테마를 이루는 몇 개국, 혹은 아시아, 유럽 등 특정 대륙 전체를 대상으로 투자를 하는 경우들도 있다. 2005년은 인도와 일본 등지에 많은 펀드 자금이 몰린 데에 비해서 2006년에는 중국(증가율 789%)과 친디아(2,630%), 브릭스(1,474%) 등에 투자하는 금액이 비약적으로 성장했다. 2007년 들어서는 베트남에 대한 투자가 확대되고 있는 상황이다. 이처럼 이제 주식 투자는 국내를 넘어서 해외로까지 뻗어나가고 있으며 그 증가 속도는 매우 가파르게 상승하고 있다.

위험 분산이라는 차원에서 접근하는 해외 투자

펀드 등을 통한 해외 투자의 활성화는 투자의 영역이 확대되기 때문에 일종의 분산 투자 효과를 거둘 수 있다는 장점이 있다. 국내 증시가 침체할 경우의 위험을 해외의 여러 나라에 분산함으로써 분산 투사의 효과를 거둘 수가 있는 것이다. 이러한 추세에 발맞춰 해외 펀드에 대해서 한시적으로 비과세 혜택을 주는 정책이 2007년에 잠정적으로 확정된 것도 해외 펀드의 활성화에 기여하게 될 것이다.

그런데 해외 펀드라고 해서 모두가 비과세 혜택이 주어지는 것은 아니라 국내에서 설정된 해외 펀드만 비과세(주식 양도 차익에 대한 15.4%의 양도소득세 비과세)이고 해외에서 설정된 역외 펀드는 비과세 대상이 아니라 관련 국가와 상호 조세 협약에 따라서 달라진다. 해외 펀드와 역외 펀드는 둘 다 해외에 투자한다는 명분으로 국내에서 판매되지만 어디에서 설정(펀드 설립. 제조업으로 치면 제조된 지역)되었냐는 것에 따라서 구분이 된다.

국내에서 설정되어 해외 주식에 투자하는 펀드가 해외 펀드이고 해외의 자산 운용사나 국내의 자산 운용사의 해외 법인이 해외에서 설정한 펀드는 역외 펀드이다. 해외에 수출하는 삼성전자 TV라도 Made in China와 Made in Korea가 다른 것처럼 한국에서 제조(설정)되어 외국에 투자하는 펀드를 해외 펀드라고 하고 해외에서 설정된 펀드는 역외 펀드라고 한다.

그러므로 해외에 투자한다고 해서 모두 비과세 혜택을 받을 것이라고 생각하면 오산이다. 따라서 해외 펀드를 투자할 때에는 역외 펀드인지 해외 펀드인지를 반드시 관련 담당자에게 확인해야 한다. 무조건 해외에 투자하니까 비과세 혜택을 받는다고 좋아하다가 나중에 과세된 내용을 알고서 항의해 보아야 아무 소용이 없다.

그리고 비과세 혜택을 받는다고 해도 환율 때문에 손해를 볼 수도 있고 해외 정보에 어둡다는 점과 해지를 위해서 환매하려고 할 때 소요되는 기간도 국내 펀드에 비해서는 길다는 점도 고려해야 한다. 이처럼 외국에 투자하는 펀드는 매력도 많지만 적지 않은 단점이 있다는 것을 알아야 하고 펀드별로 작은 차이를 꼼꼼하게 잘 챙겨야 한다.

앞에서 설명한 것처럼 국내 시장을 분석하는 것도 쉬운 일이 아닌데 해외 시장을 분석해서 투자한다는 것은 결코 만만한 일이 아니다. 개인 투자자 입장에서도 마찬가지이고 자금을 운용하는 관련 금융 기관 입장에서도 어렵기는 마찬가지이다. 국내에서 수익을 못 내면서 국내 증시가 양에 안 찬다고 무조건 해외에 나가는 묻지마 펀드와 거기에 묻지마 투자를 하는 사람들은 소중한 외화만 낭비하기 십상이라는 것을 잊어서는 안 된다.

"안에서 새는 바가지가 밖에 나가도 샌다."는 주식 투자에서도 해당되
는 말이다

새롭게 떠오르는
투자 시장

해외 투자와 관련되어 최근에 자주 듣게 되는 용어들 중에는 친디아와 브릭스라는 것이 있다. 친디아(China + India, CHINDIA)는 중국과 인도를 일컫는 말이고 브릭스(Brazil, Russia, India, China, BRICs)는 브라질, 러시아, 인도, 중국을 말한다.

브릭스라는 말은 세계적인 투자은행인 골드만삭스가 2003년에 발표한 미래 전망 보고서에서 처음 사용하기 시작했다. 이 보고서는 2030~2050년경에는 중국의 국내총생산(GDP)이 미국을 제치고 1위가 될 뿐 아니라 브릭스 국가들 모두가 세계 6위권 이내의 경제대국이 될 것이라는 전망을 하고 있다.

고도성장으로 증시가 고공 행진하고 있는 브릭스

세계에서 가장 큰 영토를 자랑하는 러시아를 비롯해서 이들 4개국의 국토를 합치면 전 세계 국토의 29%에 이른다. 인구 역시 13억이 넘는 중국

구 분	국토 면적(10km2)	인구(1000명)
중국	959,806	1,331,356
인도	328,726	1,135,614
러시아	1,709,824	141,900
브라질	851,488	191,341
합 계 (전 세계에서 차지하는 비율)	3,849,844 (29%)	2,800,211 (42%)

* 자료 : 통계청.

과 11억의 인도를 비롯한 4개국의 인구를 합치면 전 세계 인구의 42%에 달한다. 지구를 가로지르려면 이들 국가 땅을 밟고 지나지 않을 수 없으며, 전 세계 사람들을 상대로 제비뽑기를 하면 두 명 중에 한 명은 이들 국가 국민이 걸린다.

이처럼 거대한 영토와 풍부한 지하 자원, 그리고 엄청나게 많은 인구로 노동력과 내수 시장을 갖춘 이들 국가가 놀라운 속도로 경제 성장을 하자 전 세계가 이들의 잠재력에 주목을 하고 있다. 실제로 이들 4개국은 2000 년대 들어오면서 초고속으로 경제 성장을 하고 있으며 이로 인하여 구매력 도 높아지고 있다. 경제력의 향상으로 이들 국가는 국제 사회에서 경제적 인 면뿐만 아니라 군사 · 정치면에서도 서로 협조와 견제를 하면서 목소리 를 높여 가고 있다.

이런 점은 바로 증시에 반영이 되어 나타나고 있다. 러시아의 경우 2000년대 초반 100포인트 대에 머물던 증시가 고공 행진을 거듭해서 최근 에는 1,700포인트를 돌파하는 기염을 토하고 있다. 이처럼 계속되는 주가

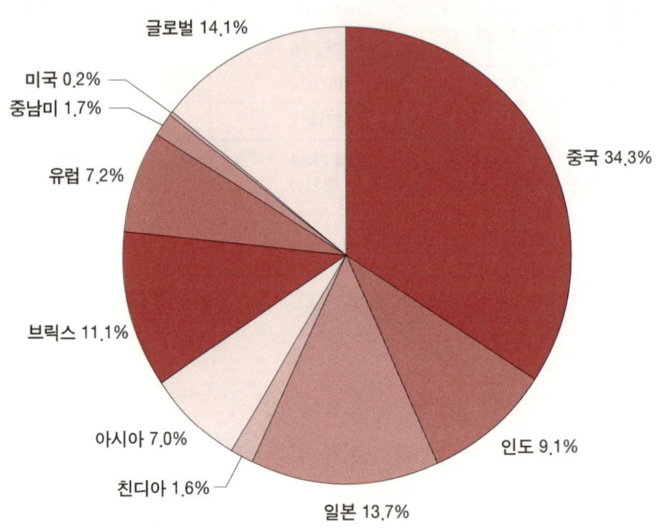

* 자료 : 자산운용협회, 증권선물거래소.

상승으로 러시아 증시의 시가 총액은 1조 달러를 넘어서기 시작했으며 석유 회사인 가즈프롬의 시가 총액은 이미 미국의 엑슨모빌과 GE에 이어서 세계 3위의 규모로 우뚝 섰다.

브라질은 GDP 규모 면에서 2005년에 우리나라를 제쳐 버렸을 뿐만 아니라 2002년에 1만 포인트를 밑돌았던 증시가 2006년 말 기준으로 4만 포인트를 넘어서며 불과 4년여 만에 4배에 달하는 상승을 했다. 인도는 2006년 1월 9,000대였던 지수가 2007년 1월에 14,000대로 훌쩍 점프했다.

중국 역시 폭발적인 증시 상승은 두말할 나위가 없을 뿐만 아니라 우리나라가 1990년대 후반 인터넷 관련 산업의 열풍으로 전국이 주식 투자의 광풍으로 뜨겁던 시절의 분위기보다 더 심한 주식 열풍이 불고 있다.

이런 여파로 해외 펀드 투자는 최근 2~3년간 이들 4개국에 집중되는 현상을 보였다. 그림 9-4에서 보듯 2006년 말 기준으로 지역별 해외 펀드의 투자 자금 비율을 보면 중국 1개국에만 투자하는 펀드에 34.3%, 인도에 9.1%, 브릭스 4개국에 분산 투자하는 펀드에 11.1%의 자금이 몰려 있다.

이와 같이 특정 국가에 투자 자금이 몰리다 보니 급조된 함량미달의 펀드 상품들이 우후죽순으로 생겨났고, 이는 향후에 이들 국가의 증시가 요동을 칠 경우에는 큰 위험 요소로 작용할 수 있는 문제점을 내포하고 있다. 그래서 위험 분산 차원과 새로운 투자의 블루오션 시장을 찾는 차원에서 최근에는 비스타라는 개념이 대두되고 있다.

브릭스의 뒤를 이를 비스타

비스타(Vietnam, Indonesia, South Africa, Turkey, Argentina, VISTA)란 베트남, 인도네시아, 남아프리카공화국, 터키, 아르헨티나의 5개국을 지칭하는 것으로 브릭스를 이을 새롭게 떠오르는 국가들이다. 이들은 브릭스의 4개국에 비하면 인구나 국토 면적 등에서 규모가 한 수 아래이지만 각국이 풍부하고 다양한 지하 자원이 있고 최근 들어 정치적인 안정을 이루면서 경제 발전에 박차를 가하고 있다. 특히 비스타 국가는 아시아, 아프리카, 유럽, 남미 등 각 대륙에 고르게 분포하고 있기 때문에 위험 분산 차원에서 효율적이고, 이미 거품이 낀 브릭스 국가들에 비해서 새롭게 떠오르는 틈새시장이라는 장점이 있다.

그래서 이들 국가에 투자하는 펀드들도 최근 들어서 활성화되고 있는 추세인데 이 중에서 특히 베트남이 가장 각광을 받고 있다. 베트남 증시가 2006년에 100%가 넘는 상승을 하자 우리나라는 부동산 투자 상품에 이어서 베트남 증시에 투자하는 펀드 상품이 2007년 들어오면서 급속하게 늘어나고 투자금도 증가하고 있다. 최근에 모 증권사가 베트남에 투자하는 5년 폐쇄형 펀드를 공모하자 순식간에 수천억 원이 밀려들었다. 5년 동안 환매를 할 수가 없는 조건인데도 투자자들이 베트남에 대한 기대감으로 몰려든 것이다.

베트남에 투자하는 이들 펀드 중에는 기존에 이미 증시에 상장된 종목들 외에 아직 상장되지 않은 장외 종목들에까지 투자하는 경우들도 있다. 장외에서 조만간 증시에 상장될 가능성이 높고 성장 가능성이 있는 기업을 미리 선점해서 투자할 경우, 이들이 상장 후에 거두게 될 투자 수익이 훨씬 높기 때문에 공격적인 투자를 하는 펀드 상품들도 선 보이고 있는 것이다.

그런데 브릭스나 비스타 국가의 높은 주가 상승률을 무색하게 만드는 놀라운 주가 상승률을 기록한 국가가 있다. 바로 아프리카에 있는 '짐바브웨'라는 나라이다. 이 나라는 2006년 불과 1년 동안 증시가 무려 5,200%나 상승했다. 이 말을 듣고는 세상에 이렇게 화끈한 나라가 다 있나 싶어서 꿈같은 수익률에 관심을 갖는 사람이 있을 수도 있겠지만 안타깝게도 그 꿈을 접어야 한다. 왜냐하면 같은 기간에 이 나라의 물가 상승률은 2,000%에 달해서 주가의 실질 상승률은 그렇게 놀라운 수치가 아니기 때문이다.

투자 대상국의 확대는 국내 증시의 움직임으로 인한 충격파를 흡수할 수 있는 위험 분산이라는 차원에서는 바람직한 현상이다. 그러나 해외 투자 상품이 개발되고 투자가 이루어지는 과정을 살펴보면 문제점이 많은 현실이다. 충분한 조사나 분석 없이 당장 눈앞에 보이는 이들 국가의 증시 상승 때문에 관련 투자 회사나 투자자나 모두 우르르 몰리는 쏠림 현상을 보이는 것은 결국 위험천만한 또 다른 형태의 폭탄 돌리기가 될 수도 있다.

국내 투자와 병행해서 분산 투자 차원에서 이러한 해외 투자 상품에 투자를 해야지 단기적인 흐름에 현혹되어 특정 국가에 '올인'을 하는 것은 앞에서도 설명했듯이 결국 묻지마 투자의 '해외 버전'일 뿐이라는 것을 잊어서는 안 된다.

글로벌 기업의 주식을 직접 매매한다

해외의 증시가 활황세를 타고 특히 중국을 비롯한 국가들의 주가가 고공 행진을 계속하면서 관련 국가에 투자하는 펀드가 늘어나고 있는 한편으로, 이러한 펀드를 통한 간접 투자에 만족을 하지 못하고는 개인이 직접 외국의 주식을 거래하고자 하는 수요도 늘어나고 있다. 이런 수요를 반영하여 증권사를 통해서 개인이 외국 증시의 주식을 직접 사고팔 수 있는 길이 점차 확대되고 있다

개인이 직접 외국 주식에 투자한다

해외의 주식을 직접 거래하기 위해서는 우선 해외 주식 거래 서비스를 제공하는 증권사나 제휴 은행을 방문해서 해외 주식 계좌를 개설해야 한다. 그리고 난 뒤에는 계좌에 원화를 입금한 뒤 환전 요청을 해서 해당국의 화폐로 환전을 한 뒤에 주식 매수 주문을 할 수가 있다.

그림 9-5 | 해외(일본) 주식 종목 검색 및 거래 화면

그림 9-5 | 해외(일본) 주식 종목 검색 및 거래 화면

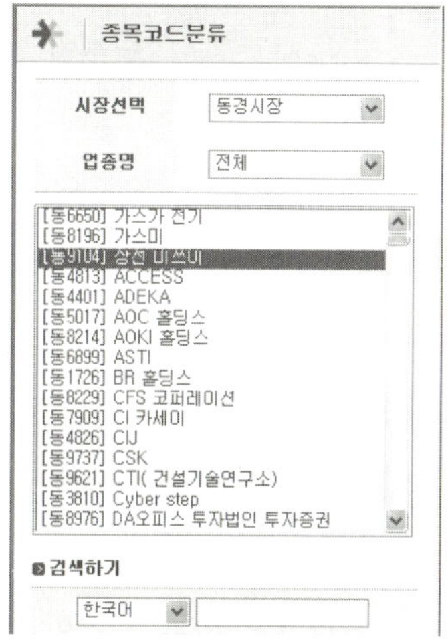
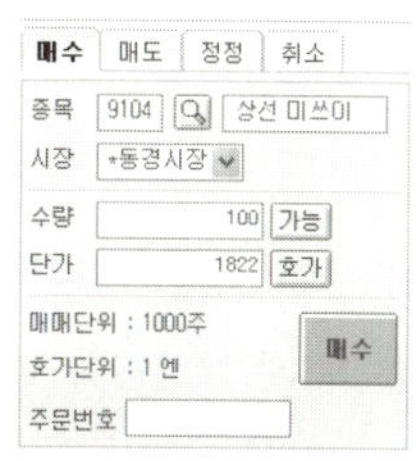

*자료 : 이트레이드증권.

반대로 주식을 매도한 뒤에는 외화 해외 잔고의 출금 요청을 한 뒤 다시 원화로 환전을 해서 계좌에 입금되게 된다. 이처럼 국내 은행 계좌와 증권사의 해외 주식 거래 계좌를 연계한 뒤에 두 계좌를 연계해서 환전을 통한 매매를 해야 하는 것이 원칙이다,

해외 증시의 주식에 직접 투자를 할 경우에는 양도 차익의 20%를 세금으로 내야 한다. 이때문에 환전과 세금 회피를 위해 외국 현지에서 직접 계좌를 개설하기도 하는데 이 방법은 사실상 일반인들에게는 여의치가 않은 것이 현실이다. 그래서 이런 점을 노려서 브로커들이 개입해서 대행 수수료를 받고 현지 계좌 개설을 주선해 주기도 하는데, 이는 엄연히 불법 행위

라는 것을 알아야 한다. 관련 비용 좀 줄이겠다고 꼼수를 쓰다가 범법자가 될 수도 있다.

　현재 굿모닝신한증권, 삼성증권, 한국투자증권, 리딩투자증권, 이트레이드증권 등이 미국, 중국, 일본 등의 해외주식 거래를 대행해 주고 있다. 그런데 아직까지는 대부분 전화로 시세조회를 하고 주문 및 확인을 해야 하는 상황이다. 반면에 리딩투자증권과 이트레이드증권 등은 홈트레이딩 시스템으로 일본을 비롯한 일부 국가의 주식 거래를 온라인으로 할 수 있다. 2007년 이후 해외 주식 거래에 대한 관심이 급증하자 많은 증권사들이 해외 주식 거래 서비스를 준비하고 있으며 전화 주문이 아닌 홈트레이딩 시스템을 이용한 온라인 거래 서비스도 점차 확대될 전망이다.

　그림 9-5는 일본 증시에 상장된 종목을 검색하고 거래하는 화면이다. 한국어로 번역된 종목들을 검색해서 선택할 수 있고 국내 주식 거래하는 것과 같은 형태의 매매 화면을 통해 거래할 수 있다. 일본은 개장 시간이 우리와 비슷해서 별 문제가 안 되지만 미국의 경우는 미국 시장의 개장 시간에 맞춰서 거래를 하려면 올빼미 생활을 해야 한다는 고충이 있다.

아직까지는 부담이 적지 않은 개인의 해외 직접 투자

　외국 주식을 직접 거래하려면 여러 가지 문제점이 있다는 점을 알아두어야 한다. 우선 수수료가 매우 비싸다. 전화 주문이기 때문에 보통 거래 가격의 0.75~1%에 달하는 수수료를 내야 하고 홈트레이딩 시스템을 통한 온라인 거래의 경우에도 0.5% 정도 하는 수수료를 내야 한다. 그리고 차트나 호가 정보 같은 실시간 시세 정보를 조회하려면 별도로 월 2~3만 원의 유료 서비스를 이용해야 한다. 여기다가 주식 양도 차익의 20%에 달하는 세금을 포함하면 외국 주식 거래는 적지 않은 제비용이 들어가는 셈이다.

이러한 제비용이 많다는 문제점 외에도 외국이라는 특성 때문에 증시 시황이나 경제 상황, 개별 기업에 대한 세부적인 정보를 파악하는 것이 국내 주식에 투자하는 것에 비해서 어렵고 불리하다. 물론 관련 증권사에서 기본적인 정보는 제공해 주지만 내용의 깊이나 범위, 신속성 등의 면에서 보면 매우 제한적이고 한계가 많다. 그래서 해외 증시의 주식을 국내에서 직접 거래하는 것은 여러 가지 면에서 부담이 간다.

한국이라는 좁은 울타리를 넘어 세계로 나아가서 글로벌 금융 시장의 주체로 참여해 보는 것은 바람직한 일이다. 국제 금융 시장에 직접 참여해서 세계적인 글로벌 기업의 주식을 거래하는 것은 경제와 투자에 대한 안목을 넓힐 수 있다는 차원에서는 꽤나 매력적이고 좋은 경험이 될 수 있다. 그런 점에서 많은 수익을 내겠다고 무리하게 덤비기보다는 소액으로 본인이 직접 세계적인 기업을 선정해서 투자를 하고 어엿한 주주가 되어 보는 것도 나쁘지는 않을 것이다.

"세계는 넓고 할 일은 많다."는 이제 "세계는 넓고 투자 대상은 많다."로 바뀌어야 하지 않을까?

10

투자 고수가
들려주는
투자와 인생

세계적인 투자 고수는 그들만의 철학을 가지고 투자와 인생을 즐겼다. 한 시대를 풍미하며 발자취를 남긴 그들은 저마다 투자 방법이 달랐지만, 인생과 투자를 바라보는 시선에는 공통점이 있다. "투자는 즐길 만한 가치가 있고 세상은 살 만한 곳이다." 그들이 우리에게 해 주는 조언은 투자뿐만 아니라 인생살이에도 지침이 될 만한 값진 내용이다.

워런 버핏

복리를 이용한 장기 투자로 세계 2위의 갑부가 된 가치 투자의 달인

워런 버핏(Warren Buffett)은 마이크로소프트의 빌 게이츠에 이어 세계 2위의 갑부 자리를 지켜 온 주식 투자의 살아 있는 전설로 통하는 인물이다.

될 성싶은 나무는 떡잎부터 다르다고 했던가. 버핏은 어린 시절부터 사업과 투자에 눈을 떴다. 그는 이미 11살 때에 주식 투자를 시작해 첫 투자에서 5달러의 수익을 냈고 좀 더 성장해서는 골프공을 회수해서 재판매하는 사업을 하기도 했다. 고등학교 시절에는 중고 핀볼 게임기를 구입해 수리한 후 이발소 등에 설치하는 사업으로 돈을 벌었다. 또한 『워싱턴포스트』 신문 보급소를 운영해 돈을 모았고 이렇게 모은 돈으로 스스로 대학교 학비를 충당했다.

성인이 되자 과학적 투자와 가치 투자의 창시자로 불리는 벤저민 그레이엄이라는 스승을 만나게 되면서 투자 인생에 새로운 전환점을 맞게 된다. 대학에서 벤저민 그레이엄의 제자가 되어 가르침을 받았으며 약 2년간 그레이엄 밑에서 투자 업무를 하면서 가치 투자의 대명사로 통하는 투자 철학의 기초를 정립했다.

버핏은 25살 되던 해에 자신과 친지들이 투자한 돈으로 펀드를 설립해서 직접 운영하기 시작했다. 본격적인 투자자의 길에 들어선 그는 1965년에 당시 섬유 회사이던 버크셔 해서웨이(Berkshire Hathaway)를 인수한 후 다른 기업에 투자하는 지주회사로 변신시켰다. 이 회사는 그 후 세계적인 투자 회사가 되었다. 버핏은 그의 회사에 투자한 사람들을 백만장자로 만들어 주었고 그 자신도 세계 2위의 갑부가 되어 살아 있는 주식 투자의 신화가 되었다.

2006년 버핏은 또 다른 신화를 열었다. 440억 달러가 훨씬 넘는 재산의 85%인 370억 달러라는 막대한 돈을 빌 게이츠가 운영하는 자선 단체 등에 기부하겠다고 밝혀서 다시 한 번 세상을 놀라게 했다.

버핏의 일거수일투족은 세인들의 관심을 끌고 있다. 최근에는 그가 한국 증시에서 포스코를 비롯한 몇몇 종목을 매수한 사실이 밝혀지면서 포스코의 주가가 급등세를 타기도 했다. 또한 그가 어떤 종목에 투자했고 향후 어떤 종목이 투자 후보인지 파악하느라고 투자자들과 관련 금융 기관들이 촉각을 곤두세우는 등 한국에서도 그의 영향력이 유감없이 발휘되고 있다.

부자가 되려면 눈덩이 효과를 이용해라

워런 버핏이 주식 투자로 세계적인 갑부가 되는 동안 그의 연평균 투자 수익률은 어느 정도였을까? 연간 수백 %는 되어야 그런 엄청난 돈을 모을 수 있지 않을까?

하지만 실망스럽게도(?) 이런 추측과는 달리 그가 투자 회사를 차리고 본격적인 주식 투자에 나선 동안 그의 투자 수익률은 연평균 20%대에 불과했다. 그러나 연 20%대의 수익이 30여 년간 복리로 늘어나면서 세계 2위의 갑부가 된 것이었다.

사람들이 어떻게 해야 부자가 될 수 있느냐고 질문하면 그는 높은 언덕에서 눈덩이를 아래로 굴리는 효과를 이용해야 한다고 조언해 준다. 작은 눈덩이는 처음에는 보잘것없지만 높은 언덕에서 아래로 굴리면 걷잡을 수 없이 불어나게 되어 언덕 밑에 이르렀을 때에는 엄청나게 큰 눈덩이가 된다. 이게 바로 복리 효과다.

그는 복리 효과를 이용해서 부자가 되어야 한다고 말한다. 자신이 이미 11살 때에 눈덩이를 뭉쳐서 56년이라는 세월의 언덕에서 굴렸기에 오늘날 큰 부자가 된 것처럼 말이다. 단기간에 수십 %의 수익을 기대하고 연간 수백 %의 수익은 나야 성이 차는 사람들은 경사가 급하고 곳곳에 바위와 나무 같은 위험 요소가 산재한 언덕에서 무리하게 눈덩이를 굴리는 것과 같다. 눈덩이는 짧은 시간 화려하게 구르다가 이내 바위에 부딪혀 산산조각 나고 날리는 눈가루 속에 헛된 꿈도 함께 사라지고 만다.

워런 버핏은 가치가 있지만 저평가된 기업을 발굴하여 매수한 뒤에 그 종목이 시장에서 가치를 인정받을 때까지 뚝심 있게 기다리는 매우 단순한 투자 원칙으로써 오랜 세월 언덕에서 눈덩이를 굴린 것이었다.

워런 버핏이 좋아하는 종목들

- 독점적 사업자의 지위에 있는 회사

시장에서 독점적인 지위에 있어서 시장을 선도하고 다른 경쟁사에 비해 우월한 위치를 점하고 있는 기업. 독점적인 지위에 있지 않으면 경쟁자에게 금방 추월당할 수 있다.

- 자기자본이익률(ROE)이 높은 기업

자기 자본에서 수익이 차지하는 비율이 높아야 투자 자산 대비 효율적인 기업 활동을 하고 있는 것이다.

- 주주를 존중하는 기업

주주를 존중하는 기업은 결국 투자자에게 좋은 성과를 안겨주지만 주주를 존중하지 않는 기업은 언제 어떤 형태로든지 주주에게 실망과 배신감을 안겨줄 수 있다.

- 현금 흐름이 좋은 기업

재무제표 상으로 좋아 보이는 기업도 실재 내면은 그렇지 못한 경우가 많다. 그러나 현금 흐름이 좋으면 결국 내부의 다른 문제점을 해결할 수가 있다.

워런 버핏이 싫어하는 종목들

• 잘 모르는 분야와 회사에는 절대 투자하지 않는다.

잘 아는 분야와 회사에 확신을 가지고 투자해도 실패할 수 있는데 잘
모르는 분야와 회사의 경우는 말해서 무엇 하겠는가? 아무리 그럴 듯
해 보여도 잘 모르는 분야는 피한다.

• 한 가지 제품에 회사의 운명이 좌우되는 기업에는 투자하지 않는다.

한 가지 제품에 '올인' 하는 기업은 해당 제품의 판매와 수익성에 문제
가 발생하면 금방 회사 전체가 흔들리게 된다. 당장에 아무리 잘나가는
기업일지라도 시장에서 회사가 자신 있게 내세울 수 있는 제품이 하나
밖에 없다면 투자 대상에서 제외한다.

• 부채가 많은 기업은 쳐다보지도 않는다.

사람이나 기업이나 부채가 많은 것은 문제가 있다. 겉으로 아무리 화려
하게 멋을 부려도 그게 다 빚이라면 나중에 큰 고충을 겪게 된다. 기업
체도 마찬가지이다.

• 매출이 많아도 이익률이 나쁜 기업은 피한다.

기업이 이익을 내야 하는 것은 기본이다. 아무리 매출이 많아도 손익이
적고 수익률이 낮으면 헛장사하는 것이다. 수익성에 문제가 있는 기업
은 기업으로서 기본기가 부족한 것이다.

- 경영진이 정직하지 않고 능력에 문제가 있는 회사는 피한다.

회사에서 경영진의 역할은 매우 중요하다. 선장이 능력이 부족하거나 정직하지 않고 도덕적인 문제가 있다면 배가 산으로 가거나 풍랑 속에서 헤매다가 침몰하고 만다.

워런 버핏이 들려주는 투자 철학

- 돈에 집착하기보다는 투자 과정 자체를 즐겨라.

주식에 투자하는 것은 돈을 벌기 위해서가 아니라 주식 투자가 재미있고 주식을 가지고 있는 것이 행복해서라고 생각하며 시작해 보라. 자신도 모르는 사이에 계좌는 풍성해져 있을 것이다.

- 단기적인 시세 차익을 바라고 매수하지 않는다.

투자를 결정하기 전에는 충분히 심사숙고해야 하지만 일단 투자 결정을 하고 매수했으면 단기적인 시세의 흐름에 연연하지 말아야 한다. 단기적인 시세 차익을 노리는 매매 행태는 지양해야 한다.

- 자신의 투자 방식을 일단 신뢰하라.

자신의 투자 방법이 옳고 그름을 판단하려면 최소 1~2년의 시간은 걸린다. 그동안에는 자신의 투자 방법을 일단 믿고 따라야 한다. 설사 투자 방법이 잘못되었다고 하더라도 이쪽저쪽 오락가락하면서 범하는 실수보다는 피해가 훨씬 적기 때문이다.

- 좋아하는 공이 올 때까지 기다려라.

야구 경기에서 투수가 던지는 모든 공에 타자가 방망이를 휘둘러야 한다는 법은 없다. 자신이 좋아하는 공을 기다렸다가 기회가 왔을 때 힘껏 때리면 된다. 조바심을 내고 모든 공에 욕심을 내다가는 삼진 아웃만 당할 뿐이다.

- 시장이 폭락할 때는 바겐세일의 기회가 오는 것이다.

주가가 폭락하면 평소에 관심 있던 종목을 매수할 기회가 온다. 사람들이 백화점에서 우르르 몰려나올 때에는 쇼핑백을 들고 들어가서 반액 할인의 바겐세일을 즐겨라.

- 주가를 거래하지 말고 기업을 거래하라.

주가가 오를 것 같아서 매수하고 주가가 하락할 것 같아서 매도하는 것은 주가를 거래하는 것이다. 주식 투자는 주가를 거래하는 것이 아니라 기업을 거래하는 것이다. 기업의 가치가 올라가면 매수하고 기업의 가치가 하락하면 매도하라. 결국은 기업 가치가 주가를 이기게 되어 있다.

워런 버핏은 성공적인 투자를 위해 지나치게 복잡하거나 기술적인 분석에 치중하는 것을 경계한다. 그는 특히 개인 투자자는 전문적인 트레이더와는 분명히 입장이 다르기 때문에 어설프게 따라하기보다는 자신에게 적합한 단순한 투자 철학을 가지라고 충고하고 있다.

그가 우리에게 권하는 투자 철학은 단지 주식 투자의 영역에만이 아니라 인생살이에도 적용이 될 수 있는 내용이다. 오랜 세월 투자를 통해 부를

쌓았으면서도 겸손함과 소박함을 잃지 않고 사람에 대한 애정으로 전 재산
을 사회에 환원하는 그의 모습을 통해, 우리는 성공적인 투자자로서뿐만
아니라 인생을 달관한 워런 버핏의 일면도 엿볼 수 있다.

벤저민 그레이엄

워런 버핏의 스승이자 현대적인 투자 이론의 창시자

벤저민 그레이엄(Benjamin Graham)은 1894년 영국에서 태어났다. 그가 태어나자마자 그의 가족은 미국 뉴욕으로 이주했다. 그는 9살 때에 아버지를 여의고는 어려운 가정환경 속에서 생계를 위해 아르바이트를 하면서 컬럼비아 대학을 졸업하고 월스트리트로 진출했다.

그는 20대 중반에 이미 능력을 인정받아 고액의 연봉을 받으면서 애널리스트로 활약했다. 1920~30년대의 미국의 주식 시장은 묻지마 투자와 주가 조작 등이 난무하고 이렇다 할 투자 원칙이나 기법도 없이 소문에 의해서 좌우되는 복마전이었다. 문란하던 증권 시장은 1934년에 증권거래위원회가 출범하면서 겨우 제자리를 찾아가기 시작했다.

벤저민 그레이엄은 이렇게 혼탁한 시절에 최초로 과학적인 투자 기법을 창시하고 가치 투자에 대한 개념을 정립했다. 그의 선구자적인 업적은 이후 대학 강의를 통해 워런 버핏 같은 수많은 제자들에게 많은 영향을 미쳐, 그는 근대적 의미의 주식 투자의 대부라고 불리기도 한다.

1946년에는 주식 투자의 고전이라고 할 수 있는 『현명한 투자자』(The

Intelligent Investor)라는 저서를 썼고, 지적인 호기심이 많아서 주식 투자뿐만 아니라 문학과 철학에 많은 관심을 가지고 문학 작품을 번역하는 등 다양한 분야에서 능력을 발휘했다. 이런 그가 아이러니하게도 세 번 결혼을 했다. 좋은 배우자를 선택하고 행복한 가정을 꾸리는 것과 좋은 주식을 발굴해서 성과를 거두는 것은 별개의 영역인 모양이다.

저평가된 가치주를 판단하는 세 가지 원칙

벤저민 그레이엄은 기업의 재무제표를 분석해 기업의 '상태'를 기준으로 적정 주가를 도출하는 데 심취했다. 그는 자신이 분석한 내용을 가지고 일반 투자자들이 주가의 적정성을 판단할 수 있는 계량적인 투자 원칙을 정립하고 싶었다. 그래서 결국 가치에 비해 주가가 저렴한 주식을 발굴할 수 있는 방법론을 창안하게 되었다.

1. 주가가 순유동자산(유동자산 – 유동부채)의 2/3 이하인 종목에 투자하라. 순유동자산이란 간단히 말해 현금이나 어음처럼 바로 현금화가 가능한 자산에서 당장 갚아야 하는 부채를 차감한 것이다. 주가가 순유동자산보다 작은 종목에 투자하라는 것은 당장 회사를 청산할 때 주주가 받을 수 있는 금액보다 주가가 저렴한 종목에 투자를 하라는 것이다. 주식에 투자했다가 회사가 도산하는 최악의 상황을 맞더라도 회사의 자산을 처분하면 자신이 투자한 금액은 건질 수 있는 '청산 가치' 가 있는 종목에 투자해야 한다는 것이다.

2. 주가수익비율(PER)의 역수가 신용 등급 AAA인 채권 수익률의 2배가 넘는 종목에 투자하라.

이것은 주가수익비율의 역수가 최소한 채권 투자의 수익률보다는 2배 이상 높아야 투자 가치가 있다는 것이다. 예를 들어 주가수익비율이 4이고 신용 등급 AAA 채권 수익률이 5%라면 주가수익비율이 25%(역수 1/4)가 되어 채권 수익률 5%의 5배가 되므로 투자할 만한 종목이라는 것이다.

3. 배당 수익률이 신용 등급 AAA인 채권 수익률의 2/3 이상인 종목에 투자하라.

채권 수익률이 5%일 경우, 어떤 주식 종목의 배당 수익률이 5%의 2/3인 3.3% 이상이면 투자할 가치가 있다는 것이다. 현재의 기준으로 보면 배당 수익률이 높은 고배당 종목에 투자하라는 의미가 될 수 있다.

벤저민 그레이엄이 들려주는 투자 철학

• 투기를 하지 말고 투자를 해라.

그는 투자와 투기를 구분해서 투자자들이 투기에 나서는 것에 대해 자주 경고했다. 그의 견해에 따르면 투자라는 것은 완벽한 분석을 토대로 투자 자금의 수익성과 안정성이 보장되는 것이라고 했다. 반면에 수익성과 안정성 중에 하나라도 문제가 있으면 투기라는 것이다. 그의 주장에 따르면 수익성을 포기하고 안정성에 중점을 둔 은행 예금도 투기가 되어 버리고 만다.

• 시장의 과열 여부를 판단해라.

앞에서 설명한 주가가 순유동자산(유동자산 - 유동부채)의 2/3 이하인 종목에 투자하라는 원칙은 시장 전체의 분위기를 파악하는 데에도 활용될 수 있다. 이러한 종목이 많을 경우는 시장이 침체되어 있는 것이므로 투자 기회가 되지만 반대로 이런 종목을 찾기가 어려우면 시장은 과열되어 있다는 것이다. 즉 회사의 실재 청산 가치에 비해서 주가가 높게 형성된다는 것은 그만큼 주가에 거품이 있는 셈이고 이런 종목이 많다는 것은 시장의 과열을 알려 주는 신호라는 것이다.

• 주식을 매수하거나 매도할 때에는 분명한 이유가 있어야 한다.

어떤 주식을 매수하거나 매도할 때에는 도대체 무슨 근거로 하는지 완벽한 이유를 댈 수 있어야 한다. 그는 투자 담당자가 어떤 종목의 매수나 매도 의견을 그에게 말하면 꼬치꼬치 캐묻고 꼬투리를 잡았다. 이때 담당자가 완벽하게 설명하지 못하면 그 주식은 사거나 팔 이유가 없다고 판단했다. 그는 주식을 매수하거나 매도할 때 완벽할 정도의 분석을 통해 강한 자신감과 신념이 있어야 고통을 견딜 수 있다고 생각했다.

• 달걀을 한 바구니에 담지 말고 분산 투자해라.

그는 그가 제시한 저평가된 주식을 발굴하는 투자 기법이 성공하려면 여러 종목에 분산 투자를 해야 한다고 했다. 아무리 완벽히 분석했다고 해도 결과는 실패로 끝날 수도 있기 때문에 분산 투자를 통해서 위험을 분산해야 성공할 수 있다는 것이다.

• 미래는 알 수가 없기 때문에 성장주라는 유혹에 현혹되지 마라.
성장 가능성이라는 것은 결국 미래의 이야기이고 미래는 아무도 알 수
없는 것이므로 성장가능성이 높게 예상이 된다고 부추기는 성장주의
현혹에 유혹되지 말라고 경고한다.

벤저민 그레이엄의 종목 발굴 원칙과 투자 철학은 현재의 투자자들이
익히 들어 본 개념이라서 뭐 특별한 게 있나 하는 생각도 들 수 있다. 그러
나 소문과 감에 의한 투자가 난무하던 1920~30년대에 이러한 투자 원칙의
정립을 위해 노력했다는 사실에 주목해야 한다. 이미 반세기도 훨씬 전에
그가 제시한 투자 철학이 우리나라에 정착하기 시작한 것이 불과 10년 남
짓이라는 사실을 감안하면 그의 분석 방법과 투자 철학이 얼마나 시대를
앞선 것이었는지를 파악할 수 있을 것이다.

조지 소로스

세계 금융 시장을 쥐락펴락하는 헤지 펀드의 대부

조지 소로스(George Soros)는 1930년 헝가리에서 태어난 유대인이다. 그는 나치의 유대인 핍박 속에서 어린 시절을 보냈으며 세계 2차 대전이 끝난 뒤에는 헝가리가 공산화되는 바람에 또다시 힘든 시절을 보내다가 17세에 영국으로 건너갔다.

영국에서 그는 새벽부터 한밤중까지 온갖 궂은 일을 하면서 힘든 하루하루를 살았다. 이런 고생스러운 생활의 와중에서도 학업에 대한 열의를 포기하지 않고 런던 경제 스쿨에 입학해 훗날 그에게 투자 철학의 정립에 많은 영감을 주었던 칼 포퍼(Karl Poper) 교수를 만나게 된다.

대학을 졸업하고 얼마 후 그는 미국으로 건너가 뉴욕의 작은 증권사에 취직을 하면서 월스트리트에 입성을 하게 된다. 여러 나라를 전전하며 살아간 그에게 월스트리트는 탁월한 생존 본능의 능력을 발휘하기에 더할 나위 없이 좋은 장소였다. 그는 여러 면에서 두각을 나타내기 시작해 1969년에는 퀀텀(Quantum) 펀드를 직접 설립하면서 본격적으로 능력을 발휘하기 시작한다. 그가 세운 퀀텀 펀드는 소수 부자들의 돈을 모아서 주식뿐만 아니라 선물이나 옵션 같은 다양한 파생 금융 상품에 공격적으로 투자를 하는 헤지 펀드이다.

시장의 편견으로 수익을 취하는 투자 이론

조지 소로스는 인간의 이성에 편견이 있기 때문에 시장도 편견에 의해서 왜곡이 되는 것이지 수요와 공급의 절묘한 조화로 균형을 이루는 것은 아니라는 견해를 가지고 있다.

항상 균형에 의한 조화가 이루어진다면 시장 가격은 언제나 그대로이거나 가격의 변화는 항상 일정한 폭으로 안정적으로 움직여야 한다. 그런데 실제로는 자연스럽게 수요와 공급이 균형을 이루지 못하고 편견에 의한 수요와 공급 간의 틈새가 생겨나게 된다. 즉 편견에 의해서 내재 가치와 시장 가격 간에 왜곡이 생기고, 왜곡의 정점에 이르면 어느 순간 다소 우세한 쪽의 편견이 폭발적으로 시장에 영향력을 행사하면서 폭등과 폭락이 반복이 된다는 것이다.

그렇게 한번 쌓인 편견의 분출이 이루어지고 나면 시장은 내재 가치와 시장 가격 간의 불일치가 수렴되고 또 다른 영역에서 새로운 편견이 싹튼다. 그래서 그의 투자 전략은 이러한 편견의 틈새를 파악해서 자신이 우세한 편견 쪽으로 시장에 작용하면 시장은 자신이 예상한 방향으로 편견이 분출되어 짧은 기간에 큰 수익을 올릴 수 있다는 것이다.

그는 시장의 편견을 이용한 투자를 다음과 같은 3단계의 투자 원칙을 통해 실현하고 있다.

- 1단계 : 시장에 조성된 편견의 정도와 분출 시기에 대해 분석한다.
- 2단계 : 자신이 분석한 내용이 맞는지를 실험적인 거래를 통해 확인하고 검증한다.
- 3단계 : 실험적인 거래로 검증된 편견의 정도에 대해 확신을 가지고 막대한 자금을 동원해서 시장에 융단 폭격을 가함으로써 편견 분출의 시기와 방향의 주도권을 잡는다. 그리고 편견이 해소되는 혼란 속에서 엄청난 이득을 취하고는 유유히 시장을 떠난다.

다시 말해 편견의 정도가 심화된 시장을 찾아낸 뒤 3단계 투자 원칙을 활용해 사람들이 인식하지 못하는 편견의 뇌관을 건드려 폭발시켜 버리는 것이다. 이런 이유로 그가 어떤 시장에 투자하기 시작하면 평온하던 바다에 폭풍우가 휘몰아치기 때문에 조지 소로스는 '시장의 파괴자'라는 오명을 듣기도 한다.

금융 시장의 악마인가, 자선 사업의 천사인가?

조지 소로스의 투자 행태가 투기적이고 공격적인 성향이 강해서 그로 인해 피해를 보는 당사자들은 그를 돈에 미친 악마라고 혹평한다. 그에 대한 이러한 부정적인 이미지를 형성하게 만든 '투자 사건'은 꽤나 많다.

앞에서 헤지 펀드를 설명할 때 언급한 것처럼 그는 1992년에 영국의 파운드화를 놓고 영국의 중앙은행인 영란은행과 일전을 벌여서 파운드화

가치를 초토화시키고 거액의 돈을 챙겼다. 일 년 뒤에는 다시 독일의 마르크화에 대한 공습을 감행해서 막대한 수익을 거두기도 했다.

1990년대 후반에도 하이에나 같은 그의 잔인한 공격성이 다시 한 번 유감없이 나타났다. 동시 다발적으로 벌어진 아시아의 금융 위기 때에 그가 운영하는 퀀텀 펀드와 다른 많은 헤지 펀드들이 태국의 바트화에 대해 공격하기 시작했다. 이를 시발점으로 그는 아시아 전체에 금융 위기를 불러오고 금융 시장을 초토화시킨 주범이자 배후 세력으로 악명을 떨치기도 했다.

우리나라에 IMF 사태가 터진 다음해인 1998년에 그는 한국을 방문해 자금 지원 약속을 하고 서울 증권을 인수한 뒤, 곧바로 고액 배당을 실시해 실익만 쏙 챙기는 투자 행태를 보였다. 이 사건으로 가뜩이나 신음하던 우리나라 사람들에게 별로 좋지 못한 인상을 남기기도 했다.

이런 악명 높은 그의 이미지 반대편에는 많은 돈을 자선 사업에 기꺼이 투자하는 이중적인 면도 존재한다. 그는 맹수가 사냥하듯이 인정사정 봐 주지 않는 투자로 돈을 벌었지만 그렇게 번 돈의 상당량을 자선 사업에 쓰고 있다. 1984년에 소로스 재단을 설립해 자신이 태어난 헝가리에 600만 달러를 지원하는 것을 시작으로 1987년에는 러시아에 10억 달러, 1993년에는 5억 달러, 1994년에는 3억 달러, 1995년에는 3억 5,000만 달러를 각종 구호 사업에 지원하는 등 세계적인 큰손답게 막대한 돈을 다양한 분야에 기부하고 있다. 2000년 이후에는 약 70억 달러에 달하는 개인 돈으로 자선 사업에 투자하는 기부 펀드를 직접 운용하고 있다.

"개같이 벌어서 정승같이 쓰라." 이 말은 바로 조지 소로스에게 해당되는 말이 아닐까 싶다. 물론 일반 개인 투자자들이 그와 같은 투자 행태를 따라할 수는 없겠지만 그의 편견에 의한 시장 불균형 이론은 우리에게도 시사하는 바가 매우 크다.

앙드레 코스탈로니

70년이 넘는 세월 동안 낭만적인 투자를 즐긴 투자의 예술가

앙드레 코스톨라니(André Kostolany)는 1906년 헝가리에서 출생했다. 그는 18세의 나이에 파리로 가서 주식 투자를 시작해, 1999년 93세의 나이로 사망할 때까지 무려 70년이 넘는 세월 동안 유럽 각지에서 주식 투자를 했다.

그는 단순히 돈 벌기 위한 수단이 아니라 인생을 즐기는 방법의 하나로서 즐겁고 유쾌하게 주식 투자를 즐겼다. 실제로 그는 피아니스트가 꿈이었으며 평생 음악, 미술, 문학 등 다양한 예술을 즐기는 한편으로 또 다른 예술로서 주식 투자를 즐겼다.

그는 돈에 대해서 매우 솔직하고 명쾌한 견해를 가지고 있었다. 그는 백만장자란 "자신의 자본을 가지고 누구의 간섭이나 통제를 받지 않으면서 자신이 원하는 바를 행할 수 있는 사람"이라고 정의했다. 다른 사람에게 굽실거릴 필요가 없으며 자신이 하고 싶은 일을 즐기면서 인생의 여유를 누릴 수 있는 사람이 백만장자라는 것이다. 그래서 백만장자의 기준은 단순히 100만이라는 돈의 숫자가 중요한 것이 아니라 인생을 즐기는 데 필요한

돈에 대한 자유로움의 정도가 더 중요하다고 했다. 어떤 사람이 수백만 달러를 가지고도 돈을 통한 자유와 인생의 즐거움을 누리지 못한다면 그는 백만장자가 아니다. 오히려 수만 달러로도 돈으로부터 여유로울 수 있고 인생을 즐겁게 산다면 진정한 백만장자라고 했다.

그는 사람들이 돈에서 자유롭고 인생을 즐기기 위해서 백만장자가 되고 싶어 하고 이를 이루기 위해서 투자하는 것이라고 했다.

주식 시장에 참여하는 세 종류의 투자자

앙드레 코스탈로니는 주식 시장에 참여하는 투자자를 다음과 같은 세 종류로 분류했다.

- 단기 투자자 : 주식 시장의 사기꾼
- 장기 투자자 : 주식 시장의 마라토너
- 순종 투자자 : 주식 시장의 전략가

1. 단기 투자자 : 주식 시장의 사기꾼

그에 따르면 단기 투자자는 투자자라는 호칭을 들을 자격이 없는 주식 시장의 사기꾼이다. 단기 투자자는 항상 외줄타기 곡예를 하듯이 단기간에 이리저리 왔다갔다하기 때문에 큰 수익을 거두기 어렵고, 몇 번의 곡예를 성공적으로 끝내 몇 번의 박수 세례를 받을 뿐 한번 떨어지면 모든 게 끝장난다. 단기 투자자들은 이런 단점을 극복하기 위해 온갖 컴퓨터 분석과 차트를 연구하지만, 결국 기술적인 도구들은 그것을 만든 사람의 수준을 벗어날 수가 없기에 한계가 있다.

그는 자신이 70년이 넘는 투자 생활을 하면서 단기 투자자가 시장에서 장기적으로 살아남아 계속해서 수익을 내는 사람을 한 사람도 본 적이 없다고 역설했다. 증권사와 금융 브로커가 자신들의 수입을 위해서 사람들을 단기 투자라는 구렁텅이로 밀어 넣고 있다는 것이다.

그는 이처럼 단기 투자자에 대해서 부정적이지만 단기 투자자도 나름대로 시장에서 충실한 역할을 한다는 점은 인정했다. 단기 투자자들 덕분에 시장에 유동성이 풍부해지고 거래가 활성화된다는 것이다. 만약에 시장에 장기 투자자들만 있다면 하루에 한 건도 거래가 이루어지지 않는 매우 한산한 분위기 때문에 시장이 붕괴될 수도 있다. 그는 단기 투자자를 주식 시장의 필요악이라고 인정하면서도 투자자들에게 필요악이 되지는 말라는 충고도 잊지 않았다.

2. 장기 투자자 : 주식 시장의 마라토너

장기 투자자는 당장의 이익이 아니라 미래의 부가 목적이다. 노후 생활이나 자식들에게 물려주기 위해서 투자한다. 그래서 시장의 움직임에 크게 연연하지 않으며 세월의 흐름 속에 몸을 맡긴다. 이들은 위험을 싫어하기 때문에 한두 종목에 투자하기보다 이른바 우량주에 골고루 분산 투자한다.

이러한 장기 투자자는 증시가 좋을 때나 나쁠 때, 언제 투자를 시작했어도 결국은 수익을 얻게 된다. 왜냐하면 주식은 하락하고 나면 언젠가는 사상 최고치를 기록하면서 다시 상승하는 일이 반복되기 때문이다. 그래서 장기 투자자는 적은 돈으로도 결국 백만장자가 될 수 있다. 그러나 사람들은 이러한 장기 투자자를 비웃으며 브로커가 등을 떠미는 대로 단기 투자의 늪에 빠지고 만다.

3. 순종 투자자 : 주식 시장의 전략가

순종(純種) 투자자는 단기 투자자와 장기 투자자의 중간쯤의 존재로 볼 수 있지만, 그의 견해에 의하면 중간이 기간을 나타내는 않는다. 순종 투자자는 장단기 투자자와는 구분되는 별개의 종으로서 존재한다는 것이다. 이들은 장기 투자자와 달리 증시의 움직임에 많은 관심을 보이지만 단기 투자자처럼 증시의 작은 움직임에 반응하지는 않는다. 즉 관심은 있지만 움직임은 아끼는 진중한 스타일이다.

이들은 작은 파도보다는 대세의 흐름을 눈여겨보다가 큰 흐름의 변화가 일어날 때 비로소 움직이기 시작한다. 그래서 순종 투자자는 나름대로 증시를 움직이는 여러 요소에 대한 안목과 지식을 갖추고 있고 그러한 능력을 토대로 시장의 큰 흐름을 분석하는 데에 몰두한다.

그의 분류에 의하면 순종 투자자가 제일 그럴듯하고 수익도 좋지 않을까? 안타깝게도 순종 투자자가 되기 위한 과정은 많은 노력과 고통이 따른다. 그리고 어디 가서 외국어 강좌 듣듯이 등록해서 배울 수 있는 것도 아니다. 그래서 그는 절대로 단기 투자자가 되지 말라고 주의를 주고, 순종 투자자로서의 자질이 있으면 그 길을 가라고 한다. 그렇지만 순종 투자자로서의 자질이 없는 상당수의 사람들에게 다음과 같은 말로 장기 투자자의 길을 권한다. "투자에 성공하고 싶으면 우량주에 분산 투자해 놓고는 수면제를 먹고 몇 년 동안 푹 자라!"

앙드레 코스톨라니가 들려주는 투자 철학

- 단기적인 수익을 얻기 위해서 주식을 사고팔지 마라.

- 주가의 변화에 너무 민감하게 부화뇌동하지 마라. 그래 봐야 달라지는 것은 없다.

- 돈 계산만 하는 사람은 막상 장사는 엉망이다. 수익과 손실 계산에 몰두하지 마라.

- 지나간 시가(주가)를 놓고서 후회하지 마라.

- 사람들의 비밀스러운 소문이나 추천 종목에 귀 기울이지 마라.

- 수익이 났다고 기고만장하지 마라. 큰 화를 자초할 것이다.

- 손실을 받아들여라. 손실을 회복하려는 발버둥은 더 큰 손실을 부를 뿐이다.

- 어떤 상황에서 사람들이 주식을 사고파는지 잘 알고 있다고 자만하지 마라.

- 일단 주식을 사 놓으면 오른다는 희망을 가지고 잊고 지내라.

- 시장의 작은 호재나 악재 등에 민감하지 마라.

앙드레 코스탈로리는 주식 투자에 대한 강연을 하는 자리에서 사람들에게 인생을 즐기라는 말을 자주했다. 인생을 즐기고 인생을 즐기는 데 필요한 돈 버는 투자를 즐기라고. 이러한 그의 투자 철학은 요즘으로 친다면 '신바람 투자 철학'이라고 할 수도 있을 것이다. 어떻게 하면 돈을 벌 수 있느냐는 우리의 질문에 그는 이렇게 대답했다. "돈, 뜨겁게 사랑하고 차갑게 다루어라."

알렉산더 엘더

흔들리지 않는 심리 투자 법칙을 제시한 정신과 의사 출신

알렉산더 엘더(Alexander Elder)는 구 소련 시절 레닌그라드(현 상트페테르부르크)에서 태어났다. 그는 의과 대학에 입학해서 전문의 과정을 마친 후 배에서 근무하는 의사가 되었다. 어느 날 항해하는 배에서 무작정 뛰어내려서 미국으로 망명했고 이후 뉴욕에서 정신과 의사로 활동하는 한편, 신문사에서 정신 분석에 대한 기고가로서, 또한 대학교수로 강단에 서기도 했다.

그러던 그는 투자자로 변신하여 심리학과 투자 기술을 접목한 심리 투자 법칙을 제시하며 전문적인 트레이더의 길에 들어섰다. 이러한 배경으로 인해서 그는 주식 투자에서 가장 중요한 요소는 바로 사람들의 심리라는 것을 간파했다.

시장에서 성공하기 위한 3대 요소

- 심리 상태
- 자금 관리
- 시장에 대한 분석과 매매 시스템

알렉산더 엘더는 시장에서 성공하기 위해서는 심리 상태, 자금 관리, 그리고 시장에 대한 분석과 매매 시스템의 3박자가 맞아야 한다고 주장했다. 그중에서도 심리 상태와 자금 관리가 가장 중요하다고 했다.

시장에 대한 분석과 매매 시스템이 아무리 좋아도 결국 심리와 자금 관리가 안 되면 아무 의미가 없다는 것이다. 반대로 심리 상태와 자금 관리가 좋으면 아무리 엉망인 매매 시스템이라 해도 최소한 시장에서 퇴출되지 않고 살아남을 수가 있다.

투자는 자기 내면과 싸우는 심리전

그의 친구의 아내는 항상 다이어트를 하는데도 언제나 통통한 몸매 그대로였다. 그래서 자세히 살펴보니까 그녀는 식사 모임에서 사람들 앞에서는 적게 먹으면서 다이어트를 하는 척하지만 수시로 부엌에 드나들면서 포만감에 젖은 표정을 짓고 나오는 것이었다. 그녀는 말로는 다이어트를 외치지만 실제로는 다이어트로 변화된 자신의 외모가 아니라 남몰래 맛있는 것을 먹어 치우는 짧은 순간의 스릴과 만족감에 더 탐닉하고 있었다.

그는 그녀의 이런 모습을 계기로 투자자들의 투자 행태를 분석했다. 그
랬더니 사람들이 겉으로는 안정적이고 장기적으로 성공하는 투자자가 되
고 싶다고 말을 하면서 실제로는 짧은 시간의 스릴과 일확천금이라는 마약
같은 환상에 젖어서 투기적이고 위험한 매매를 한다는 사실을 발견했다.

그래서 그는 사람들이 주식 투자에서 실패하는 이유는 외부적인 이유
가 아니라 자신이 자신을 속이는 이율배반적인 심리 구조 때문이라고 역설
한다. 제대로 된 투자를 하려면 롤러코스터에서 뛰어내리라고 충고한다.

수많은 투자자들이 성공적인 투자를 위한 거래 기회를 찾기 위해서 이
성적인 분석과 많은 노력을 한다. 그렇지만 실제로 돈이 오고 가는 매매의
현장에서는 롤러코스터를 탄 것처럼 통제력을 잃어버리고 작은 수익에 기
뻐서 어쩔 줄을 모른다. 작은 손실에도 이성을 잃고 흥분해 버리는 것이다.
하루 종일 실컷 롤러코스터를 타고 나면 속이 울렁거리고 머리는 지끈거리
고 먼지만 폴폴 날리는 빈털터리 지갑만 남는다. 마찬가지로 주가의 출렁
임에 휘둘려서 충동적인 매매를 하고 난 뒤에는 후회로 인한 괴로움과 깡
통 계좌만이 남는다.

그래서 그는 좋은 매매와 좋은 정신 분석 간에는 서로 공통점이 있다고
한다. 즉 현실과 세상을 있는 그대로 바라보고 느낄 수 있는 눈과 마음이
필요하다는 것이다. 올바른 정신으로 살아가는 것이나 올바른 투자를 하는
것이나 결국 같은 정신 자세가 필요하다. 결국 일희일비(一喜一悲)하지 말고
마음을 잘 다스리라는 것과 일맥상통한 의견인 것이다.

또한 그는 투자에 실패하는 사람들과 알코올 중독자들은 비슷한 점이
있다고 분석했다. 알코올 중독자들은 자신이 음주를 조절할 수 있다고 착
각한다. 투자에 실패하는 사람들도 자신이 투자에 대한 자신의 심리와 판

단을 자제할 수 있다고 착각한다.

알코올 중독자는 한두 잔 술을 마시기 시작하면 취할 때까지 마시지만 결코 자신은 취했다고 생각하지 않는다. 나중에 지인들에게 자신이 술에 취해 한 행동에 대해서 이야기를 들으면 죽고 싶은 생각이 들어 술을 끊어야겠다고 생각하지만 딱 한잔만 하면 아무 문제가 없을 거라는 내면의 유혹에 다시 술을 마시는 악순환을 거듭한다.

투자에 실패하는 사람도 이와 비슷하다. 소액으로 조금씩 시작해서 어느덧 감당하기 힘든 액수로 늘어난 투자 자금으로 인해 이성을 잃고 우왕좌왕하다가 돈을 몽땅 날리고는 후회를 하지만 어느 순간 다시 빚을 얻어 투자에 나서는 자신의 모습을 발견한다. 조심해서 소액으로 조금만 하자는 마음으로 다시 시작하지만 역시나 술에 취해 나중에 후회하는 알코올 중독자와 같은 상황을 반복한다.

자금 관리, 시장에서 살아남는 생존이 최우선이다

그는 자금 관리의 핵심은 시장에서 살아남는 것, 즉 생존이 최우선이며 절대로 투자 자금 전체를 위험에 빠뜨리지 말라고 충고한다. 만약에 수중에 100만 원이 있는데 이를 10만 원씩 나누어서 투자하면 10번의 기회가 있지만 100만 원을 모두 투자하면 한 번에 모든 것을 걸어야 한다.

100만 원의 자금에서 10%의 손실을 보면 90만 원이 남는다. 이 상태에서 원금을 복구하려면 다음에 11%의 수익을 올리면 된다. 그러나 20%의 손실을 본다면 원금 회복을 위해서는 25%의 수익, 40%의 손실을 보았다면

표 10-1 ▎ 손실률에 따른 원금 복구에 필요한 수익률(초기 자산 100만 원 기준)

손실률 (%)	남은 자산 (1만 원)	원금 복구에 필요한 수익률(%)
10	90	11
20	80	25
40	60	67
50	50	100
70	30	233
80	20	400
90	10	900
95	5	1,900

67%의 수익, 50%의 손실은 100%의 수익을 내야 복구가 가능하다. 원금의 절반을 손해 보았다면 두 배의 수익을 올려야 원금 복구가 가능한 것이다.

그런데 손실 비율이 늘어날수록 복구 비율은 기하급수적으로 늘어난다. 만약에 90%의 손실을 보았다면 무려 900%의 수익을 올려야 한다. 결국 손실의 비율이 커질수록 이를 회복하기 위해서는 엄청난 수익의 기회를 찾아야 하기 때문에 사람들은 자포자기하거나 더욱 투기적으로 시장에 돌진하는 악순환을 반복한다는 것이다.

알렉산더 엘더가 들려주는 투자 철학

• 절대로 탐욕을 가지고 투자에 덤비지 마라.

시장은 언제나 열려 있고 기회는 오늘 아니라도 얼마든지 있다. 조급함과 탐욕이 자신을 망친다.

- 시장에서 오래 살아남는 사람이 승리한다.

시장에서 오래 살아남기 위해서는 자금 관리에 만전을 기해라. 일단 살아남아야 수익의 기회가 온다.

- 시장을 분석하는 자신의 방법을 발전시켜라.

시장은 항상 변화하기 때문에 시장을 분석하는 방법도 항상 변화해야 한다.

- 승리자들은 패자와는 다르게 생각하고 느끼고 말한다.

승리자들처럼 되기는 어렵지만 노력하는 과정만으로도 이미 패자와는 다른 성공의 길로 한발 내딛는 것이다.

알렉산더 엘더는 다양한 심리 분석을 투자에 적용해 봄으로써 투자의 심리학이라는 영역을 개척했다. 결국 마음가짐이 중요하다는 그의 철학은 비단 주식 투자에만 해당되는 조언은 아닐 것이다. "무슨 일을 하든지 사람 마음먹기에 달렸다." 알면서도 제대로 안 되는 것이 바로 자기 마음을 다스리는 일이 아닌가 싶다.

피터 린치

수많은 투자자를 백만장자로 만들어 준 전설적인 펀드매니저

피터 린치(Peter Lynch)는 미국 피델리티(Fidelity) 사의 마젤란(Magellan) 펀드의 전설적인 펀드매니저이다. 그가 펀드를 맡은 1977년부터 1990년까지 13년 동안 단 한해도 손실을 본 적이 없었으며 연평균 수익률은 29%였고 총누적 수익률은 2,700%에 달했다.

그는 미국 보스턴에서 수학자의 아들로 태어났다. 일찍 아버지를 여읜 탓에 어린 나이에 생업 전선에 뛰어들어야 했다. 대학 시절에는 캐디 생활을 하다가 피델리티에서 인턴 사원을 하게 되면서 금융 시장에 발을 내디뎠다. 이 회사에 정식으로 입사한 후에는 약 8년 동안 조사 분석가로서 불평불만 없이 자신에게 주어진 업무에 충실했다. 이러한 그의 성실성과 노력을 인정받아 1977년에 그는 마젤란 펀드의 펀드매니저가 되어 신화적인 기록을 세우기 시작했다.

발로 뛰는 분석과 성실함이 만든 신화

그는 발로 뛰는 투자자였다. 수많은 기업에 대한 정보를 책상에 앉아서 보고서만으로 판단하지 않고 직접 회사를 찾아다니면서 자신의 눈과 귀로 직접 모든 것을 확인한 후에 투자 판단에 대한 결정을 했다. 그는 항상 새벽 일찍 일어나 일과를 시작했다. 이런 성실함과 부지런함으로 그는 매년 평균 200개가 넘는 기업들을 직접 방문하고 1,000개에 달하는 기업 연차 보고서를 꼼꼼하게 읽어 보는 엄청난 강행군을 계속했다.

그는 이처럼 발로 뛰는 현장의 분석을 통해 생생하게 살아 있는 회사의 숨소리와 심장 박동 소리를 듣고 병이 있는지, 건강한지를 판단해 투자를 했다. 이러한 노력을 통해 회사에 대한 제대로 된 분석을 할 수 있었기에 그는 저평가된 좋은 기업들을 발굴할 수 있었고, 자신이 발굴해 투자한 종목들의 주가의 움직임이 기대치에 미치지 못해도 강한 신념을 가지고 어려움을 극복할 수 있었다. 그는 발로 뛰는 노력으로 정확한 판단을 했으며 자신의 판단에 대한 신념은 결국 그에게 뛰어난 투자 수익으로 보답을 하게 되었다.

그는 자신이 투자한 종목에 대해서는 시세의 움직임에 대해서 크게 동요하지 않고 기업의 실적 등 역량 변화에 관심을 두었다. 즉 기업의 변화가 주가로 반영되는 것이므로 기업을 보면 주가가 보인다는 것이었다. 주가만 바라보고 감이 하늘에서 떨어지기를 바라는 우리의 투자 문화와는 질적으로 다른 투자 철학을 엿볼 수 있는 대목이다

그는 경제나 정치 등 증시 전반에 영향을 미치는 요소에 대해서는 크게 연연하지 않는 투자 철학을 지녔다. 그는 거시적인 경제 요소보다는 각 개

별 기업의 상황에 집중하는 분석을 했다. 어차피 증시 전체는 경제 상황에 따라 오르고 내려 예측하기가 어렵지만 개별 기업을 분석하고 향후 성장 가능성을 판단하기는 상대적으로 쉽다는 것이다. 그리고 어차피 장기 투자를 하기 때문에 증시의 단기적인 움직임은 뛰어넘을 수 있다는 것이다.

증시가 좋아도 투자 종목을 잘못 선택하면 아무 의미가 없고, 반대로 증시가 나빠도 오를 종목들은 오른다. 그리고 개별 종목의 주가 움직임은 단기적으로는 증시의 움직임에 영향을 받지만 장기적으로는 개별 기업 자체의 역량에 주가가 수렴하는 것이므로 증시 움직임에 크게 연연할 필요가 없다.

그의 투자 철학에 따르면 기업에서 벌어지는 여러 가지 상황에 주가가 영향을 받는데, 그 영향이 주가로 나타나는 데는 시기적인 차이가 있기 때문에 결국 장기적으로 보유하면 그러한 영향의 효과가 100% 반영된다. 그리고 그것이 '좋은 상황'이라는 확신이 있는 기업에 투자하면 결국 좋은 상황은 장기적으로 100% 주가에 반영되어 수익을 거둘 수 있다. 그래서 그는 언제나 개별 종목의 분석에 많은 시간과 노력을 쏟았으며 증시의 전반적인 움직임은 자신이 어떻게 할 수 있는 영역이 아니라면서 연연하지 않았다.

투자 철학과 인생철학은 결국 같은 맥락

피터 린치는 너무 잘나가거나 검증되지 않은 내용으로 화려하게 투자자를 현혹하는 기업은 별로 좋아하지 않았다. 첨단·최초라고 떠들어 대는 기업들보다 기존 시장에서 검증된 기술을 개선 활용하는 기업을 선호했다. 그리고 경기 변동에 크게 영향받지 않는 필수 소비재를 제조 판매하는 기업들이 안정적인 실적을 낼 수 있기에 이러한 종목들을 선호했다. 재무제표 역시 들쭉날쭉하기보다는 안정적이고, 기업 정보가 투명하고 직원들의 자사주 보유 비율이 높은 종목을 선호했다.

지극히 상식적이고 누구나 생각할 수 있는 이런 기준으로 그는 투자 종목을 선택했다. 다소 우직한 듯하면서도 꾸준한 성장과 실적을 유지하는

표 10-2 ┃ 피터 린치가 선호 · 기피하는 종목의 기업특성 비교

구 분	선호하는 종목의 특성	기피하는 종목의 특성
기업의 성장성	너무 높지 않은 적정 성장을 하는 기업	연간 100% 내외의 높은 성장을 하는 기업
주가수익비율 (PER)	업종 평균에 비해서 PER가 낮은 기업	업종 평균에 비해서 PER가 지나치게 높은 기업
자사주 거래	기업이 자사주를 사들이고 직원들의 자사주 보유율이 높은 종목	최대주주들이 주식을 팔고 직원들의 자사주 보유율이 낮은 기업
기술 개발	기존에 시장에서 검증된 기술을 개선 활용하는 기업	검증되지 않은 첨단, 최초의 기술이라고 주장하는 기업
경기 영향	경기와 상관없이 사람들이 구매하는 필수품을 제조·판매하는 기업	경기에 민감하게 영향을 받는 제품을 제조·판매하는 기업
사업 영역	시장에서 확고하게 자신의 입지를 굳히고 있는 기업	여러 분야에 진출했지만 확고한 자신의 입지가 없는 기업
지적재산권	영업권, 상표권, 특허 등 각종 권리를 보유하고 있는 기업	외부에 로열티를 지불하고 남의 권리에 의존하는 기업
정보 공개	기업 내부 정보가 투명하게 공개되어 있는 기업	폐쇄적이고 뭔가 비밀이 있는 분위기를 풍기는 기업
재무제표	현금 흐름이 좋고 재무제표의 변동이 적은 기업	현금 흐름 등 재무제표의 변동이 들쭉날쭉한 기업

신뢰할 수 있는 기업을 선호한 그의 투자 철학은 그의 인생철학과도 일맥 상통하고 있다. 1990년 46살이 된 그는 평소에 자신이 즐겨 하던 다음과 같은 말로 자신의 은퇴를 암시하고는 아무 미련 없이 홀연히 가정으로 돌아갔다.

"어떤 사람이 발 닿는 데까지 땅을 얻을 수 있는 기회가 생겼다. 그러자 그는 열심히 뛰어나가서 엄청나게 큰 땅을 차지할 수 있었다. 그러나 그는 거기에서 만족하지 못하고 더 달리다가 그만 지쳐서 죽고 말았다."

그는 13년 동안 최선을 다해서 일을 했기 때문에 그동안 소홀했던 가정으로 돌아가서 가족들하고 평범하게 살고 싶다고 했다. 많은 사람들이 13년간 이어진 놀라운 신화를 창조한 입장에 있으면 자신에게 주어진 부와 명예에 대한 욕심 때문에 집착을 떨쳐 버리기 힘들 것이다. 그러나 그는 정상에서 과감하게 자리를 떠났다. 박수칠 때 떠난 것이다.

피터 린치가 들려주는 투자 철학

- 항상 여유 자금으로 투자해야 하며 미수 거래 등을 활용한 투기적인 거래는 쳐다볼 생각도 하지 마라.

- 기업에 대한 분석을 게을리 하지 마라. 분석은 거창한 것이 아니라 본인이 알고 있는 상식과 실생활에서 접할 수 있는 단순한 내용으로도 충분하다(신제품에 대한 소비자로서 자신의 반응이 결국 그 회사의 향후 매출과 주가에 영향을 미친다). 본인이 잘 아는 기업에 투자해라.

- 상식이 통하는 정상적인 판단, 자제하고 참고 견디는 인내력, 있는 그대로를 바라볼 수 있는 편견 없는 분석, 상황의 변화에 순응할 수 있는 유연성 등 투자자로서의 자질을 기르기 위해 노력하라.

피터 린치는 성실하게 발로 뛰면서 기업을 분석했고, 누구나 알 수 있는 지극히 평범한 기준으로 투자 종목을 선정했다. 그는 이렇게 단순한 투자 철학으로 마젤란 펀드를 13년 동안 한 번도 손해를 보지 않고 세계적인 펀드로 키웠다. 이런 피터 린치에게 우리는 더 이상 무슨 대단한 투자의 비법을 캐물을 수 있을까?

존 템플턴

글로벌 투자라는 신천지를 개척한 소외된 주식 애호가

존 템플턴(John Templeton)은 1912년 미국 테네시 주의 윈체스터라는 작은 마을에서 가난하지만 신앙심이 독실하고 지극히 인간적인 분위기의 가정에서 태어났다. 가정 형편이 어려웠지만 어려서부터 공부에 대한 열정으로 예일 대학교를 수석으로 졸업하고 장학금으로 영국 옥스퍼드 대학에서 경제학을 공부했다. 1954년 본인의 이름을 따서 템플턴 그로스(Templeton Growth)라는 투자 회사를 설립하고 지금까지도 이어져 오고 있는 템플턴 펀드를 시작했다.

그는 남들과 반대의 역발상 투자와 저가주를 발굴해서 투자하는 방법을 사용했다. 그리고 미국 기업의 주가가 고평가되었다고 생각하고는 1960년대에 이미 해외의 증시에 관심을 가지고 투자하기 시작했다. 당시 미국의 투자들에게는 별 관심도 없던 일본 시장에 대한 투자를 시작했고 이후 일본의 증시 활황으로 그는 큰 수익을 거두었다.

이처럼 그는 이미 오래전부터 투자 대상을 전 세계로 확대해 글로벌 투자를 하는 글로벌 펀드라는 영역을 최초로 개척한 선구자이다. 그는 또한 종교에도 심취해서 종교계의 노벨상이라고 할 수 있는 템플턴 상을 제정하고 존 템플턴 재단을 설립해 사회 봉사 활동에도 힘을 썼다.

이러한 그의 투자 철학과 신앙심을 바탕으로 수익을 위해 부도덕하거나 양심에 위배되는 투자를 하는 것을 금기시했다. 이러한 영향으로 그의 회사와 펀드는 수십 년 동안 운영되면서도 투자와 관련된 민원이나 소송에 관여되는 불미스러운 일 없이 사람들의 사랑을 받고 있다. 그래서 그는 영혼이 있는 투자자라는 칭송을 받기도 한다.

사람들이 시장을 외면할 때 매수하고 다시 몰려들 때 팔아 치워라

제2차 세계 대전이 발발하고 나서 주가가 폭락을 하자 그는 전쟁으로 인해서 오히려 미국의 경제가 활성화되어 향후에는 주가가 폭등할 것이라고 판단했다. 그래서 그는 100여 개의 종목에 100달러씩을 투자했다. 4년이 지나 전쟁이 끝나고 나자 그는 몇 배로 불어난 수만 달러의 수익을 거둘 수 있었다.

이후에도 주식 시장이 폭락하면서 사람들이 주식을 팔아 치울 때에 인기 없는 주식들을 사 모았다가 사람들이 외면했던 주식에 다시 몰려들 때 몇 배의 수익을 거두면서 주식을 팔기를 반복했다. 사람들이 주가 하락의 공포에 빠져서 주식을 팔아 치울 때는 매입을 하고, 너나 할 것 없이 주식 시장에 몰려들어 주식을 사들일 때는 주식을 팔아야 할 때라는 것이다.

그는 이처럼 남들과는 반대로 하는 역발상 전략이 자신의 기본적인 투자 전략이라고 말하고 있다.

그는 많은 투자자들이 선호하는 우량주에는 관심이 없었다. 그는 오히려 소형주에 많은 관심을 가지고 투자하는 스타일이었다.

하지만 그가 소형주를 선호하는 것은 일반인들이 생각하는 이유와는 달랐다. 사람들이 일반적으로 우량주라고 부르는 주식에 몰리는 것은 해당 기업에 대해 분석할 필요가 없거나 분석을 하기 싫어서이다. 우량주에 투자한다는 것은 이미 다른 전문가들이 분석해 놓은 내용만 토대로 남들을 따라서 편한 고속도로를 따라가는 셈이다.

반면에 그는 소형주라고 아무 종목에나 투자하는 것이 아니다. 규모는 작아도 기업 내용이 알차고 장래성이 있는지 직접 발품을 팔면서 확인해 본 뒤에 투자한다. 소형주라도 본인이 직접 확인을 통해서 확신이 들면 안전하다. 그러한 노력을 하지 못하거나 하기 싫은 사람들이 편하게 투자를 하기 위해서 이른바 우량주에 몰린다는 것이다. 이처럼 그는 단지 많은 시세 차익을 얻기 위해서 회사 내용도 제대로 모르면서 소형주에 몰리는 투기적인 모습의 투자자와는 기본부터 달랐다.

이러한 소형주에 대한 애정으로 그의 투자 포트폴리오에는 항상 잘 알려지지 않은 종목들이 최소한 1/3가량은 편입되어 있었다. 남들이 모두 좋은 종목이라고 인정하는 종목은 이미 투자 기회가 적다는 것이다. 물론 그 역시 자신이 발굴한 종목이 모두 성공적인 결과를 안겨 주지는 않았다는 점은 인정했다. 그래서 가급적 여러 종목에 분산 투자함으로써 위험 요소를 줄였다.

진정한 투자의 묘미는 이미 각광 받는 스타에게 박수를 보내는 게 아니라 음지에서 묵묵히 능력을 향상시키고 있는 무명에게 악수를 청하는 데 있다. 그래서 그는 사람들에게 외면받고 저평가된 종목들에 관심을 가지고 투자 가치를 판단하기 위해서 수시로 관련 회사를 방문하면서 자신이 몸소 회사의 가능성을 확인하는 단계를 거쳐 투자 종목을 선정했다.

존 템플턴이 종목을 선택하는 기준

지금은 주가수익비율(PER)이라는 지표를 활용해서 저평가된 기업을 발굴하는 것이 일상화되었지만 그는 이미 1950~60년대에 이 개념을 활용해서 투자 대상의 기업을 발굴했다. 그는 미국 내에서만 이 지표를 활용한 것이 아니라 글로벌 투자를 위한 해외 기업의 분석에도 활용했다. 그가 일본에 투자를 결정하고 종목을 선택할 때에도 일본 기업들의 PER가 당시에는 미국보다 형편없이 저평가되어 있다는 사실에 주목했다.

그는 영업 이익률을 중시했다. 아무리 매출이 많아도 이익률이 낮다면 경쟁사들과 치열한 경쟁을 하고 있거나 내부적인 문제가 있는 것이기에 조만간 현금 유동성에 문제가 발생하거나 장래성이 밝지 못하다고 판단했다. 그리고 그는 회사가 청산될 때, 즉 문을 닫게 될 때 주주에게 돌아갈 수 있는 1주당 자산 가치를 중요시했다. 1주당 자산 가치가 형편없는 기업은 껍데기뿐이므로 위기가 닥쳤을 때에 극복할 수 있는 내부적인 자산 능력이 없다. 그는 이러한 기업은 투자 대상에서 배제했다.

이러한 재무제표 상의 지표를 통한 분석 외에도 그는 직접 회사를 방문하고 회사의 거래처 사람들, 소비자, 금융 거래를 하는 은행의 담당자들,

심지어는 경쟁사의 담당자까지 만나서 회사에 대한 정보를 수집하고 분석했다. 이러한 내용을 토대로 그는 회사의 성장 가능성을 문서 상의 수치가 아닌 살아 있는 시장의 목소리를 통해서 확인했다.

존 템플턴이 들려주는 투자 철학

* 긍정적으로 세상을 바라보라. 수익이라는 녀석은 긍정적인 사람을 좋아한다.

주식 시장은 오르거나 내리면서 사람들을 즐겁게도 슬프게도 만든다. 그러나 결국은 항상 긍정적인 사람의 손을 들어 주었다. 왜냐하면 주식은 긍정적인 사람을 좋아하기 때문이다.

* 믿음과 신뢰를 가져라.

투자도 인생도 신뢰와 믿음이 있어야 한다. 주식은 투자를 신뢰하고 믿는 이에게 결국 기쁨을 선사하지만 불신하는 자에게는 배신이라는 아픔을 선사한다.

* 실수로부터 배워라

누구나 실수는 하기 마련이다. 그러나 실수를 어떻게 마무리하느냐에 따라 결과는 달라진다. 성공하는 사람은 실패의 원인을 분석하고 반성해서 같은 실수를 반복하지 않는다. 그러나 실패하는 사람은 실수의 원인을 모른 채 같은 실수를 계속 반복한다.

• 외로움과 고독에는 보상이 따른다.

모든 사람들이 주가 하락의 공포로 주식 시장을 떠날 때, 홀로 외로움과 고독에 맞서서 시장을 지키면 그에 따른 보상을 받게 된다.

존 템플턴이 우리에게 들려주는 투자 철학은 단지 투자 철학으로서뿐만 아니라 인생을 슬기롭게 살아가는 데 필요한 인생철학으로서도 매우 좋은 조언이다. 결국 진정한 투자의 대가들의 투자 철학은 곧 그들의 인생철학과도 일맥상통하고 있다.

11

경제적인 독립으로 여유 있는 인생 즐기기

부를 이루기보다 지키는 것이 더 어렵다고 한다. 부에 집착해서 버둥거리는 것도 문제지만 관리를 잘못해서 한평생의 노고를 물거품으로 만들어 버리는 것은 더 큰 문제이다. 학교에서도 배우지 못한 자산 관리의 지혜를 깨우쳐 자손에게 가르쳐야 3대가 편안해진다.

경기 순환을 고려하여
투자 자산을 분산한다

우리나라의 지가 상승률은 1970~1980년대까지 평균 두 자릿수 높은 상승률을 기록해 한때는 '부동산 불패'라는 신화를 형성하며 숱한 졸부를 배출하기도 했다. 1990년대 들어서는 이러한 급등세가 꺾이기 시작해서 한동안 부동산 시장은 침체기를 겪으면서 마이너스 성장을 하기도 했다.

그러다가 2000년대 들어서 일부 지역의 아파트 가격 상승과 함께 부동산 시장은 양극화 현상을 보이기 시작한다. 아파트를 시작으로 부동산 시장이 과열되자 최근 들어 정부의 부동산 규제 정책이 잇따라 발표되었다. 그렇지만 이를 비웃듯이 행정 도시 이전, 신도시 건설, 제2의 분당 등의 다양한 테마를 형성하면서 한쪽을 누르면 다른 쪽이 튀어 올라서 마치 게릴라 작전을 펴듯이 지역을 순환하면서 부동산 가격이 춤추는 현상이 나타나고 있다.

이에 비해서 종합주가지수는 부동산 시장이 침체기를 겪던 1990년대

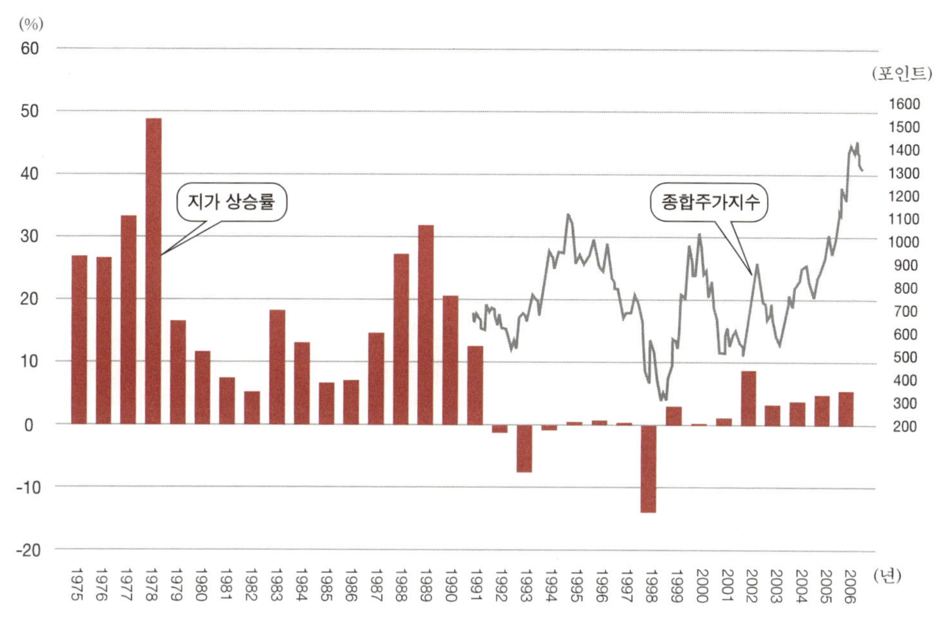

에 오히려 꾸준히 상승했다. 물론 IMF를 겪던 시점에는 부동산과 주식 시장이 동반 폭락을 경험하기도 했다. 그러나 부동산 시장이 계속 침체된 1999년과 2000년에 증권 시장은 한발 앞서서 폭등했다. 이후에 IT 산업과 관련된 주식 시장의 거품이 꺼지고 이탈한 많은 자금들이 부동산으로 몰리기 시작했다. 2001~2002년 들어서 강남의 재개발 아파트를 중심으로 부동산 시장이 급등한 후에 정부가 전방위로 강력한 부동산 정책을 시행하기 시작하면서 전국적인 부동산 시장의 상승세가 주춤거리기 시작하자 이번에는 2005년과 2006년에 우량주를 위주로 주가가 상승하기 시작했다. 2007년 들어서는 우량주뿐만 아니라 그동안 소외 받았던 여러 중소형 주들이 순환 효과를 통해서 동반 상승을 하면서 종합주가지수는 연일 사상 최고치를 경신하기도 했다.

우산 장수, 빙과류 장수에게 배우는 지혜

부동산과 주식 시장의 움직임을 살펴보면 경제 여건에 따라서 증시와 부동산은 같은 분위기를 타고서 움직이는 것 같기도 하지만 세부적으로는 시차가 다소 벌어지고 있거나 별개의 움직임을 보이기도 한다는 것을 알 수 있다. 즉 주식 시장과 부동산 시장은 서로 동조화되기도 하지만 시간적인 편차를 두고서 가격의 움직임이 반영되는 것이다. 부동산과 증시는 재테크라는 관점에서는 경쟁 대상이라기보다는 안정성이나 수익성 면에서 시차에 따른 효과를 이용할 수 있는 상호 보완적인 투자 대상이라고 볼 수 있다.

그래서 부동산 투자를 할 만큼의 자산에 여유가 없을 때에는 우선 소액으로 주식 투자를 통해서 자산을 불려나가는 것이 바람직하다. 그렇다고 해서 항상 주식에만 몰두하지 말고 평소에 부동산에도 관심을 가지고 꾸준하게 지식을 쌓는 자세가 필요하다. 앞에서도 언급했듯이 부동산은 주식처럼 소액으로 할 수 있는 재테크 수단이 아니라 전 재산이 걸리기도 하고 수많은 유혹과 사기의 위험에 노출이 되기 때문에 주식보다 훨씬 더 신중하고 조심해야 하기 때문이다.

어느 정도 자산이 불어나 부동산과 주식을 병행해 투자하고 자산을 운용하게 되면 자산의 효율성 차원에서뿐만 아니라 심리적인 면에서도 훨씬 안정적으로 투자할 수 있게 된다. 왜냐하면 우리나라 사람들은 특히나 부동산에 대한 집착이 강해서 자신의 이름으로 된 집 한 채는 있어야 최소한 중산층 이상은 간다는 자부심과 아울러서 '든든한 버팀목'이 있다는 심리적인 안정감을 갖게 되는 성향이 강하다. 이러한 심리적인 안정감도 투자에서는 중요한 요소 중의 하나이다. 그러므로 투자 자산이 불어나면 주식 시장과 부동산 시장의 호황과 침체기의 시간 차이를 이용해서 양쪽의 투자 비율을 조절하면서 병행하는 것은 여러 가지 면에서 바람직하다고 볼 수 있다.

주식 투자를 할 때에 여러 종목에 분산 투자를 하는 것이 바람직하다는 것은 앞의 여러 사례를 통해서 알 수가 있다. 그러나 이와 같이 종목을 분산하는 종목 구성(포트폴리오)도 증시 전체가 침체기에 접어들게 되면 어쩔 수 없이 동반 하락을 하기도 한다. 주식 시장이라고 매일같이 화창할 수는 없는 법이기 때문이다. 그래서 비가 올 때는 우산을 팔고 땡볕이 날 때에는 시원한 아이스크림을 파는 것이 상책이다. 주식 투자와 부동산 투자는 이처럼 번갈아 가면서 기회를 주기도 한다.

진정한 부자가 되어 경제적인 안정과 여유 있는 인생을 즐기기 위해서는 증권, 부동산, 그리고 실물 경제에 대한 안목을 가지고 때와 상황에 따라서 자산의 투자 비율을 조절하는 지혜가 필요하다. 이러한 지혜를 위한 정보는 이제 우리 주변에 얼마든지 널려 있다. 예전에는 정보가 소수 전문가 집단에 집중되어 있고 내용도 너무나 어려워서 일반인들이 접근하고 이해하기가 매우 어려웠다. 그러나 요즘은 원하는 정보는 언제 어디서라도 얼마든지 쉽게 이해할 수 있는 형태로 접할 수 있는 세상이다.

이제는 부자가 될 수 있는 정보가 부족해서 부자가 되지 못한다는 것은 핑계일 뿐이다. 정보가 아니라 부자가 되기 위한 올바른 노력의 차이가 부자와 그렇지 못한 사람을 구분 짓고 있다.

술 한 잔 마실 노력이면 훌륭한 재테크 정보를 얼마든지 찾을 수가 있다. 그런 정보를 보고 다짐을 해도 돌아서서 채 사흘이 가지 못하는 자신의 마음이 더 문제인 것은 아닐까?

투자에 대한
조기 교육을 시켜야 한다

장사를 해서 한때는 큰돈을 모았던 김 씨는 칠순이 지난 요즘은 사는 게 말이 아니다. 자녀들을 남부럽지 않게 교육시키고 넉넉한 재산을 물려주었지만 자식들이 사업을 하네, 무슨 투자를 하네 하면서 돈을 탕진하고 빚을 지는 바람에 자식들 빚을 갚아주느라 마지막 남은 집마저 처분하고는 허름한 월셋방에서 쓸쓸한 노후를 보내고 있기 때문이다. 당뇨와 고혈압으로 일은 고사하고 제대로 거동조차 불편하건만 가끔씩 난데없는 사람들로부터 받는 자식들 빚 독촉 전화 때문에 화병이 생겨서 하루하루 사는 게 고통스럽기만 하다.

한평생 고생해서 모은 재산으로 자녀들에게 해줄 것 다 해줬건만 자녀들이 돈을 제대로 지키지 못하는 바람에 김 씨는 인생의 말년이 고통스럽다. 자녀들에게 재산이라는 물고기만 날름 던져 주었지 재산을 관리하는 낚시 법을 제대로 가르쳐 주지 않는 바람에 본인과 자녀들 모두가 고생을 하고 있는 것이다.

돈에 관한 이중적인 잣대

우리나라는 예전부터 돈 이야기를 노골적으로 하는 것이 금기시되어왔다. 돈을 밝히면 천박하다느니 수전노라느니 하는 욕을 먹기가 일쑤이지만 속으로는 누구나 돈에 대한 강한 갈망이 있다는 것을 부인하지는 못한다. 이처럼 돈에 관해서 다소 표리부동한 정서를 지니고 있었던 것이다.

이러다 보니 성장하면서는 돈을 관리하고 불리는 실물 경제와 가계 생활에 대한 교육을 제대로 받지 못한다. 그래서 성인이 되어서 사회의 온갖 유혹에 휘둘려서 부모님에게 물려받은 재산을 탕진하거나 신용 불량자가 되는 등 인생을 망치게 되는 일이 많다.

이런 극단적인 경우가 아니더라도 많은 사람들은 단지 열심히 일해서 돈을 벌기만 하면 모든 게 해결될 것이라는 지극히 단순하고 순진한 재테크 마인드로 살아간다. 예전처럼 은행금리가 높을 때는 가능했지만 지금처럼 고용 없는 성장으로 경쟁도 치열하고 치솟는 집값과 자녀 교육비 때문에 여윳돈을 만들기 힘든 상황에서 그런 방법으로는 재산을 불리거나 관리하기가 힘들다. 그러다 보니 적은 돈으로 큰돈을 벌 수 있다는 그럴듯한 감언이설에 속아 투기적인 투자를 일삼거나 사기꾼들의 농간에 피해를 당하기도 한다.

돈과 실물 경제에 대해서 제대로 이해하고 이를 거부감 없이 자연스럽게 어릴 때부터 익숙해져야 한다. 하지만 이러한 교육의 필요성에 거부감을 가진 돈에 대한 이중적인 잣대로 인해 정작 중요한 투자와 개인의 자산 관리에 관한 문외한을 양산하고 있다.

선진국의 투자 자산 관리 조기 교육

미국 등 선진국에서는 어릴 때부터 주식, 펀드 등 투자에 대한 개념과 돈을 관리하고 위기관리를 하는 방법을 각종 교육 기관을 통해서 배운다. 심지어는 증권사 광고에 어린이가 등장해서 부모에게 받은 용돈으로 주식 투자를 하는 내용이 등장하기도 한다. 우리나라 같으면 "애를 데리고 뭐 하는 짓이냐?"라며 난리가 났을 것이다.

금융 강국인 미국은 어릴 때부터 어린이들이 정부와 민간단체가 운영하는 다양한 교육 프로그램에서 놀이를 통해 재미있게 투자의 중요성과 자산 관리에 대한 것을 자연스럽게 배운다. 재무부 산하 금융 교육국의 주도하에 전 국민적인 금융 교육을 주관하고 있을 뿐만 아니라 수많은 경제 교육 단체와 기관 등이 학생과 교사를 대상으로 재무 관리와 투자 등 금융에 관해 교육하고 교재 보급과 각종 프로그램을 진행하고 있다. 이는 금융에 대한 올바른 이해가 개인의 풍요로운 삶은 물론 국가의 부를 위해서도 필수적이라는 인식 때문이다.

이렇게 성장한 미국의 어린이들은 청소년이 되면 더 자세한 재무 관리와 투자에 대한 것을 체험하게 된다. 이러한 교육 과정을 통해서 투자와 자산 관리에 눈을 뜨고 성인이 되어 직장에 들어가면 직장인 연금 제도인 401K를 통해 주식·펀드에 투자하고 미래를 설계하는 것을 자연스러운 과정으로 여긴다.

어릴 때부터 금융 교육을 받고 자란 미국인들은 성인이 되어서도 꾸준하게 재산 관리에 대한 재교육에 참여하고 있다. 수시로 바뀌는 각종 세금 제도에 대한 이해, 가계 자산의 구성과 운용을 위한 방법, 새로운 투자 상품에 대한 이해와 위험 관리, 자녀들을 위한 상속 및 증여에 대한 내용 등 실로 다양한 내용의 교육 프로그램에 적극적으로 참여하고 있다.

이러한 사회적인 분위기와 교육 환경 덕분에 앞에서 설명한 우리가 익히 알고 있는 세계적으로 유명한 투자의 대가들은 어릴 때부터 자연스럽게 실물 경제와 투자에 대해서 눈을 뜨게 된다. 젊은 나이에 이미 자신의 투자 철학을 정립해서 세계적인 투자자로 성장을 하는 것이 새삼스러운 일도 아닌 것이다.

투자와 자산 관리의 조기 교육을 시켜야

우리나라도 최근에 금융 교육의 필요성에 대한 인식이 확산되고 있다. 그러나 공교육 기관에서는 투자와 재무 관리에 대한 내용을 제대로 가르칠 인력이 부족한 실정이다. 한국개발연구원(KDI)의 자료에 의하면 초등학교에서 고등학교까지의 교과 과정 중에서 경제에 대한 시간은 1%를 넘지 못하고 있으며, 내용 역시 원론적인 경제 이론뿐 개인의 재무 관리와 투자에 대한 내용은 전무한 것으로 나타났다.

그리고 금융 당국과 증권사나 은행 등을 비롯한 금융 기관이 주관하는 교육 프로그램은 양적으로는 성장했지만 내용면에서는 일회성 단발 교육으로 끝나는 경우가 대부분이다. 지속적이고 일관적인 교육 시스템이 부재한 실정이고 그나마 활용도 낮은 실정이다.

이러다 보니 한편으로는 재테크 열풍을 타고서 성인들을 위한 많은 사설 강좌가 개설되고 투자 정보 교환을 위한 인터넷 동호회 모임도 폭발적으로 증가하고 있다. 그러나 내용을 들여다보면 얄팍한 정보로 마치 큰돈을 벌 수 있을 것 같은 환상을 심어 주는 함량 미달이거나, 대박 정보라면서 고액의 수강료와 교재비를 요구하는 경우가 많다. 또한 교묘하게 자신이나 관련 회사의 상품 홍보 내지는 주가 조작의 일환으로 분위기를 부추기는 사례들도 많다. 이로 인한 피해자도 급증하고 있는 상황이다.

이제 돈에 대한 이중적인 잣대부터 바꿔야 한다. 돈 자체가 문제가 아니라 돈 때문에 벌어지는 인간 군상의 추태가 문제다. 물이 위험하다고 물 가까이 가지도 못하게 하고 수영도 가르쳐 주지 않는 것이 바람직한 자녀 교육은 아니다. 물에 대한 공포를 없애고 자연스럽게 물과 친해져서 수영할 수 있는 능력을 키워 주는 것이 바람직한 교육이다.

마찬가지로 돈에 대한 맹목적인 거부감이나 막연한 환상을 가질 필요도 없다. 효율적으로 돈을 모아서 관리하고 합리적으로 돈을 불려서 여유 있는 인생을 즐기고 또한 사회에도 보탬이 되고 가치 있는 일을 한다면 더할 나위 없이 좋은 일이 될 것이다.

어릴 때부터 스스로 돈을 관리하는 습관을 들이게 하는 것이 중요하다. 단지 필요할 때마다 돈을 주기만 해서 손을 벌리는 것이 습관이 되면 자녀들의 미래와 인생을 망치는 일이 된다.

자녀를 진정으로 사랑한다면 그저 돈을 주는 것으로는 안 된다. 무엇보다 돈을 제대로 관리하는 법을 가르쳐 주어야 한다. 물론 나 스스로가 돈을 제대로 관리할 줄 모른다면 아무 소용이 없다. 나부터 정신을 차려야 한다. 내가 정신을 차려야 내 가족이 정신을 차리는 것이고 내 자녀의 인생이 달라지게 된다.

입에 달콤한 사탕은 이를 썩게 하고 몸을 병들게 한다. 반면에 입에 쓴

약이 결국은 내 몸에 보약이 되는 것이다. 자녀에게 투자와 자산 관리에 대한 조기 교육을 시켜야 3대가 편안하게 살 수 있다.

온 가족이 참여하는 주주총회

온 가족이 손을 잡고서 아이의 재롱을 본다. 젊은이들은 책을 보거나 음악을 듣는다. 머리가 희끗한 노인들이 유쾌하게 웃는다. 그들은 새벽부터 어떤 경기장 앞에서 줄을 서서 무엇인가를 기다리고 있다. 이윽고 시간이 되어 인산인해를 이루는 사람들이 입장을 하고 그 속에서 옆집 할아버지 같은 푸근한 인상의 노인이 마이크를 잡고 말을 시작한다. 장내의 사람들은 그의 한마디 한마디에 때론 진지한 표정으로 경청하고, 때론 박수를 치면서 즐겁게 웃기도 한다.

화기애애한 연설이 끝나고 나자 여기저기서 축제가 이어진다. 한쪽에서는 즐거운 쇼가 펼쳐지고, 바비큐 파티에서 먹을 것을 즐기면서 매장에서 쇼핑을 하는 등 왁자지껄하게 웃고 떠드는 사람들로 행사장이 무르익는다. 도대체 이렇게 유쾌하고 즐거운 행사는 무엇이고 다양한 참석자들은 누구일까?

미국 대륙 한복판의 네브래스카 주의 동쪽에 있는 작고 조용한 도시 오마하는 매년 5월 첫째 주말이 다가오면 사람들로 왁자지껄하다. 바로 세계적인 갑부이자 현존하는 최고의 주식 투자자인 워런 버핏의 고향인 이곳에서 그가 운영하는 투자 회사인 버크셔 해서웨이(Berkshire Hathaway)의 주주총회가 열리기 때문이다. 이 회사는 1965년에 워런 버핏이 섬유 업체를 인수하면서 본격적인 투자 사업을 시작해 현재는 에너지, 가구, 보험업 등 다양한 업종의 회사에 투자하고 있다.

축제 같은 주주총회, 행복한 주주

전 세계에서 몰려든 주주들은 1박 2일 동안 주주총회에 참석해서 안건을 처리할 뿐만 아니라 워런 버핏에게 직접 투자 설명회를 듣고 질문할 수 있는 시간을 갖는다. 그것으로 끝나는 게 아니다. 회사에서 제공하는 각종 공연을 즐기고 투자 기업의 부스가 설치된 상점에서 쇼핑하면서 주주이자 고객으로서의 즐거움을 맛보기도 한다. 우리나라의 주주총회가 고성이 난무하고 시종일관 긴장된 분위기에서 사무적인 일정으로 진행되는 것과 비교하면, 주주총회라기보다는 동창회 모임 내지는 축제라고 하는 것이 어울릴 듯하다.

이처럼 주주들이 즐거워하고 축제 같은 주주총회가 가능한 것은 주주들이 자신이 소유한 주식의 전통과 가치에 대한 강한 자부심을 가지고 있기 때문이다. 이 회사의 주가는 1965년에 주당 12달러로 시작해서 2007년 5월 기준으로 11만 달러에 이르러 무려 9,000배가 넘게 상승했다. 1만 원 남짓하던 1주의 가격이 무려 1억 원이 넘게 되었으니 이 회사에 투자한 주주는 모두 백만장자가 되었다(정확하게는 2종류로 나뉘는데 B주식은 약

400만 원이고 B주식보다 의결권이 200배 많은 A주식이 1억 원이다).

이 회사의 주주는 주식을 10년 이상 보유하면서 부자가 되었고 대를 이어서 주식을 물려주면서 전통을 이어가고 있다. 그래서 할아버지에서 아버지로, 다시 손주로 이어지는 주주들이 많고 이들은 매년 주주총회에 참석해서 대를 이어 부를 거머쥐게 해 준 워런 버핏에게 존경심을 표한다. 주주가 아니라 온 가족이 워런 버핏과 그의 회사의 팬이 된 것이다.

주주총회 기간을 전후해서 행사장과 오마하 전체는 거대한 쇼핑센터 같은 분위기로 변신을 한다. 곳곳마다 워런 버핏에 관한 상품이나 버크셔 해서웨이가 투자한 기업이나 계열사와 관련된 상품들이 사람들의 발길을 멈추게 한다. 상업적이라느니 어쩌니 하는 불평이 없다. 자신이 쇼핑하면 그것이 바로 자신이 주주로 있는 회사의 실적 향상에 도움이 되고 주가 상승으로 이어져 혜택이 자신에게 돌아올 것을 잘 알기 때문이다. 그래서 사람들은 기꺼이 쇼핑하고 고객으로서의 즐거움과 함께 주주로서의 자부심을 느낀다.

값진 인생을 보여 준 오마하의 현인

특히 2007년 5월은 워런 버핏이 한 해 전에 370억 달러의 재산을 사회에 환원하겠다고 선언한 후 처음 열리는 주주총회라서 그 의미가 더욱 컸다. 주주들은 그들에게 엄청난 부를 안겨주었던 그가 단순히 돈에 환장한 머니 게임 기계가 아니라 돈을 의미 있고 값지게 쓰기 위해서 투자 수익을 올렸다는 사실에 많은 감동을 느꼈다. 그를 통해서 경제적인 여유를 갖게 된 수많은 주주들이 그의 투자 철학에 공감을 하고 자신들도 값진 일에 기여할 수 있는 방법에 대해서 생각해 보는 시간을 갖게 된 것이다.

주주들은 워런 버핏이 단지 돈 버는 기술을 알려 주고 많은 수익을 안겨 준 것이 아니라 세상은 살 만한 곳이라는 것을 일깨워 준 데 대해서 많은 감동을 받았다. 부자들만의 잔치가 아니라 세상에서 주식 투자로 부와 여유를 갖게 된 그들이 다시 세상에 부와 여유의 공유에 대한 공감을 했다는 점이 2007년 주주총회에 한 가지 더 추가된 의미였다.

이런 일이 가능한 것은 워런 버핏에게서 그 이유를 찾을 수 있다. 그는 세계적인 갑부이면서도 오랫동안 살아 온 소박한 집에 계속 살고 오래된 차를 손수 몰고 다니는 등 소박하고 검소한 생활로 유명하다. 주주들에게 큰 부를 안겨 준 당사자는 막상 겸손하고 검소하게 살면서 투자 수익으로 불린 자신의 재산을 사회에 환원하고 있는데, 누가 그에게 손가락질할 수 있겠는가? 오마하의 현인(賢人)으로 불리는 워런 버핏의 투자 철학과 인생에 대한 성실한 자세 때문에 사람들은 마법 같은 주주총회에 흠뻑 빠져 버리는 것이다.

변화하는 미래에 거는 희망

우리나라의 일부 기업주들은 회사야 어떻게 되건 말건, 그로 인해 선량한 주주들이 피해를 보건 말건, 본인의 치부에 열을 올리기도 한다. 주주들의 회사가 아니라 마치 자신의 회사인 양 전횡을 일삼고 각종 스캔들을 일으키니 해당 기업에 투자한 주주들이 분통을 터뜨리지 않을 수 없다. 그래

서 우리나라의 주주총회는 축제 같은 모습은커녕 싸움판 분위기를 못 벗어
나고 있다.

　우리나라를 대표하는 고가의 우량주들도 1억 원이 넘는 버크셔 헤서웨
이의 주가에 비하면 한참 아래이다. 그리고 한때 반짝 투자 성공으로 스타
가 되었다가 사라져 가는 투자자들은 많지만 인생의 의미와 돈의 진정한
가치를 같이 일깨워 주는 워런 버핏 같은 투자자가 없다.

　우리가 느끼지 못하는 사이에도 지구는 조금씩 움직이면서 하루에 한
번씩 자전하고 1년에 한 번씩 태양 주기를 공전하듯이 우리 사회와 증시도
조금씩은 변화하고 있다. 우리나라도 앞으로는 대를 이어서 주식을 물려주
는 종목이 나오고 돈 자체가 목적이 아니라 인생의 참된 가치를 실현하기
위한 도구로서 돈의 가치를 아는 부자 주주들이 탄생할 수 있기를 바란다.

　지금 이 책을 읽고 있는 독자들 중에서 많은 분들이 올바른 투자 철학
과 인생의 참된 가치를 느낄 수 있는 버크셔 헤서웨이의 주주총회처럼 자
녀와 손자의 손을 잡고 만면에 행복한 웃음을 지으면서 축제 같은 주주총
회를 즐기는 날이 오기를 가슴 깊이 기원하는 바이다.

선진국형 주식 투자의 정석

초판 1쇄 2007년 8월 10일
　　　2쇄 2007년 10월 23일

지은이 최기운
펴낸이 김석규 **담당PD** 유철진 **펴낸곳** 매경출판(주)
등 록 2003년 4월 24일(No. 2-3759)
주 소 우)100-728 서울 중구 필동1가 30번지 매경미디어센터 9층
전 화 02)2000-2610(출판팀) 02)2000-2636(영업팀)
팩 스 02)2000-2609 **이메일** publish@mk.co.kr

ISBN 978-89-7442-466-4
값 15,000원